Rudolf Riedl

*Mit Vergnügen älter werden*

Rudolf Riedl

# *Mit Vergnügen älter werden*

Das Wohlfühlbuch für Ihre besten Jahre

Verlag Hermann Bauer
Freiburg im Breisgau

Die Deutsche Bibliothek – CIP-Einheitsaufnahme

Ein Titeldatensatz für diese Publikation ist bei
Der Deutschen Bibliothek erhältlich.

1. Auflage 2000
ISBN 3-7626-0790-7
© 2000 by Verlag Hermann Bauer GmbH & Co. KG, Freiburg i. Br.
Lektorat: Martina Klose
Umschlag: Nies-Lamott Design, Freiburg i. Br.
Umschlagfoto: The Stock Marked
Satz: Fotosetzerei G. Scheydecker, Freiburg i. Br.
Druck und Bindung: Freiburger Graphische Betriebe, Freiburg i. Br.
Printed in Germany

# DANK

Mein innigster Dank und tiefster Respekt gilt den rüstigen und lebenslustigen Menschen im »besten Alter«, die mich bei meinem *Wohlfühlbuch für Ihre besten Jahre* mit Rat und Tat unterstützt haben. Mit ihrem beglückenden Frohsinn und unerschütterlich robusten Lebensmut sind sie der lebende Beweis für die reizvolle Schönheit des dritten Lebensabschnitts. Über das Buch hinaus haben sie mir Lust gemacht auf meine eigenen »besten Jahre«.

# INHALT

### TEIL 3
*Die innere Welt des reifen Menschen:*
*Den Geist klären und seelisches Gleichgewicht finden*

### TEIL 4
*Menschen zum Wohlfühlen*

### TEIL 5
*Wohnen in der Hoch-Zeit des Lebens*

### TEIL 6
*Lebenssinn und Freude am Leben*

# Einführung
## *Herzlich willkommen in den besten Jahren!*

Die besten Jahre in Gesundheit verbringen, mit lieben Menschen an der Seite und in einem hübschen gemütlichen Zuhause – das ist eine äußerst verlockende Aussicht! Sie gibt Sinn und Lebensinhalt und gehört in jeden gelungenen Lebenslauf. Auch in Ihren. Das dritte Lebensalter stellt Ihnen hierfür die besten Voraussetzungen bereit: Ab fünfzig geht es im Berufsleben ruhiger zu, die Kinder sind (bald) aus dem Haus, die Lasten des Alltags werden nach und nach geringer, bei Frauen ist die Phase, in der es darum geht, Kinder zu gebären, vorbei, und neue Kraft wird spürbar. Zugleich steht Ihnen ein gewaltiges Potential an Wissen und Erfahrung zur Verfügung. Die Situation ist wie geschaffen für einen Neubeginn: Gestalten Sie diesen Lebensabschnitt so schön und zärtlich wie eine Liebeserklärung an das Leben und so spannend wie ein erfrischendes Abenteuer. Machen Sie daraus das Herzstück einer wundervollen Reise … der Reise Ihres Lebens.

*Mit Vergnügen älter werden* ist für Menschen in den besten Jahren geschrieben, für Menschen, die im dritten Lebensabschnitt stehen. Doch wann beginnt dieser? Wie läßt er sich in der Zahl gelebter Jahre ausdrücken? – Männer werden heute im Durchschnitt dreiundsiebzig Jahre alt, Frauen achtzig. Somit beginnt der dritte Teil des Lebens etwa mit fünfzig. Wenn Sie älter als fünfzig Jahre sind, heiße ich Sie hiermit herzlich willkommen. Gemeinsam wollen wir die vor Ihnen liegenden Jahrzehnte und Jahre zum wunderbarsten Abschnitt Ihres Lebens machen. Sie haben sich Wohlbefinden und Freude, Erfüllung und Glücklichsein redlich verdient!

Verwenden Sie dieses Buch als Nachschlagewerk, Sie werden darin viele Tips zur Bereicherung Ihres Lebens finden – leicht umsetzbare

Vorschläge, die zum Glücklichsein im Hochsommer des Lebens anregen. Sie müssen jedoch nichts ungeprüft übernehmen: *Wählen Sie* unter den praktischen Vorschlägen diejenigen aus, die Ihnen entsprechen … *und experimentieren Sie* mit den Anregungen aus der Naturheilkunde, der Bach-Blüten-Therapie, der Homöopathie, der Aromatherapie, der Behandlung mit Schüßlersalzen, des Feng Shui, suchen Sie sich die Rezepte und Übungen aus, die Ihnen zusagen, die Ihnen helfen. Gehen Sie in sich, und suchen Sie selbst Klarheit anhand Ihrer Lebenserfahrung. Sie kennen sich am besten. Sie selbst sind Ihr eigener Experte … Im Verlauf des Buches werde ich Sie deshalb immer wieder daran erinnern: »Verschaffen Sie sich Klarheit!« – In behaglicher Atmosphäre lenken diese Übungen Ihr Augenmerk auf die wesentlichen Aspekte Ihres Lebens. Als würden Sie es durch eine Lupe betrachten, heben sich Details hervor, lassen sich Hintergründe klar erkennen und Entscheidungen treffen; und so können Sie Ihr Leben ungetrübt genießen.

In den meisten Übungen geht es darum, entspannt nachzudenken oder in sich hineinzufühlen. Die Fragen erleichtern Ihnen den Zugang zu Ihren Schatzkammern: Lebenserfahrungen, Wünschen, Hoffnungen und Zielen. So benutzen Sie *Mit Vergnügen älter werden* auch als Arbeitsbuch, indem Sie Ihre Ideen und Einsichten aufschreiben, wo Platz dafür gelassen wurde, oder auch einfach am Textrand. Die Fragen, für die wir gemeinsam nach Lösungen suchen werden, sind fünf großen Themenbereichen zuzuordnen, die für das Leben in Ihren besten Jahren von herausragender Bedeutung sind. Sie bestimmen daher auch den Aufbau des Buches (Teil 2 bis 6): Gesundheit für den Körper (Ernährung, Sport, Körperpflege); Fitneß für den Geist und Klarheit für die Seele; Familie, Freundschaft, Partner, Sexualität; Wohnung und Wohnort; Lebenssinn und Lebensfreude. Wissenswertes zu den einzelnen Bereichen erfahren Sie in den jeweiligen Kapiteln. Möchten Sie nun mehr erfahren, interessieren Sie sich für ein Thema speziell, so finden Sie unter »Bücher (, CDs und Adressen), die Ihnen weiterhelfen« am Ende des jeweiligen Kapitels oder im »Literaturverzeichnis« am Ende des Buches (Seite 332) weiterführende Literatur und Kontaktadressen.

Ich werde Ihnen in den Übungen »Verschaffen Sie sich Klarheit!« regelmäßig vorschlagen, sich an einen Ihrer »Wohlfühlorte« zurückzuziehen. Wählen Sie in Ihrer Wohnung und Ihrer näheren und nahen

Umgebung mehrerer Orte aus, an denen Sie sich wohl fühlen, an denen es Ihnen leichtfällt, in sich zu gehen und über sich, Ihr Leben und Ihre Wünsche nachzudenken. Alle Plätze, die Ihnen zugleich Energie und Ruhe geben, sind Ihre Wohlfühlorte. Als Wohlfühlort eignet sich Ihr Wohnzimmersofa ebenso wie der alte Ledersessel vor dem Regal mit Büchern aus Ihrer Kindheit; der Platz auf dem Dachboden neben dem kleinen runden Fenster mit dem einmalig schönen Ausblick; der Rücksitz Ihres Autos; die Bank am See unter der alten Weide; die feuchte Höhle im Wald voll kühler Stille, in der nur der Takt der Wassertropfen zu hören ist ... Geben Sie jedem Ihrer Wohlfühlorte einen Namen.

Außerdem finden Sie immer wieder kursiv gesetzte Texte; sie begleiten die einzelnen Kapitel in loser Folge und sind eine Mischung aus erzählter Geschichte und meditativer, entspannender Einstimmung auf das Thema. Lehnen Sie sich beim Lesen zwischendurch also einfach zurück, und genießen Sie ...

Um ein Thema abzuschließen, gewöhnlich am Ende der Kapitel, erhalten Sie unter »Das will ich tun« die Gelegenheit, Ihre ganz persönliche Lehre aus dem Text zu ziehen und sich daraufhin zu etwas ganz Konkretem zu entschließen. Lassen Sie Ihr Herz sprechen!

Auf den kommenden Seiten warten Leseerlebnisse auf Sie, die Kraft schenken und Hoffnung geben, schöne Stunden, in denen Sie sich Stück für Stück den Weg mitten durch Ihre besten Jahre bereiten können. Beim Lesen fügen Sie Ihrem Wissens- und Erfahrungsschatz nicht nur neue Kenntnisse *von außen* hinzu, mit jeder Seite verändert sich auch Ihre Sicht der Wirklichkeit auf eine Art, die *aus Ihnen selbst* kommt. In den Text sind viele Schlüssel eingearbeitet, mit denen Sie die Türen öffnen können, hinter denen längst verloren geglaubte Ideen liegen, mit deren Hilfe Sie diesen Lebensabschnitt zu einer einzigartigen Wohlfühlzeit machen können. Vielleicht paßt hin und wieder der eine oder andere Schlüssel zu einer der vielen Kammern Ihres Wissens und fördert bislang im Unterbewußtsein schlummernde Weisheiten zutage. Die Anregungen hierfür finden Sie zwischen den Sätzen, im Dickicht der Wörter, im Klang der Silben und in der Handlung der begleitenden Geschichte.

Lesen Sie die einzelnen Passagen aufmerksam – in Ruhe, mit Freude. Setzen oder legen Sie sich bequem hin. Vielleicht machen Sie sich eine

Tasse Tee oder nehmen sich eine Thermoskanne Kaffee mit hinaus in den Wald, an den Strand oder in den botanischen Garten. Lassen Sie das Gelesene auf sich wirken, während Sie die Wolken zwischen den mächtigen alten Eichen beobachten oder dem Tanz der Schneeflocken vom kleinen Holzfenster Ihrer Berghütte aus zusehen. Völlig neue Sichtweisen werden sich Ihnen eröffnen. Ganz spontan tun sich ungeahnte Perspektiven auf, voller nie für möglich gehaltener Antworten auf wichtige Fragen Ihres Lebens. Indem Sie lesen und denken ... lesen und fühlen ... lesen und in sich gehen ... schaffen *Sie selbst* die besten Voraussetzungen dafür, Ihre eigentlichen Ansprüche, Sehnsüchte und Wünsche wahrnehmen zu können.

Achten Sie daher beim Lesen bewußt auf neue Gedanken – vor allem auf solche, die nicht ausdrücklich im Buch stehen. Schreiben Sie diese Gedanken auf! Wundern Sie sich nicht, wenn in Ihrem Denken plötzlich Lösungen für Probleme auftauchen, die Sie schon seit langem begleiteten. Das ist ganz natürlich. Diese Gedanken entspringen Ihrer Beschäftigung, Ihrer Auseinandersetzung mit den in *Mit Vergnügen älter werden* erörterten Themen. Sie sind ein unbezahlbarer Schatz, dessen Wert nur *Sie* auf der Grundlage Ihrer ureigenen Erfahrung erfassen können. Es ist Ihr ganz privates Sahnehäubchen, mit dem Sie den Text des Buches krönen. Notieren Sie auch diese Gedanken am Rand der jeweiligen Seite.

Beginnen Sie gleich jetzt damit, die Zeit Ihres dritten Lebensalters zu Ihrer ganz persönlichen Wohlfühlzeit zu machen. Fangen Sie jetzt an, ein neuer Mensch zu werden. Fallen Sie nicht auf den Irrglauben herein, Sie wären bereits zu alt, um sich in der Welt pudelwohl zu fühlen. Lassen Sie sich nicht aufschwatzen, daß Ihr Geist schon zu schwach sei, um sich an neuen Freuden zu laben, neue Hoffnung und Liebe zu empfinden oder um mit dem vertrauten Lebenspartner eine neue Erfüllung zu genießen. Verscheuchen Sie all die Bedenken und Einwände, die Sie bisher daran gehindert haben, Ihr Glücksrad erneut in Schwung zu bringen.

Fühlen Sie, wie das Elixier der Freude aus den Seiten dieses Buches in Ihren Kopf und in Ihre Seele strömt. Lassen Sie sich verzaubern, wenn Sie es zur Hand nehmen. Entdecken Sie auf jeder Seite die Leichtigkeit und das Glück, das nur ein reifes Leben zu schenken vermag.

Saugen Sie das tiefe Wohlgefühl ungetrübter Freude in sich ein. Wagen Sie jetzt Ihren ersten Schritt auf dem Weg zu mehr Wohlbefinden und Glückseligkeit in Ihrem dritten Lebensalter. Heißen Sie sich willkommen in Ihren schönsten Jahren! Öffnen Sie sich ein kleines Fläschchen Sekt. Stoßen Sie an auf sich. Trinken Sie den ersten Schluck auf den Lebensweg, den Sie bis jetzt zurückgelegt, und die Aufgaben, die Sie bis jetzt gemeistert haben ... Und trinken Sie den ganzen Rest auf eine neue Zeit, darauf, daß Sie mit Vergnügen reifer und in Gesundheit, Liebe und Glück älter werden.

# TEIL 1

## DIE GLÜCKLICHEN
## REIFEN JAHRE

# Das dritte Lebensalter
## *Der wertvollste Abschnitt des Lebens*

Grillengezirpe. Es ist ein lauer Spätsommerabend. Auf der anderen Seite des Wolfgangsees gehen gerade die ersten Lichter an. Sie spiegeln sich flirrend und schwingend weit draußen auf der Wasseroberfläche, ganz nahe an der Stelle, wo vor kurzem noch die letzten Strahlen der untergehenden Sonne den See zum Leuchten brachten. Entspannt sitzen Sie am Ufer auf einer Holzbank, drehen das halbvolle Glas Rotwein in Ihren Händen und blicken in die Ferne. In einem der nahegelegenen Hotelgärten stimmt jemand eine Zither an. Warme Tonfolgen alpenländischer Volksmusik klingen herüber und lassen Ihr Herz höher schlagen.

Ach, wie schön ist das Leben! Dabei sah es vor einigen Jahren noch gar nicht danach aus, als ob Sie die Zeit Ihres Ruhestandes jemals würden genießen können. Sorgen aller Art hatten sich breitgemacht, waren viele Jahre Ihre ständigen Begleiter gewesen. Wie ein Schwarm aufdringlicher Mücken wollten sie nicht von Ihnen lassen: Da gab es eine Reihe körperlicher Gebrechen, mit den Finanzen war einiges nicht in Ordnung, und viele Ihrer angeblichen Freunde… na ja!

Dann sind Sie in sich gegangen, haben manche Nacht wachgelegen, Pläne geschmiedet und schließlich das Steuer Ihres Lebens gedreht, und nun nehmen Sie Kurs auf Freude und Genuß. So sitzen Sie jetzt hier am spätsommerlichen Wolfgangsee, lassen es sich gutgehen und können mit Recht erwarten, daß sich daran so schnell nichts ändern wird. Klar, daß es Ihnen auch an vielen anderen Orten und in vielen anderen Situationen gefallen würde. Es gibt ja noch viel zu entdecken: warme weiße Südseestrände voll leichter Sommersonnenstimmung, Kreuzfahrten in der Gesellschaft lieber Menschen. Vielleicht ein Tanzkurs? Eine neue Sprache lernen? Oder gar noch einmal auf die Uni gehen? … Seit langem spüren Sie es wieder, dieses Gefühl von Lebensfreude, dieses Glück *von ungetrübter Hoffnung. Es ist so wie in Ihrer Jugend. Nur diesmal wird niemand und nichts Ihre Freuden durchkreuzen!*

*Sie nehmen einen Schluck aus dem Glas in Ihrer Hand. Ein entspanntes wohliges Glücksgefühl breitet sich in Ihrer Seele aus. Endlich ist alles gut. Ihre Tränen der Freude kann in der Dunkelheit niemand sehen ...*

Alter ist kein Mangelzustand, sondern eine ganz selbstverständliche Phase des Lebens. Es ist die Phase der Reife: ein Zustand, aus dessen Reichtum an Erfahrung manch andere Lebensphase gerne schöpfen würde, wenn sie nur könnte!

## Verschaffen Sie sich Klarheit!

*Worum es geht*: Sie wollen die positiven Seiten des Älterwerdens erkennen.

*Wie Sie sich einstimmen*: Brühen Sie sich einen belebenden Minztee auf, oder mixen Sie sich einen leckeren und gesunden Avocado-Dill-Kefir. Begeben Sie sich an einen Ihrer Wohlfühlorte, und entspannen Sie sich. Wenn Sie wollen, versuchen Sie einmal das »Ayurvedische Entspannungsatmen«.

*Tun Sie das*: Zählen Sie auf, welche Vorteile der Hochsommer des Lebens hat. Welche Qualitäten und Stärken machen Ihr Älterwerden schön? Kreuzen Sie an, und ergänzen Sie selbst:

- ❏ endlich wieder mehr Zeit haben
- ❏ Geld fließt, ohne daß man arbeiten muß (Rente, Lebensversicherung, Erspartes)
- ❏ kein aufreibender Berufsstreß
- ❏ die Kinder sind erwachsen
- ❏ keine lästige Monatsblutung
- ❏ keine nervtötende Verhütung
- ❏ _____
- ❏ _____
- ❏ _____
- ❏ _____

## Ayurvedisches Entspannungsatmen (Pranayama)

Das richtige Atmen beeinflußt das allgemeine Wohlbefinden. Die Atemluft wird abwechselnd zuerst durch die eine und dann durch die andere Atemöffnung geführt.

Setzen Sie sich also so bequem und ungezwungen wie möglich hin, und schließen Sie die Augen. Legen Sie eine Hand so an die Nase, daß Ihre Nase zwischen Daumen und Zeigefinger liegt und Sie mit Daumen und Zeigefinger abwechselnd das eine und dann das andere Nasenloch zuhalten können. Schließen Sie nun das linke Nasenloch, atmen Sie durch das rechte Nasenloch ein, und halten Sie den Atem etwa 4 Sekunden an. Dann halten Sie das rechte Nasenloch zu und atmen durch das linke wieder aus, verweilen etwa 4 Sekunden im ausgeatmeten Zustand und atmen durch das linke Nasenloch wieder ein. Anschließend halten Sie das linke Nasenloch zu und atmen durch das rechte Nasenloch aus … Wiederholen Sie das Ganze 1 bis 2 Minuten lang; danach bleiben Sie noch einige Zeit mit geschlossenen Augen sitzen und lassen die Übung auf sich wirken.

Diese Übung wirkt beruhigend und klärend. Wenn Sie Probleme mit der Nasenatmung haben, können Sie ein atmungsförderndes Öl oder eine Salbe benutzen. Es gibt für diese Übung auch spezielle ayurvedische Öle.

---

*Belebender Minztee*

Zutaten:

1 TL chinesischer Grüntee
4 Blätter frische Minze
2 TL Honig

*So wird's gemacht:* Übergießen Sie den Tee mit abgekochtem, auf ca. 80° C abgekühltem Wasser (250 Milliliter), und lassen Sie ihn 2 Minuten ziehen. Waschen Sie die Minzeblätter. Zerrupfen Sie 2 Blätter, geben Sie sie in eine Kanne, den Honig darüber, und zerquetschen Sie die Blätter im Honig mit einer Gabel. Gießen Sie den Tee über die Honig-Minze-Mischung, lassen Sie das Ganze 3 Minuten ziehen, und seihen Sie dann den Inhalt in ein Teeglas ab. Garnieren Sie den Tee mit 2 Minzeblättern (Blätter an einer Seite einreißen und auf den Rand des Glases stecken), und genießen Sie ihn an Ihrem Wohlfühlort.

---

### Avocado-Dill-Kefir

*Zutaten:*

200 g Kefir
$^{1}/_{2}$ Avocado
1 kleiner Bund Dill
etwas Schnittlauch (nach Geschmack)
Salz, weißer Pfeffer, Zitronensaft,
stilles Mineralwasser

*So wird's gemacht*: Avocado halbieren, den Stein heraustrennen, das Fruchtfleisch der einen Hälfte von der Schale lösen. Schnittlauch und Dill waschen und trockentupfen, dann kleinschneiden. Avocado und Kräuter zusammen mit dem Kefir pürieren. Mit Salz, Pfeffer und Zitronensaft abschmecken und in ein Glas füllen. Falls der Drink zu dickflüssig ist, mit Mineralwasser verdünnen.

---

Etwa ab fünfzig befinden wir uns im Hochsommer unseres Lebens. Älterwerden kommt jedoch nicht überraschend. Wir erleben keinen plötzlichen Übergang. Die Anzeichen machen sich vielmehr allmählich bemerkbar. Vielleicht spüren Sie lediglich die Sehnsucht, alles etwas langsamer anzugehen, etwas mehr Zeit für sich zu haben, sowie die Vorfreude auf ein neues Leben.

Wir haben Zeit, uns an unser Älterwerden zu gewöhnen und das Allerbeste daraus zu machen. Etwa ab fünfunddreißig wachsen die ersten grauen Haare. Falten beginnen auf der Haut sichtbar zu werden. In den folgenden Jahren und Jahrzehnten entfernt sich unser Körper immer mehr von dem Zustand, den er mit zwanzig oder dreißig Jahren hatte. Doch dieser Prozeß läßt sich bremsen, und das manchmal sogar für Jahre. Viele Menschen sind heute bereits bis weit über das siebzigste oder achtzigste Lebensjahr hinaus attraktiv, gesund und selbständig. Die Ergebnisse der Altersforschung zeigen, daß es möglich ist, die körperliche Leistungsfähigkeit eines Dreißigjährigen bis weit jenseits der sechzig und siebzig zu bewahren.

*Kein kluger Mensch hat sich je gewünscht, jünger zu sein.*
Jonathan Swift

Philosophen und Schriftsteller hatten immer schon Respekt und Hochachtung vor der Weisheit und dem Erfahrungsreichtum des Alters. Von den Gelehrten der Antike wurde Altsein nicht selten mit Weisesein gleichgesetzt. Für den griechischen Philosophen Platon war das Altwerden verbunden mit einer Zunahme an Reife und Ansehen. Das Alter war für ihn die Zeit, in welcher der Mensch die Früchte der Jugend erntet. Auch Cicero sah das Alter von der positiven Seite. Er verurteilte, daß viele Menschen Altsein mit Krankheit und Gebrechen gleichsetzen, und hob hervor, daß alt zu sein auch weise zu sein bedeute – eine Eigenschaft, die man bei jungen Menschen vergebens suche. Für den Germanisten Jacob Grimm war Alter ein Glück. Wenn auch die Kräfte des Körpers nachließen, Sicht und Gehör nicht mehr richtig arbeiteten, so sei das doch eher eine Hilfe, um den wahren Kern der Dinge zu erkennen.

Die reifen Jahre sollten daher vor dem Hintergrund des bereits gelebten Lebens gesehen werden. Älter werden heißt Erfahrung besitzen, einen Anspruch auf Rente haben, über viele biologische Zwänge der Natur erhaben sein. Die reifen Jahre haben Vorzüge und viele schöne Seiten, die es uns leichtmachen sollten, unser Alter anzunehmen und uns dennoch (oder gerade deshalb) wohl zu fühlen. Das ist eines der Geheimnisse glücklicher und weltoffener reifer Menschen. Es kommt nämlich gar nicht so sehr darauf an, *wie alt man wird*, sondern *wie man alt wird.*

## Tips

### Das Alter akzeptieren

Akzeptieren Sie Ihr Alter. Laufen Sie nicht der Jugend hinterher. Das kostet Sie viel zuviel Kraft und Zeit. Nutzen Sie vielmehr den Umbruch zum Aufbruch. Nur wenn Sie Ihr Alter akzeptieren, eröffnen Sie sich die Möglichkeit, das Beste daraus zu machen.

Und dann richten Sie sich behaglich ein in dieser Hochzeit Ihres Lebens. Machen Sie es sich bequem, gemütlich, kuschelig – mit einem Körper und einem Geist, die Sie auf Vordermann bringen; in einer Wohnung, die Ihnen Schutz und Wohlfühlort zugleich ist; mit lieben Menschen, die Ihnen viel wert sind und denen Sie viel wert sind; mit einem Lebenssinn, der Ihnen Halt gibt, und mit Freuden, die Sie in eine Zukunft tragen, voll Leichtigkeit, Glücklichsein und Wohlbefinden.

## Die Kraft von Affirmationen nutzen

Eine der wichtigsten Gesetzmäßigkeiten des Geistes besagt, daß gesprochene Formeln, werden sie nur oft genug wiederholt, Eingang in das Unterbewußtsein finden und da zielgerichtet weiterwirken, bis sich ihr Inhalt verwirklicht hat.[1]

Wenn es Ihnen schwerfällt, Ihr Alter zu akzeptieren, dann versuchen Sie es doch mit folgenden Affirmationen: »Ich bin reif und glücklich«; »Reife macht wertvoll«; »Meine Jahre stehen mir gut«.

## Sich des Reichtums dieses Lebensabschnitts bewußt werden

Setzen Sie sich bequem hin, schließen Sie die Augen, und beobachten Sie Ihre Gedanken. Zunächst werden Ihre Gedanken wie ungezähmte Pferde wild durcheinandergaloppieren. Mischen Sie sich einstweilen noch nicht in Ihren Gedankenstrom ein. Erst wenn sich Ihre Gedanken beruhigt haben, legen Sie vorsichtig einen der folgenden Sätze zwischen Ihre Gedanken und warten, was geschieht: »Ich befinde mich in der schönsten Phase meines Lebens, weil …«; »Ich freue mich auf …«; »Im Vergleich zu früher habe ich folgende Vorteile: …«. – Warten Sie, welche Gedanken zurückkommen, und schreiben Sie sie auf. Wiederholen Sie die Übung mehrere Male zu unterschiedlichen Tageszeiten.

## Mit Bach-Blüten die Schönheit des dritten Alters entdecken

Der englische Arzt Dr. Edward Bach ging davon aus, daß die Ursachen für die Beschwerden des Menschen in Unstimmigkeiten auf der seelischen Ebene zu suchen seien. Er fand achtunddreißig Pflanzen, mit denen er diese Unstimmigkeiten bei seinen Patienten ins Lot bringen konnte. Gerade weil es bei der Bach-Blüten-Therapie um die Behandlung der Seele geht, kann eine Besserung nur eintreten, wenn der Patient überzeugt mitarbeitet. Die Hauptarbeit haben daher Sie.

- Wenn es Ihnen schwerfällt, an die Schönheit dieser Lebensphase zu glauben, dann helfen Ihnen *Gorse* und *Gentian*.
- Wenn die Erkenntnis, daß Sie sich im dritten Lebensalter befinden, für Sie unerwartet, wie aus heiterem Himmel kommt, dann trösten Sie *Hornbeam* und *Cherry Plum*.

- Wenn Sie Angst vor dem Älterwerden haben, dann wappnen Sie sich mit *Mimulus* und *Aspen*.
- Wenn es Ihnen schwerfällt, hinter Ihrem wahren Alter zu stehen, stärken Sie *Gentian*, *Cerato* und *Wild Oat*.

Bach-Blüten gibt es rezeptfrei in Apotheken; fragen Sie den Apotheker auch gleich nach der Dosierung.

## DAS WILL ICH TUN:

Ich werde mein drittes Lebensalter zu dem schönsten Abschnitt meinen Lebens machen.

Folgende Dinge in meinem Leben will ich in den Vordergrund rücken, denn sie machen mir Freude: _____

_____

_____

_____

Folgende Dinge nehmen mir Freude. Ich will sie – soweit es geht – aus meinem Leben verbannen: _____

_____

_____

_____

## *Bücher, die Ihnen weiterhelfen*

Améry, Jean: *Über das Altern. Revolte und Resignation.* Stuttgart 1997. Philosophische Erörterungen über Fragen um Alter und Tod.
Füller, Ingrid, und Keller, Sabine: *50 und aufwärts. Das Begleitbuch für die zweite Lebenshälfte.* Berlin 1999. Ratgeber der Stiftung Warentest zu allen Fragen, die ab 50 an Bedeutung gewinnen: Körperpflege, Gesundheit, Sport, Freizeit, Geldanlage, Rente, Nachlaß, Pflege und Abschied.

Medina, John J.: *Die Uhr des Lebens. Wie und warum wir älter werden.*
Basel 1998. John Medina nimmt Sie mit auf eine spannende Entdeckungsreise, auf der Sie erfahren, welche Vorgänge beim Älterwerden in Ihrem Körper ablaufen.

Prokop, Ludwig: *Die Verhütung vorzeitiger Alterserscheinungen.* Wien/
New York 1996. Der Autor zeigt Wege auf, wie sich die gegebenen
genetischen Möglichkeiten optimal ausschöpfen lassen.

Simmen, Maria: *Ich bin gerne alt.* München 1994.

# ÄLTER WERDEN UND DIE ZEIT

*Es ist Nacht am Wolfgangsee. Wach liegen Sie auf dem Bett Ihres Zimmers in der kleinen Pension, denken über Tausenderlei nach und können keinen Schlaf finden. Wie immer, wenn Sie nicht schlafen können, flüchten Sie sich in die Erinnerung an vergangene Zeiten. Viele Wege standen Ihnen offen. Und wenn Sie eine Chance nicht ergreifen konnten, dann trösteten Sie sich damit, daß sie noch oft wiederkehren würde. Ganz gleich, ob es sich um vernachlässigte Freundschaften, nicht stattgefundene Reisen, nicht gehaltene Versprechen handelte, ob es um versäumte Entschuldigungen, nicht gelesene Bücher oder einen verdorbenen Abend ging – stets hatten Sie eine Ausrede: »Das kann ich doch immer noch machen!« Die Jahre verflogen, eines schneller als das andere. Viel Machbares wurde nicht gemacht, gar manches Erlebnis auf die lange Bank geschoben …*

*Sie drehen sich zum Fenster, rücken das Kopfkissen zurecht und legen es unter Ihren Kopf. Auf dem spätsommernächtlichen Wolfgangsee spiegelt sich die gelbe Scheibe des zunehmenden Mondes. Ja, die vielen versäumten Erlebnisse, Kinderträume, Sehnsüchte des Heranwachsenden, Verlockungen der Erwachsenenwelt … Jetzt all das Versäumte nachzuholen wäre schwer.*

*Doch Sie haben auch viel Schönes erlebt. Ließe sich da vielleicht einiges wiederholen? Der ersten Liebe noch einmal gegenüberstehen, noch mal mit dem Fahrrad drei Wochen lang von Herberge zu Herberge durchs Land tingeln, ins Kino gehen, Karameleis schlecken oder im Hallenbad auf der Liege schlafen?*

*Dafür braucht man aber Zeit. Je mehr Sie über Ihre Wünsche nachdenken, desto kürzer erscheint Ihnen die noch verbleibende Lebenszeit. Langsam wird Ihnen klar, welch kostbares und einmaliges Gut Ihre Lebenszeit ist. Tag für Tag wird sie ein bißchen weniger. Man sollte vorsichtig und überlegt damit umgehen.*

*Vom nahen Kirchturm ertönen zwei Glockenschläge. Hat die Uhr zwei geschlagen? Oder halb zwei oder halb drei? Halb eins vielleicht? Sie blicken auf den nächtlichen Wolfgangsee hinaus und fragen sich, wie spät es in dieser zauberhaft milden Spätsommernacht sein mag. Zugleich wird Ihnen klar, daß Sie nicht einmal wissen, wie spät es bereits in Ihrem Leben ist. Niemand kann sagen, wieviel an Lebenszeit noch vor ihm liegt.*

*Sie drehen sich wieder auf den Rücken und schauen zur Zimmerdecke. Erstaunt stellen Sie fest, daß sich auch auf ihr der Mond spiegelt. Sein Widerschein von der Oberfläche des Sees malt glitzernde flimmernde Figuren auf das Holz neben der Deckenlampe. Sie betrachten das pulsierende Spiel von Licht und Schatten an Ihrer Zimmerdecke und nehmen sich vor, von nun an Ihre Lebenszeit als Ihr kostbarstes Gut zu hüten. Mit der Klarheit dieser Erkenntnis im Herzen schlafen Sie friedlich ein ...*

Je älter Sie werden, je mehr Ihrer Lebenszeit verfließt, desto weniger bleibt vom Rest Ihres Lebens. Leben ist Zeit! Die Zeit Ihres Lebens läßt sich nicht aufstocken wie ein Bankkonto. Ihre Lebenszeit nimmt fortwährend und sicher ab. Und je weniger Zeit bleibt, desto weniger Freuden und Wünsche lassen sich verwirklichen. Erlebnisse, die Ihnen wertvoll sind, gewinnen so noch mehr an Wert.

## VERSCHAFFEN SIE SICH KLARHEIT!

*Worum es geht*: Sie wollen sich die Länge Ihres eigenen Lebens verdeutlichen.

*Was Sie dazu brauchen*: Ein Maßband aus Papier (in Bau- und Möbelmärkten erhalten Sie es kostenlos).

*Tun Sie das*: Begeben Sie sich an einen Ihrer Wohlfühlorte. Legen Sie Ihr Papiermaßband in seiner vollen Länge vor sich auf den Tisch, und stellen Sie sich vor, daß jeder Zentimeter einem Jahr Ihres Lebens entspricht. Nun reißen Sie vom Maßband den Abschnitt von der Null bis zu der Ziffer, die Ihrem Lebensalter entspricht, ab. Außerdem reißen Sie die Zahlen von Achtzig bis Hundert ab. Was Sie jetzt noch in der Hand halten, sind die Jahre, die Ihnen rein statistisch etwa noch zur Verfügung stehen. ... Erschreckend, nicht wahr! – Wie wertvoll sind doch die verbleibenden Lebensjahre!

Nehmen Sie das zuletzt entfernte Stück des Meterbandes mit den Zahlen von Achtzig bis Hundert wieder in die Hand. Wäre es nicht lohnend, Ihrem Leben diese Jahre (oder noch mehr!) hinzuzufügen? Denken Sie darüber nach! (Wenn Sie beim Nachdenken Ihren Gaumen verwöhnen und Ihre Seele streicheln wollen, dann kochen Sie sich einen leckeren Indischen Gewürztee.)

Stellen Sie sich folgende Fragen:

Wieviel Zeit liegt möglicherweise noch vor mir? _____

_____

Was habe ich damit vor? _____

_____

Verschwende ich Zeit? _____

_____

Langweile ich mich häufig? _____

_____

---

*Indischer Gewürztee*

Zutaten:
150–200 ml Milch
1 EL Honig
1 TL Kardamomsamen
1 Gewürznelke
$1/4$ Zimtstange
1 Msp. Ingwerpulver
1 TL Assamtee

*So wird's gemacht*: Gewürze in 150 Milliliter Wasser aufkochen und 10 Minuten köcheln lassen. Den Honig einrühren. Milch zugeben, kurz aufkochen lassen und Topf vom Herd nehmen. Tee einrühren und 4 Minuten ziehen lassen. Sud in Teeglas abseihen. Der Tee sollte sofort getrunken werden.

Als wir uns auf den ersten Seiten dieses Buches Gedanken über die Länge des dritten Lebensalters gemacht haben, sind wir davon ausgegangen, daß Zeit während des ganzen Lebens gleich schnell vergeht. Bei einer durchschnittlichen Lebenserwartung von fünfundsiebzig bis achtzig Jahren ließen wir den dritten Lebensabschnitt im Alter von fünfzig Jahren beginnen.

Doch vergeht die Zeit wirklich immer gleich schnell? Wie die objektiv meßbare und von allen Menschen auf gleiche Weise nachvollziehbare Zeit vergeht, das ändert sich tatsächlich nicht, der Abstand von Sekunde zu Sekunde bleibt stets derselbe. Aber wie ist es mit der *subjektiven* Zeit? Schien in unserer Kindheit nicht alles viel länger zu dauern? Schienen sich während unserer Schulzeit die Stunden, Tage und Wochen nicht träge dahinzuziehen? War die Zeit von den Weihnachtsferien bis Ostern nicht unendlich lang? Und erschien uns in Kindertagen das Erwachsenenleben nicht derart weit in der Zukunft, daß es beinahe schon eine andere Welt war?

Als wir dann erwachsen wurden, uns ins Berufsleben stürzten und eine Familie zu versorgen hatten, schien die Zeit von Jahresurlaub zu Jahresurlaub immer kürzer zu werden. Die Zeit begann immer schneller zu vergehen. Was, wenn sie im letzten Lebensdrittel genauso weiterrast? Was, wenn mit einem Lidschlag alles vorbei ist?

Die Zeit vergeht auch im Alter nicht schneller, obwohl es uns manchmal so erscheinen mag. Ältere Menschen haben jedoch mehr Zeit, auf die sie zurückschauen und sich beziehen können. Durch den Vergleich mit den langen Abschnitten der Zeit, die bereits hinter Ihnen liegen, erscheinen aktuelle, gerade gelebte oder bevorstehende Momente kürzer. Diesem scheinbar schnelleren Vergehen der Zeit steht ein beständiges Abnehmen der tatsächlich noch verbleibenden Lebenszeit gegenüber.

Der Eindruck der dahinrasenden Monate und Jahre macht unsere Lebenszeit zu unserem kostbarsten Gut.

Es ist jedoch nicht nur die schwindende Lebenszeit, welche die noch verbleibenden Lebensjahre so wertvoll werden läßt. Auch andere Gründe veranlassen Menschen jenseits der fünfzig, ihr Leben neu zu be-

*Man sagt »in jungen Jahren«
und »in alten Tagen«,
weil die Jugend Jahre und
das Alter nur noch Tage
vor sich hat.*
Marie von Ebner-Eschenbach

werten. So zeichnet sich das dritte Lebensalter im Idealfall durch einen hohen Grad an persönlicher Unabhängigkeit aus: Sie haben die Möglichkeit, so umfassend wie noch nie, selbst über Ihr Leben zu bestimmen. Gewöhnlich müssen Sie nicht mehr arbeiten, um zu leben. Ihre Familie ist abgesichert, die Kinder sind groß. Die Stürme der Jugend haben sich gelegt. Vieles von dem, was früher notwendig, drängend und dringend war, verliert nun von selbst seine Schärfe. Was Bestand hat, ist die wertvolle Gegenwart des Hochsommers Ihres Lebens. Gegenwart ist Zeit, die verharrt.

## Tips

### Die reifen Jahre zu Ihrer ganz persönlichen Wohlfühlzeit machen

Betrachten Sie Ihr drittes Lebensalter als wertvollste Phase Ihres Lebens. Betrachten Sie jedes Jahr, jeden Tag, jede Stunde dieses Lebensabschnitts als doppelt, als zehnmal, ja als hundertmal so wertvoll wie die Jahre, Tage und Stunden Ihrer Jugend und Ihres Berufslebens.

Die Endlichkeit Ihres Lebens führt Ihnen die Kostbarkeit der verbliebenen Lebenszeit vor Augen: Je kürzer die Zeit ist, die noch vor Ihnen liegt, desto wertvoller wird sie.

### Die Zeit des Älterwerdens genießen

Der Mensch strebt von Natur aus nach Glückseligkeit. Folgen Sie Ihrer Natur. Machen Sie die Zeit Ihres Älterwerdens zur schönsten Periode Ihres Lebens – und vielleicht auch zur längsten. Schöpfen Sie voll aus den Jahren Ihres dritten Lebensalters: mehr Zeit, mehr Lebensfreude, mehr Glückseligkeit, mehr Man-selbst-Sein.

### Gerade Genuß braucht Zeit!

Genuß stellt sich erst ein, wenn wir uns genügend Zeit nehmen. Probieren Sie es ruhig einmal aus. Jeder schnell hinuntergekippte Espresso, jede eilige Zärtlichkeit, jeder hastige Einkauf steht wahrem Genuß entgegen. Keine Leckerei schmeckt, wenn man sie schnell hinunterschlingt. Erst wenn wir uns genügend Zeit nehmen für das, was uns wertvoll ist, können wir wirklich genießen.

Gehen Sie möglichst sinnvoll mit der Zeit des dritten Lebensalters um:

- Nutzen Sie die Ihnen verbleibende Lebenszeit so intensiv wie nur irgend möglich. Tun Sie jetzt all die Dinge, die Sie schon immer tun wollten. Seien Sie der Mensch, der Sie schon immer sein wollten,
- aber verderben Sie sich Ihre schönsten Jahre nicht durch Übermut und Übereifer.
- Lassen Sie sich nicht von Problemen, auf deren Lösung Sie ohnehin keinen Einfluß haben, die Freude am Leben nehmen,
- und hadern Sie nicht mit Ihrem Schicksal – es ist Vergangenheit. Machen Sie vielmehr das Beste aus den Jahren und Jahrzehnten, die noch vor Ihnen liegen.

### Nicht auf »Zeitkiller« hereinfallen

Zeitkiller sind Dinge, die Sie tun, ohne daß sie Ihnen persönlichen Nutzen bringen oder Freude bereiten. Wenn Sie beispielsweise ins Theater gehen und sich langweilen, aber dennoch bis zum Schluß bleiben, dann verschwenden Sie Lebenszeit. Aber auch Leerläufe sind Zeitkiller. Alles, was Sie tun, um Zeit totzuschlagen, tötet auch ein Stück Ihrer Lebenszeit. Fehlt Ihnen der Wille zum Handeln (»Wir warten erst einmal ab« oder »Morgen ist auch noch ein Tag«), so hat das die gleichen Folgen.

Zeitkiller wirken weder lebensverlängernd, noch machen sie Freude. Im Gegenteil, sie führen zu einem verschwenderischen Umgang mit dem kostbarsten Gut, das Sie besitzen.

### Sich Zeit nehmen ...

Zeit an sich zieht einfach dahin oder zerrinnt Ihnen zwischen den Fingern, wenn Sie sich keine Zeit nehmen ... Darum: Erleben Sie Schönes und Erfreuliches, genießen Sie, und seien Sie glücklich. Geben Sie sich viel Raum für Ideen und spontane Pläne.

Nehmen Sie sich ganz offiziell Zeit für den Morgenspaziergang im Wald, für eine Tasse Tee mit Ihrer Nachbarin, den Nachmittag im Kino, die genüßlichen Stunden auf Ihrem Sofa, in denen Sie vielleicht einen spannenden Roman lesen.

## *... und sie mit Wertvollem füllen*

Die Phase des dritten Lebensalters bietet Ihnen die große Chance, Ihre Zeit so zu verbringen, wie Sie es wollen. Werden Sie sich klar, was Ihnen am meisten Freude bereitet, und verbringen Sie Ihre Zeit so, wie es Ihnen subjektiv am wertvollsten erscheint. Oft sind es gerade die kleinen Dinge im Leben, die uns glücklich und zufrieden machen: ein Spaziergang im Park, eine Weile träumen in der Kuschelecke des Wohnzimmers. Bleiben Sie dabei, wie Sie Ihre Zeit verbringen wollen, unabhängig von der Meinung anderer Menschen.

Was halten Sie von der Vorstellung, Zeit sei nicht etwas, das verrinnt, sondern etwas, das sich in Ihrem Leben ansammelt: als Erinnerung, Reichtum an Wissen, Erfahrung? Stellen Sie sich einfach vor, daß Sie mit jedem Tag, den Sie leben, reicher (an Zeit)

ZEIT – EINE NEUE
BETRACHTUNGSWEISE

werden. Schließlich berechnen Sie Ihr Lebensalter nach den Jahren, die Sie angehäuft haben, und nicht nach denen, die noch vor Ihnen liegen. Möglicherweise ist die Art, wie wir gewöhnlich Zeit betrachten, falsch. Wir beziehen uns immer auf das, was wir noch bekommen wollen, anstatt das wertzuschätzen, was wir bereits haben durften.

Alle Überlegungen zum Thema »Zeit«, jeder Gedanke an Zeit, finden ausschließlich in der gelebten Gegenwart statt. Wir können zwar über die Zukunft nachdenken, sie planen, uns ausmalen, was alles geschehen könnte, doch wenn sie da ist, ist sie Gegenwart. Auch die Vergangenheit ist für uns nur in der Gegenwart, nämlich in dem Augenblick, wenn wir uns erinnern, erfahrbar. Eine »Vergangenheit an sich« läßt sich nicht erleben.

*Während wir sprechen, flieht die mißgünstige Zeit. Genieße den Tag!*
Horaz

Denken wir über Vergangenes nach, so tun wir das immer in der Gegenwart.

Vielleicht ist mein Vorschlag, die Art und Weise, wie wir Zeit betrachten, zu ändern, leichter zu verstehen, wenn wir uns die Vergangenheit als Gegenwart vorstellen, die wir bereits besitzen, und die Zukunft als Gegenwart, die wir erst bekommen werden.

## Tip

### Die Zukunft beginnt jetzt!

Betrachten Sie Ihre Gegenwart als den Punkt Ihres Lebens, in dem sich Vergangenheit und Zukunft treffen. Ihre Zukunft beginnt jetzt – immer und immer wieder. Entwickeln Sie ein Gespür für den Augenblick, so machen Sie Stück für Stück Ihr drittes Lebensalter zu dem glücklichsten Abschnitt Ihres Lebens.

### DAS WILL ICH TUN:

Ich werde mit meiner wertvollen Lebenszeit bewußt und überlegt umgehen.

Besonders in folgenden Situationen will ich die Kostbarkeit der mir verbleibenden Lebenszeit intensiv genießen (etwa: beim Besuch der Enkelkinder, während des Aufenthalts im Hallenbad, beim Kartenspielen am Montag abend ...): _____

_____

_____

_____

## Bücher, die Ihnen weiterhelfen

Bierlein, Karl Heinz: *Alles hat seine Zeit. Von der Kunst, die Endlichkeit des Lebens anzunehmen.* München 1996. Hier erfahren Sie, wie Sie sich gerade im Alter ein Stück Freiheit schaffen und das Leben von der humorvollen Seite nehmen können.

Friedan, Betty: *Mythos Alter.* Hamburg 1977. »Der Leistungsverfall im Alter wird überschätzt«, das ist die Meinung von Betty Friedan.

Geißler, Karlheinz A.: *Zeit. »Verweile doch, du bist so schön«.* Weinheim/ Berlin 1997.

Schönfeldt, Sybill Gräfin: *Die Jahre, die uns bleiben. Gedanken einer Alten über das Alter.* München 1999. Eine Schilderung dessen, wie in der heutigen Gesellschaft mir dem Alter und den Alten umgegangen wird.

# Die ungenutzten Fähigkeiten finden und aktivieren

*Vogelgezwitscher in allen Tonlagen, dazwischen in der Ferne die Kuhglocken … Sie erwachen im morgensonnendurchfluteten Zimmer Ihrer kleinen Pension. Draußen vor dem Balkon liegt die taunasse Wiese noch im Schatten der alten Apfelbäume. Von der nebligen Wasseroberfläche des Wolfgangsees ist hin und wieder ein Platschen und Rauschen zu vernehmen. Es ist der Morgen eines neuen Tages, eines unbeschreibbar schönen Spätsommertages in der herrlichen Landschaft des Salzkammerguts.*

*Auch in Ihrem Leben hat ein neuer Abschnitt begonnen. Seit langer Zeit ist Ihnen wieder klar, wonach Sie sich von Herzen sehnen: leben, nichts als leben. Sie stellen sich auf den Balkon vor Ihrem Zimmer und breiten in der Morgensonne Ihre Arme weit aus. Voller Inbrunst saugen Sie die frische Luft des jungen Tages in Ihre Lungen, spüren, wie neuer Lebensmut Sie erfüllt. Lächelnd gehen Sie zurück ins Zimmer und machen sich bereit für einen herrlichen Urlaubstag.*

Sie fragen sich, woher Sie die körperliche Gesundheit und geistige Kraft für ein erfülltes drittes Lebensalter nehmen sollen, wo doch nach Meinung vieler Menschen die Leistungsfähigkeit im Alter mehr und mehr nachläßt? – Die Energie, Ihrem Leben eine Wende in Richtung Gesundheit, Kraft, Freude, Wohlbehagen, Zärtlichkeit und Erfüllung zu geben, steckt in Ihnen. Sie besitzen jede Menge ungenutzter Fähigkeiten, Talente und Anlagen!

## VERSCHAFFEN SIE SICH KLARHEIT!

*Worum es geht*: Sie wollen Ihre ungenutzten Fähigkeiten, Talente und
Anlagen finden.

*Wie Sie sich einstimmen*: Mischen Sie sich einen wohlschmeckenden
Energie-Cocktail. (Wie wäre es mit einem fruchtigen Grapefruit-
Ananas-Drink?) Begeben Sie sich an einen Ihrer Wohlfühlorte.
Entspannen Sie sich. (Wenn Sie mögen, genießen Sie für 10 Mi-
nuten ein entspannendes Fußbad.)

*Tun Sie das*: Stellen Sie sich folgende Fragen:

Habe ich körperliche Reserven? Wenn ja, wo? _____
_____

Wie kann ich sie nutzen? _____
_____

Habe ich geistige Reserven? Wenn ja, welche? _____
_____

Wie kann ich sie nutzen? _____
_____

Wo in meiner Seele, meinen Gefühlen, liegen noch ungenutzte Reserven? _____
_____

Wie kann ich sie nutzen? _____
_____

Was können mir meine Freunde, was kann mir mein Partner noch
geben; was können sie für mich tun, um mein Leben besser, angenehmer, interessanter zu machen? _____
_____
_____

Gibt es in meiner räumlichen Umgebung noch Möglichkeiten, mein Leben zeitsparender und kräfteschonender einzurichten? _____

_____

Wie kann ich zu einem Lebenssinn finden, der mir Kraft schenkt?

_____

_____

Welche Freuden können mir neuen oder zusätzlichen Lebensmut schenken? _____

_____

---

## Grapefruit-Ananas-Drink

*Zutaten:*

1 Grapefruit
70 ml Ananassaft
20 ml Grenadine-Sirup
ca. 80 ml Bitterlemon

*So wird's gemacht*: Grapefruit halbieren und Saft auspressen. In einem großen Glas mit Ananassaft und Grenadine-Sirup mischen. Mit Bitterlemon auffüllen.

---

## Entspannendes Fußbad

Warme Fußbäder lassen Ihren Körper prima entspannen, während Ihr Geist leistungsfähig bleibt.

Geben Sie eine Prise Meersalz ins Wasser. Beginnen Sie mit körperwarmem Wasser, und erhöhen Sie durch Nachgießen langsam die Temperatur.

---

Die Frage nach ungenutzten Potentialen stellt sich bei Menschen jeden Alters. Daß man nach einem schöneren Körper strebt, nach einem leistungsfähigeren Geist, eine zufriedenere Sexualität haben möchte, ist nicht auf die reifen Jahre beschränkt. Jeder Mensch kann sich aber auch noch ein wenig mehr verwirklichen, wenn er nur die dafür notwendigen Bedingungen schafft – unabhängig von seinem Alter.

Wie kommt es, daß Potentiale brachliegen? Ganz einfach: Werden körperliche und geistige Anlagen nicht benötigt, verkümmern sie. Ein gutes Beispiel hierfür ist, daß sich die Muskelmasse während eines längeren Krankenhausaufenthalts abbaut und die geistige Leistungsfähigkeit während eines mehr als dreiwöchigen Erholungsurlaubs abnimmt. In der Gerontologie, der Wissenschaft vom Altern, wird in diesem Zusammenhang von der »Nichtgebrauchs-Hypothese« gesprochen, die davon ausgeht, daß alte Menschen sehr viel mehr leisten könnten, wenn sie die dafür notwendigen Bedingungen herstellen würden.

Es gibt aber auch körperliche und geistige Anlagen, die aus persönlichen, gesellschaftlichen oder religiösen Gründen ungenutzt bleiben. Wer sein Leben lang nicht gelernt hat, sein Schicksal selbst in die Hand zu nehmen, wird es natürlich auch im Alter schwer haben, auf eigenen Beinen zu stehen. Wer es nie gelernt hat, sich gegen seine Eltern, seinen Partner, seine Partnerin oder andere Menschen durchzusetzen, wird auch im Alter nicht mit der Faust auf den Tisch hauen können, obwohl er oder sie es eigentlich will.

Um in dieser Lebensphase ein Höchstmaß an Freude und Vergnügen zu haben, müssen solche zurückgebildeten Fähigkeiten wiederentdeckt und gefördert werden. Leider gehen viele ältere Menschen den umgekehrten Weg: Sie lassen ihre Fähigkeiten verkümmern. Doch solche Fähigkeiten und Kompetenzen sind nicht unwiderruflich verloren. Ältere Menschen verfügen über eine ganze Menge an Reserven, um ein bewußtes Leben voller Freude und Glück zu leben. Hinzu kommt, daß sie aufgrund ihrer großen Lebenserfahrung ein gewaltiges Potential für Neues in sich tragen. Die Alterssoziologie bezeichnet dieses schöpferische Potential als »Alterskreativität«. Diese drückt sich aus in einem tiefen und sicheren Urteilsvermögen, im Mut zu neuen Erlebenssituationen, in einer erhöhten Risikotoleranz und Offenheit für die Meinung anderer Menschen. In diesem Zusammenhang kann man von »später Freiheit« sprechen.

Erwecken wir vergessene oder noch nicht entdeckte Anlagen, so schenkt uns das noch einen weiteren Vorteil: Wenn die Lebenszeit begrenzt ist, zugleich aber Krankheiten und Verfall immer weiter hinausgezögert werden können, dann eröffnet uns das Zurückgreifen auf unverbrauchte Potentiale eine lange Zeit in Gesundheit, Leistungsfähigkeit und Wohlbefinden – im Idealfall bis zum Tod.

## *Tips*

### *Ungenutzte Potentiale finden*

Sie finden und aktivieren Ihre ungenutzten Fähigkeiten, indem Sie

- Ihren Körper auf Vordermann bringen: Eine bessere Gesundheit schenkt Ihnen neue Energie, und Sie gewinnen wertvolle Lebenszeit
- den Geist fit machen: Ein leistungsfähiger Geist ist die Voraussetzung für Freude am Leben. Ein aufmerksamer, wacher Geist hilft Fehler zu vermeiden und spart so wichtige Lebenskraft und Zeit
- Ihre Seele klären: Eine in sich stimmige Gefühlswelt verringert innere Konflikte und liefert Kraft für den Alltag
- sich Freunde und Lebenspartner für Ihre schönsten Jahre suchen: Liebe Menschen geben Ihnen Rückhalt und helfen da, wo Sie nicht weiterkommen. Sie stärken mit Einfühlungsvermögen und Zärtlichkeit Seele und Körper
- Ihre Wohnung zu einem perfekten Wohlfühlort ausgestalten: Ein schönes, gemütliches Zuhause vermittelt Geborgenheit und Sicherheit und schafft so die Voraussetzungen, um sich richtig entspannen zu können
- einen neuen, erhabenen und tiefen Sinn im Leben finden: Sinn gibt Ihrem Leben Richtung, beseitigt Ihre Zweifel und bewahrt Sie vor Leichtsinn
- Ihr Leben ausrichten an Freuden, die Kraft schenken: Freude ist der Treibstoff Ihres Lebens, sie stärkt Ihr Immunsystem und beseitigt negative Gefühle

### *In sich gehen*

Wenn Sie trotz intensiven Nachdenkens nicht genau sagen können, wo Ihre ungenutzten Potentiale liegen, gehen Sie in sich: Setzen Sie sich entspannt an einen Ihrer Wohlfühlorte, und schließen Sie die Augen. Beobachten Sie für einige Minuten Ihre Gedanken. Greifen Sie zunächst nicht in den Gedankenstrom ein. Lassen Sie Ihre Gedanken kommen und gehen. Dann streuen sie beiläufig, ohne Druck, ohne sich anzustrengen, die Worte »Meine ungenutzten Potentiale sind …« in den Strom der vorbeiziehenden Gedanken. Warten Sie geduldig, was an neuen Gedanken auftaucht.

Beenden Sie die Meditation nach etwa 15 Minuten, und schreiben Sie auf, was Ihnen an Ideen zugeflossen ist.

### Mit Bach-Blüten bisher nicht Gelebtes leben

Wenn Sie zwar ahnen, daß Sie jede Menge ungenutzter Potentiale haben, aber nicht genau wissen, wie und wo Sie danach suchen sollen, dann lassen Sie sich von der Kraft der Blüten helfen:

- Den Sinn fürs Reale erhöhen *Wild Oat*, *Gorse* und *Gentian*.
- Bei der Suche nach einer neuen Perspektive helfen *Mustard*, *Gorse* und *Gentian*.
- Eine unscharfe inneren Zielsetzung klären *Scleranthus* und *Wild Oat*.

### Mit Ayurveda zu den Quellen der Weisheit zurückkehren

Ayurveda ist eine ganzheitliche Lebenslehre, die auf jahrtausendealtem, aus Indien überliefertem Wissen um die Geheimnisse unseres Daseins beruht. Sie beinhaltet neben ihrer Lebensphilosophie und Körperübungen auch Ernährung, Massagen, Kosmetik, Bäder und Kuren.

### DAS WILL ICH TUN:

Ich werde meine ungenutzten Potentiale finden und fördern.
In folgenden Bereichen vermute ich meine ungenutzten Potentiale:

Körper: _____

_____

Geist und Seele: _____

_____

Freunde und Partner: _____

_____

Meine Wohnung: _____

_____

Was mir im Leben Sinn gibt: _____

_____

Meine Freuden im Leben: _____

_____

Folgendes will ich tun, um meine Potentiale zu fördern und auszu-
bauen (z. B. Sport, Gedächtnistraining, Ernährungsumstellung, Umzug ...) _____

_____

_____

## Bücher, die Ihnen weiterhelfen

Anderson, Walter: *Ein Kurs in Selbstvertrauen. Mit dem 7-Schritte-Pro-
gramm zu mehr Mut, Zuversicht und Selbstbewußtsein.* Landsberg am
Lech 1999.

# Älter werden und jung bleiben

Immer mehr Menschen werden immer älter … Doch wann ist ein Mensch alt? Wir haben es uns angewöhnt, das Alter der Menschen nach dem Aussehen zu beurteilen. In unserer Gesellschaft ist alt, wer alt aussieht und sich alt verhält. Biologische Merkmale, wie weiße Haare oder Falten, lösen eine Kaskade von Vorstellungen und Bewertungen aus. Wir schreiben alten Menschen typische Eigenschaften zu und erwarten von ihnen charakteristische Verhaltensweisen. Im Straßenverkehr, bei der Arbeit, in der Familie – überall bekommen alte Menschen typische Rollen zugeteilt.

## Verschaffen Sie sich Klarheit!

*Worum es geht*: Stellen Sie Ihr »Zustandsalter« fest.
*Wie Sie sich einstimmen*: Brühen Sie sich einen Rotbuschtee auf. Begeben Sie sich an einen Ihrer Wohlfühlorte, und entspannen Sie sich. Haben Sie schon einmal versucht, Ihre Anspannung einfach wegzustreicheln?
*Tun Sie das*:
Stellen Sie sich vor einen Spiegel, der so groß ist, daß Sie sich in ihm ganz sehen können. Wenn möglich, entkleiden Sie sich. Betrachten Sie im Spiegel Ihren Körper. Wie alt schätzen Sie ihn?
Tragen Sie die Zahl der geschätzten Jahre ein: _____
Gehen Sie in sich. Betrachten Sie Ihre Seele. Erspüren Sie die Last jahrzehntelanger Sorgen und die Leichtigkeit des Glücks der Gegenwart. Fühlen Sie Schmerz, Leid, Trauer, Freude, Glückseligkeit und Hoffnung. Wie alt schätzen Sie Ihre Seele?

Tragen Sie die Zahl der geschätzten Jahre ein: ———————

Betrachten Sie Ihren Geist, sein Wissen, seine Fragen, seine Neugier, seine Wendigkeit. Wie alt schätzen Sie diesen Geist?

Tragen Sie die Zahl der geschätzten Jahre ein: ———————

Errechnen Sie aus den drei Zahlen für Körper, Seele und Geist den Durchschnitt: ———————

---

*Rotbuschtee*

*Zutaten:*
1 TL Rotbuschtee
$^1/_2$ TL Honig

*So wird's gemacht:* Den Rotbuschtee mit 1 Tasse kochendem Wasser übergießen und 3 Minuten ziehen lassen. Eventuell mit dem Honig süßen.

---

## Anspannung wegstreicheln

Legen Sie sich bequem auf den Rücken auf eine nicht allzu weiche Unterlage. Ziehen Sie die Beine so weit an, bis Sie mit Ihren Händen die Füße erreichen können. Die Fußsohlen stehen auf. Nun streicheln Sie mit beiden Händen sanft und zärtlich Ihren Körper. Beginnen Sie am Kopf. Streicheln Sie abwechselnd mit den Handinnen- und den Handaußenflächen bis hinab zu den Füßen (oder so weit, wie es eben geht). Nehmen Sie sich an, während Sie sich streicheln. Wenn Sie bei den Füßen angelangt sind, sollte der Großteil Ihrer Anspannung verflogen sein.

Alter ist ein relativer Begriff. Aus dem Alter eines Menschen läßt sich nur sehr vage auf seine körperliche, seelische und geistige Beschaffenheit schließen. Älter werden läuft bei jedem Menschen anders ab. Wenn beispielsweise der eine Mensch mit sechzig Jahren noch die jugendliche Spannkraft eines Vierzigjährigen hat und der andere mit fünfzig in seiner Spannkraft und Leistungsfähigkeit eher einem Neunzigjährigen gleicht, dann kann Leistungsfähigkeit nicht der Ausdruck des tatsächlichen Alters sein. Außerdem macht ein hohes Alter einen Menschen noch lange nicht krank, schwach und hilfsbedürftig. Unser gewohntes Bild von alten Menschen hat sehr viel zu tun mit Stigmatisierung, mit dem Zuordnen von bestimmten, meist negativen Merkmalen durch die Mehrheit der Gesellschaft. Doch erst wenn Sie sich diese Vorstellungen zu eigen machen, beginnen auch Sie, sich alt zu fühlen. Erst dann zählen Sie sich zum »alten Eisen«.

Die Weltgesundheitsorganisation (WHO) klassifiziert Menschen ab sechzig Jahren als »älter«, ab fünfundsiebzig als »alt« und ab neunzig als »hochbetagt«. Menschen, die über hundert Jahre alt werden, gelten als »langlebig«. Und die Lebenserwartung steigt. Während man vor hundert Jahren mit fünfundvierzig bis fünfzig bereits als alt galt, steht man heute mit dem gleichen Alter in der Blüte seines Lebens. Daher ist es ein großer Fehler, aus der Zahl der Lebensjahre auf die Leistungsfähigkeit und die Lebenstüchtigkeit eines Menschen zu schließen. Besonders die Altersgruppe zwischen fünfzig und fünfundsiebzig entpuppt sich als eine äußerst vitale Gruppe. Auch die Wirtschaft findet immer mehr Interesse an ihr. Immerhin sind in Deutschland die Dreiundsechzig- bis Neunundsechzigjährigen die wohlhabendste Altersgruppe.

*Die Jugend ist glücklich, weil sie fähig ist, Schönheit zu erkennen. Jeder, der sich die Fähigkeit erhält, Schönheit zu erkennen, wird nie alt werden.*
Franz Kafka

## Tips

### Sein Alter mit eigenen Augen sehen

Alter ist kein Spiegel der Jahre, sondern eher ein Zerrspiegel der Gesellschaft. Wenn Ihnen das ewige Schubladendenken auf die Nerven geht, dann hören Sie auf, sich mit den Augen Ihrer Umwelt zu betrachten. Machen Sie sich nicht zweifelhafte Werte und Normen zu eigen. Bringen Sie lieber die Menschen in Ihrer Umwelt dazu, Sie mit Ihren Augen zu sehen. Zeigen Sie sich so, wie Sie sich fühlen: als ein reifes und überaus agiles Wesen, das vom Leben nicht aufgerieben, sondern lebenstauglich gemacht wurde.

### Das dritte Lebensalter selbst in die Hand nehmen

Eine höhere Lebenserwartung bei guter Gesundheit führt nicht automatisch zu einem größeren Wohlbefinden. Ein gutes, glückliches und erfülltes Alter kommt nicht von allein. Sie müssen schon selbst etwas dafür tun!

## Die Kraft der Bach-Blüten

- Bei fehlender Entscheidungskraft versuchen Sie es mit *Scleranthus*.
- Wenn Sie das Ergebnis Ihrer Schätzung immer wieder anzweifeln, dann probieren Sie *Chestnut Bud*, *Gentian* und *Cerato*.
- Wenn Sie niedergeschlagen und melancholisch sind, weil Ihr Alter Sie belastet, nehmen Sie *Mustard*.

## DAS WILL ICH TUN:

Ich werde mich nicht mehr auf mein tatsächliches Alter reduzieren lassen. Ich bin so alt, wie ich mich fühle, und ich verhalte mich so, wie ich mich fühle.

Körperlich gesehen bedeutet das (z. B. daß ich einen Aikidokurs beginne): _____

_____

In bezug auf meine Seele bedeutet das (z. B. daß ich mich noch einmal verlieben kann): _____

_____

Für meinen Geist bedeutet das (z. B. daß ich den interessanten Sprachkurs an der Volkshochschule belegen werde): _____

_____

_____

## Bücher, die Ihnen weiterhelfen

Aliti, Angelika: *Der weise Leichtsinn. Frauen auf der Höhe ihres Lebens.* München 1998. Hier werden Wege gewiesen, wie gerade ab fünfzig verborgene Talente entdeckt und gefördert werden können.

Nuber, Ursula: *Schöner werden wir morgen. Eine Ermunterung, so zu bleiben, wie wir sind.* Bern, München, Wien 1997. Die Autorin zeigt, wie liebens- und lebenswert es ist, so zu bleiben, wie frau ist.

# Teil 2

## *Der reife Körper*

### Gesund und fit durch Sport, Ernährung und Pflege

Gäbe es eine Werteskala für persönliches Glück, so stünde die Gesundheit unangefochten an erster Stelle. Mit Vergnügen älter zu werden setzt körperliches und geistiges Wohlbefinden voraus. Gesund leben ist eine der wichtigsten Voraussetzungen für einen funktionierenden Körper. Sie haben es zu einem großen Teil selbst in der Hand, ob Sie sich in dieser Lebensphase Ihre Gesundheit erhalten oder gar noch verbessern.

Jugendliche Schönheit und Vitalität – gerade die Eigenschaften, auf die Sie ein Leben lang besonders stolz waren, aus denen Sie Ihre Kraft und Ihr Durchhaltevermögen an schlechten Tagen schöpften, scheinen im Alter langsam, aber unwiderruflich dahinzuschmelzen. Je weiter der menschliche Körper aus seiner Jugend herauswächst, desto mehr beginnt er besondere Anforderungen an Ihr Verhalten zu stellen, mit denen Sie sich erst vertraut machen müssen. Sie haben öfter das Gefühl, daß es Ihnen an Kraft mangelt, und fürchten einen geistigen Stillstand oder gar Rückschritt. Noch vor nicht allzu langer Zeit wurde Alter sogar mit Krankheit und Pflegebedürftigkeit gleichgesetzt. Das war falsch. Obwohl mit zunehmendem Alter die Zahl der Kranken und Pflegebedürftigen zunächst leicht und dann ab achtzig immer mehr zunimmt, ist das von geistiger und körperlicher Krankheit freie Älterwerden keine Utopie mehr. Alt werden und sich dabei gesund und wohl fühlen wird heute mehr und mehr zur Regel.

Körperlicher und geistiger Rückschritt sind vermeidbar. Auch für Sie ist es möglich, bis ins hohe Alter robust und vital zu bleiben, wenn Sie wissen, was Sie dafür tun können, und wenn Sie dieses Wissen in die Tat umsetzen.

# ALTERN ALS BIOLOGISCHER PROZESS

*Ein klarer Gebirgsbach, der Ihnen plätschernd und blubbernd entgegenfließt. Daneben ein schmaler, saftig grüner Streifen mit Bärlapp, hochaufschießendem Bärenklau und wucherndem Schachtelhalm. Dann der breite Wanderweg ... Die Geräusche des Baches, das üppige Grün, der Duft der Pflanzen in der immer noch kräftigen Spätsommersonne, all das verführt Sie wieder und wieder dazu, von Ihrem himmelblauen Fahrrad zu steigen und mit allen Sinnen die fruchtbare Natur zu genießen.*

*Weiter vorne, im Schatten der hohen dunkelgrünen Tannen, führt der Wanderweg über den Gebirgsbach. Eine Szenerie wie aus einem Märchen umfängt Sie auf der steinernen, von den Jahren gezeichneten Brücke. Steil ragen die mit Moos und Flechten bedeckten Felswände beidseits des Weges auf. Verzaubert bleiben Sie auf der Brücke stehen und stellen Ihr Fahrrad ab. Unter Ihnen der klare, eilig dahinfließende Bach, dessen Blubbern und Glucksen tausendfach von den Felswänden widerhallt. Im Vergleich zum Sommersonnenweg zwischen Wiesen und Kuhweiden ist es angenehm kühl hier. Ein leichter Lufthauch trägt den Duft von Wald und Moos herbei und ein leises Rauschen, wie von einem fernen Wasserfall.*

*Sie hören genauer hin und entdecken in dem Kosmos aus Geräuschen ein eigenartiges Tropfen und Klopfen, so als ob in einer verborgenen Nische zwischen Fels und Farn ein ganzes Zwergenorchester trommeln würde. Neugierig halten Sie Ausschau nach der Ursache für die Geräusche und finden in der Nähe der Brücke eine große grüne Moosfläche, auf die aus der hochaufragenden Felswand ununterbrochen Tropfen in unterschiedlichen Größen und allen Farben des Regenbogens herabfallen. Begierig, das klare erfrischende Naß zu spüren, tauchen Sie Ihre Hände in das weiche nasse Moos ... wohltuende Kühle. Sie sind überglücklich, diese wundervolle Szenerie zwischen den hohen*

*Felswänden mit allen Ihren Sinnen erleben zu dürfen. Schlagartig wird Ihnen klar, wie wichtig Ihre Sinnesorgane sind: Sie sind die einzige Brücke zwischen Ihnen und der Welt – Sehen, Hören, Fühlen, Riechen und Schmecken. Sie sind das Tor ins Leben, sie ermöglichen Ihnen zu genießen, Abenteuer zu erleben, Zärtlichkeiten auszutauschen und eine Welt zu erfahren, die so herrlich und zugleich so unkompliziert sein kann wie diese hier. Ohne gesunde Sinnesorgane müßten Sie auf all das verzichten. Dankbar halten Sie Ihr Gesicht in den Tropfenschauer, lecken sich die Lippen und stoßen einen Jauchzer der Wonne aus.*

## VERSCHAFFEN SIE SICH KLARHEIT!

*Worum es geht*: Sie wollen die Veränderungen Ihres Körpers erleben, die mit dem Älterwerden einhergehen.

*Wie Sie sich einstimmen*: Mixen Sie sich einen Fitneßcocktail. (Wie wäre es mit einem schmackhaften Pfirsich-Orangen-Drink?) Begeben Sie sich an einen Ihrer Wohlfühlorte, und entspannen Sie sich. Versuchen Sie es einmal mit der Entspannungsübung »Die Anspannung einfach abfließen lassen« (siehe Seite 53).

*Tun Sie das*:

Vergegenwärtigen Sie sich, wie sich Ihr Körper während der letzten Jahre und Jahrzehnte verändert hat (z. B. Falten, die Haut ist nicht mehr ganz so straff, Fettpölsterchen, graue Haare, Haarausfall, künstliche Zähne, Nachlassen des Sehvermögens, schlechteres Hörvermögen, Bluthochdruck, niedrigere Belastbarkeit, Sodbrennen, Unverträglichkeit bestimmter Speisen, Diabetes, erhöhte Blutfettwerte …).

Seien Sie ehrlich zu sich selbst, und schreiben Sie nun auf, wie sich Ihr Körper verändert hat: _____

_____

_____

_____

_____

Welche Veränderungen führen Sie direkt auf das Älterwerden zurück? _____

_____

_____

_____

Welche Veränderungen Ihres Körpers während der letzten Jahre und Jahrzehnte haben Sie durch eine falsche Lebensweise (z. B. durch falsche Ernährung, Bewegungsmangel, Rauchen, Alkohol, Streß, Mangel an Schlaf, einseitige Belastungen im Arbeitsalltag) selbst verursacht? _____

_____

_____

_____

Welche dieser Veränderungen glauben Sie durch eine richtige Lebensweise, Sport und bewußte Ernährung aufhalten oder gar wieder rückgängig machen zu können? _____

_____

_____

_____

Was haben Sie bisher für die Gesundheit und Fitneß Ihres Körpers getan? _____

_____

_____

_____

---

### Pfirsich-Orangen-Drink

*Zutaten*:

1 Pfirsich
60 ml Orangensaft
50 ml Ananassaft
20 ml Granatapfelsirup
stilles Mineralwasser oder Eiswürfel

*So wird's gemacht*: Granatapfelsirup in ein Glas geben. Orangensaft, Ananassaft und den entkernten Pfirsich in den Mixer geben und pürieren. Wer es kalt mag, kann 4 bis 6 Eiswürfel mitpürieren. Wenn Sie ohne Eis pürieren, eventuell zum Verdünnen Mineralwasser unterrühren. Mischung vorsichtig über den Granatapfelsirup gießen. Mit Pfirsichstückchen und Minzeblättern garnieren.

## Die Anspannung einfach abfließen lassen

Legen Sie sich bequem auf den Rücken, und schließen Sie die Augen. Atmen Sie ruhig ein und aus. Nun stellen Sie sich Ihre Anspannung als Flüssigkeit vor, die sich in den tiefer gelegenen Partien Ihres Körpers ansammelt und aus Ihrem Körper hinaustropft. Helfen Sie mit Ihrem Atem nach, indem Sie durch den Mund einatmen, durch die Nase ausatmen und so die »Anspannungsflüssigkeit« aus Ihrem Körper hinausdrücken. Genießen Sie für einige Minuten das Gefühl von Leichtigkeit und Ruhe, das sich nun einstellt.

Altern ist ein natürlicher biologischer Prozeß, der sich (bis jetzt) nicht aufhalten läßt. Zellen teilen sich, reifen heran, erfüllen ihre Funktionen, altern, sterben ab und werden schließlich abgebaut oder abgestoßen. Da alle unsere Gewebe aus Zellen bestehen, wird dieses biologische Phänomen nach und nach an unserem Körper sichtbar und für uns spürbar: die Haut bekommt Falten; die Haare ergrauen; wir werden weitsichtig; die Elastizität des Bindegewebes läßt nach; die Muskeln sind nicht mehr so kräftig; die Zähne nutzen sich ab und werden locker; die Gelenke, Bänder und Knochen können schmerzen. Auch das Innere des Körpers altert. Krankheiten wie Alzheimer, Arteriosklerose und Krebs werden wahrscheinlicher. Das Immunsystem richtet sich im Alter nicht mehr in erster Linie gegen äußere Eindringlinge, sondern mehr und mehr auch gegen die eigenen Körpergewebe.

Obwohl unser Körper altert, besteht er aus sehr jungen Körperzellen. Unsere Zellen sind meist nur Tage, Wochen oder höchstens Monate alt. Selten besitzen wir Zellen, die einige Jahre alt sind. Die ältesten Zellen haben wir im Knochengewebe: Sie sind zehn Jahre alt. Doch jünger machen uns unsere jungen Zellen auch nicht, denn jede neue Zellgeneration ist ein kleines bißchen weniger lebenstauglich als die Ausgangsgeneration. Die Veränderungen sind minimal. In ihrer Summe führen sie jedoch zu den gerade beschriebenen Alterserscheinungen.

*Eine Familie, zu der ein Greis gehört, besitzt einen Schatz.*
Chinesisches Sprichwort

Die biologische Uhr ist aber nicht die alleinige Ursache dafür, daß wir altern. Der Prozeß des Alterns des menschlichen Körpers ist ein sehr komplexer Vorgang und bis heute nicht schlüssig geklärt. Eins allerdings ist sicher: Sie können Ihren Alterungsprozeß beeinflussen über die Stoffwechselvorgänge in Ihrem Körper. Stoffwechselvorgänge sind die Grundlage Ihres leiblichen Lebens. Sie lassen sich durch die Art der Lebensführung ganz wesentlich beeinflussen. Je nachdem, was Sie essen, wieviel Sie essen, ob Sie rauchen, wieviel Alkohol Sie trinken, ob Sie regelmäßig Sport treiben oder nur viel sitzen, ob Sie sich heiter stimmen oder immer nur den gelangweilten Trauerkloß spielen, ob Ihr soziales Leben intakt ist, mit wieviel an negativem Streß Sie tagtäglich konfrontiert werden – immer beeinflussen Sie die Stoffwechselvorgänge in Ihrem Körper und verändern so seine Vitalität. Genau hier können Sie ansetzen, wenn Sie gesund älter werden und sich dabei wohl fühlen wollen.

Ein Körper mit siebzig Jahren kann bereits verbraucht und kraftlos sein. Er kann aber auch vor Kraft nur so strotzen und in seiner Leistungsfähigkeit gar manch jungen Körper übertreffen. Denken Sie an den südtiroler Bergsteiger Luis Trenker, der selbst im Alter von siebzig Jahren noch eine bessere Kondition hatte als mancher Dreißigjährige.

Die Grundlage unseres Lebens auf dieser Welt ist der Körper. Je gesünder er ist, desto mehr können wir die Freuden, die uns unser Hiersein schenkt, genießen. Das gilt um so mehr im dritten Lebensalter. Sich wohl fühlen jenseits der fünfzig setzt voraus, daß Sie Ihren Körper in einen erstklassigen Zustand versetzen. Wie Sie das tun können, lesen Sie auf den nächsten Seiten.

## *Tips*

### *Der Körper als Haus der Seele*

Betrachten Sie Ihren Körper als das Haus Ihrer Seele. Pflegen Sie ihn, lieben Sie ihn. Er ist der einzige Körper, den Sie auf dieser Welt haben.

### *Körperliche Aktivität schenkt Lebensfreude*

Leben Sie in jeder Hinsicht ein körperlich aktives und gesundes Leben. Nehmen Sie an dem, was in Ihrer Welt geschieht, als ganzer Mensch teil, entdecken Sie Neues und Interessantes, und genießen Sie, was Sie erfahren. So werden die Jahre und Jahrzehnte dieses Lebensabschnitts zu den schönsten Ihres Lebens.

## Bücher, die Ihnen weiterhelfen

Grass, Erich: *Die Kunst des Älterwerdens. Ratschläge eines Arztes und Psychologen zur Vorbeugung von Krankheiten im Alter*. München 1994. Ein Buch voller bekannter und neuer Ratschläge, wie Sie das Altern herauszögern können.

# DIE HAUT

## *Barriere für Keime,*
## *durchlässig für Zärtlichkeiten*

Eine weiche, glatte, geschmeidige Haut ein Leben lang – wer wünscht sich das nicht? Frische, gesunde Haut ist ein Stück Lebensqualität. Doch auch unsere Haut altert. Mit den Jahrzehnten verliert sie an Elastizität, Glätte und jugendlicher Frische. Mit entsprechender Pflege lassen sich jedoch Spannkraft, Glätte und frisches Aussehen bis weit in das dritte Lebensalter hinein erhalten.

SO VERÄNDERT
SICH DIE HAUT

Junge Haut glättet sich selbst. Eingelagertes Wasser und Fette halten sie geschmeidig. Doch je älter wir werden, desto mehr geht der Haut diese Fähigkeit verloren, und die Zeit hinterläßt deutliche Spuren. Schon vor dem dreißigsten Lebensjahr beginnt der langsame Abbau der Kollagenfasern des Bindegewebes. Im Alter zwischen fünfunddreißig und vierzig Jahren verlangsamt sich der Energiestoffwechsel in der Haut. Der Grund dafür ist eine verminderte Durchblutung der Unterhaut, so daß die Spannkraft der Haut nachläßt und erste Fältchen entstehen. In den folgenden Jahren erneuern sich die Zellen der Haut immer langsamer. Die Talgdrüsen produzieren weniger Fett, und die Haut wird trockener. Fältchen vertiefen sich zu Falten.

Frauen spüren diese Veränderungen früher als Männer. Wenn ab etwa fünfundvierzig die Hormonumstellung beginnt, nimmt der Fettgehalt der Haut noch einmal spürbar ab. Mit Beginn der Menopause ist der Fettgehalt ihrer Haut bereits um ein Drittel niedriger als mit fünfundzwanzig. Nach der Hormonumstellung wird die Haut zudem dünner und unelastischer. Die Haut der Männer ist großporiger, fettiger und etwa 16 Prozent dicker als die der Frauen. Daher bekommen Männer zunächst weniger Falten. Ab etwa fünfundvierzig Jahren ändert sich das, von da an altert die Haut der Männer sogar schneller als die der Frauen.

Wie schnell die Haut altert, hängt allerdings nur zu etwa 20 Prozent vom Erbgut ab. Die restlichen 80 Prozent sind die Folge des jahrzehntelang geführten Lebensstils. So schaden beispielsweise freie Radikale Ihrer Haut sehr, die vermehrt dann auftreten, wenn Sie rauchen, zu viel sonnenbaden und großem Streß ausgesetzt sind. Ihre Lebensweise hat großen Einfluß darauf, wie viele Falten Sie mit fünfzig, sechzig oder achtzig mit sich herumtragen.

Leider läßt sich die Hautalterung nicht mit Cremes von außen aufhalten, denn die Wirkstoffe gelangen gar nicht bis zu den für das Altern verantwortlichen Zellschichten. Lediglich fehlendes Fett und mangelnde Feuchtigkeit kann man von außen ausgleichen. Neuerdings gibt es auch Cremes mit Vitamin E und Retinol, die das Altern der Haut verzögern sollen.

## Tips

### Für die Haut sorgen, indem Sie

- ausreichend schlafen. Im Schlaf werden die Wasserdepots der tieferen Hautschichten wieder aufgefüllt, Falten geglättet und Fältchen eingeebnet
- eine Sonnenbrille tragen, wenn es draußen sehr hell ist. Das entspannt die sensible Haut rund um die Augen
- Ihr Gesicht bewußt entspannen. Sie können sich auch einmal am Tag (am besten abends) eine Gesichtsmassage gönnen
- mäßigen, aber regelmäßigen Sport treiben. Das fördert die Durchblutung und regt so den Stoffwechsel der Haut an. Die Haut sieht frischer aus und wird weicher
- Ihre Haut nie ohne UV-Schutz der Sonne aussetzen. UV-Strahlen lassen Ihre Haut schneller altern und erhöhen das Risiko von Hautkrebs
- nie ungeschützt Kälte und Hitze an Ihre Haut lassen. Extreme Temperaturen stören die Selbstheilungskräfte des Körpers

## Jahre gewinnen mit der richtigen Pflege

- Halten Sie Ihre Haut auch im Winter geschmeidig. Verzichten Sie auf alkoholhaltige Präparate und Hydrogele, die die Haut zusätzlich austrocknen können. Verwenden Sie statt dessen rückfettende Dusch- oder Badeöle.
- Da ältere Haut trockener ist, sollten Sie Lipid- und Feuchtigkeits- verluste durch eine Creme mit hohem Fettgehalt ausgleichen. Ver- wenden Sie Ihre Nachtcreme ruhig auch am Tage.
- Pflegen Sie die sensible Haut um die Augen mit einer speziellen Augenfältchencreme.
- Da unseren Lippen die Talgdrüsen fehlen, empfiehlt sich, besonders bei kaltem Wetter, ein medizinischer Lippenstift.
- Verwenden Sie bei niedrigen Temperaturen keine stark wasserhalti- gen Cremes, da es bei Minusgraden leicht zu Erfrierungen kommen kann.
- Helfen Sie Ihrer Haut, sich zu entspannen, indem Sie ihr die feh- lende Feuchtigkeit durch eine Lotion oder Maske zurückgeben, z. B. durch eine Gurkenmaske.

### Gurkenmaske

Gurke waschen, in Scheiben schneiden und Scheiben auf das Gesicht legen. Die in der Gurke vorhandenen Zucker und Mineralstoffe reinigen die Haut auf na- türliche Weise und verbessern ihren Feuchtigkeitshaushalt.

## Fältchen aus dem Gesicht klopfen

Unter der Gesichtshaut liegen eine Vielzahl von Muskeln, die durch ihre Spannung dem Gesicht je nach Stimmung seine einmalige indivi- duelle Note verleihen. Häufig geübte Mienen graben sich im Laufe des Lebens in die Haut ein. Wenn Sie diese Muskeln loslassen, entspannt sich auch die darüber liegende Haut. Entspannen Sie Ihre Gesichtsmus- keln mit einer leicht anzuwendenden Klopfmassage.

Setzen Sie sich aufrecht auf einen Stuhl an einen Tisch. Stützen Sie Ihre Arme auf den Tisch, so daß Sie Ihr Gesicht ohne große Kraftanstrengung mit den Fingerspitzen berühren können. Schließen Sie die Augen. Beginnen Sie, vom Scheitel ausgehend vorsichtig mit den Fingerspitzen der vier Finger (ohne Daumen) beider Hände sanft stimulierend auf Ihre Kopfhaut zu klopfen. Lassen Sie die klopfenden Finger langsam nach unten wandern: zu den Schläfen, über die Stirn hinab zur Augenpartie, am Jochbogen entlang zu den Ohren, weiter über die Wangen zu den Lippen, zum Kinn, am Unterkiefer entlang zum Hals. Lassen Sie Ihre Finger hin- und herwandern und alle Anspannung sanft aus der Haut trommeln, etwa so, wie ein Teppichklopfer den Schmutz aus einem Teppich herausholt. Diese Übung entspannt nicht nur die Gesichtsmuskulatur, sie beruhigt außerdem die Seele.

## Die Gesichtshaut punktgenau massieren mit einer elektrischen Zahnbürste

Eigentlich dienen elektrische Zahnbürsten zur Reinigung der Zähne. Sie können mit elektrischen Zahnbürsten jedoch vorzüglich kleine Bereiche Ihrer Gesichtshaut gezielt massieren. Nehmen Sie extrem weiche Bürstenköpfe. Durch die Massage wird die Blutzirkulation in der Haut angeregt, und die Hautzellen werden besser ernährt. Außerdem wirkt sie entspannend.

## Fußreflexzonenmassage

Eine Behandlung der Fußreflexzonen verbessert die Blutzirkulation und fördert den Energiefluß. Schlacken werden abtransportiert, die Immunabwehr angekurbelt und der Säureschutzmantel stabilisiert. Fußreflexzonenmassage läßt sich als Eigenbehandlung oder als Partnermassage durchführen.

## Vitaminreiche Kost

Vitamine schützen Ihre Haut vor freien Radikalen. Freie Radikale sind chemische Verbindungen, die entstehen, wenn die Sonne auf Ihre Haut brennt oder Gifte über die Haut in den Körper gelangen. Die Gifte aus dem Zigarettenrauch aber gelangen zum größten Teil durch die Lunge in den Körper, von wo aus sie die Haut schädigen (die Haut wird schlechter durchblutet und Abfallprodukte können nicht mehr so gut abtransportiert werden). Die Vitamine E und C sowie die Vitaminvorstufe Beta-Carotin helfen, freie Radikale schnell unschädlich zu machen. Essen Sie viel frisches Obst und Gemüse!

---

*Aromatischer*
*Obstsalat*

*Zutaten*:

$^1/_2$ Honigmelone
1 Scheibe Ananas
(frisch oder aus der Dose)
200 g frische Himbeeren
(auch tiefgefroren)
1 Kiwi
50 ml frisch gepreßter Orangensaft
30 ml Ahornsirup
1 Päckchen Vanillinzucker

*So wird's gemacht*: Melonenhälfte mit einem Löffel entkernen und in Streifen schneiden. Ananas (abtropfen lassen und) in Stücke schneiden. Himbeeren (waschen und) abtropfen lassen. Kiwi schälen und in Streifen schneiden. Obst auf einer Platte oder einem flachen Teller farbenfroh arrangieren. Orangensaft, Ahornsirup und Vanillinzucker verrühren und Mischung gleichmäßig über dem Obst verteilen. Mit frischer Minze garnieren.

---

## Alkohol in Maßen genießen und die Zigarette ausmachen!

Trinken Sie nur wenig Alkohol. Alkohol bindet Wasser, das an anderer Stelle im Körper fehlt. Dieser Mangel an Wasser läßt Ihre Haut faltig werden. Rauchen Sie am besten gar nicht. Zigarettenrauch stört die Durchblutung der Unterhaut und verleiht Ihnen ein fahles Aussehen.

## Chirurgische Eingriffe und Schönheitsoperationen

Ästhetische Operationen sind sehr teuer, und die Krankenkasse übernimmt die Kosten äußerst selten. Informieren Sie sich bei Ihren Arzt über Möglichkeiten und Preise, aber auch über Risiken und Gefahren.

Es ist in jedem Fall billiger und obendrein ehrlicher, das Kunstwerk, das die Zeit in unser Gesicht gemalt hat, zu akzeptieren. Finden Sie Gefallen an Ihrem Gesicht. Seien Sie stolz darauf. Es trägt die Spuren Ihres Lebens – Ihres Lachens, Ihres Weinens, Ihres Begehrens und Ihrer Erfüllung.

## Pflanzenkraft für straffe Haut

Natürliche Kosmetik macht auf sanfte Weise schön. Pflanzen-Inhalts-stoffe sind wirksame Bio-Helfer, besonders für die reife Haut. Als Inhaltsstoffe von Cremes lassen sie sich leicht anwenden. Viele Pflanzen-Inhaltsstoffe eignen sich auch hervorragend als Gesichtsmaske pur:

- *Avocado* regeneriert, hemmt Entzündungen, bindet Feuchtigkeit und macht die Haut elastisch.
- *Gurke* spendet Feuchtigkeit, entfernt schonend Talg und Schmutz und macht die Haut heller.
- *Weizen* strafft das Bindegewebe, schützt vor Falten und macht rauhe Haut wieder weich.

## Kombucha gegen Fältchen

Sie erhalten Kombucha-Getränke in Flaschen in Reformhäusern, Naturkostläden und sogar in manchen Drogerien, die Naturkostwaren führen. Wollen Sie sich einen Pilz bestellen, um Ihr Getränk selbst herzustellen, so finden Sie eine Adresse unter »Bücher und Adressen, die Ihnen weiterhelfen« am Ende dieses Kapitels.

Aus Kombucha lassen sich leicht Gesichtsmasken herstellen, die für alle Hauttypen geeignet sind.

### Kombucha-Gesichtsmaske

Vermischen Sie 3 Eßlöffel Kombucha mit 2 Eßlöffel Oliven-, Weizenkeim- oder Sonnenblumenöl. Fügen Sie der Mischung so lange Quark hinzu (etwa 100 bis 150 Gramm), bis sie nicht mehr von allein fließt. Tragen Sie die Mischung auf Ihr Gesicht auf.

## Mit Schüßler-Salzen die Haut glätten

Im Jahre 1873 entwickelte der Arzt Dr. Schüßler ein Heilverfahren, das auf den zwölf im Körper vorkommenden Lebenssalzen beruht. In homöopathischer Form eingenommen, helfen sie, Körper, Seele und Geist wieder ins Lot zu bringen. Bei alternder Haut mit Faltenbildung empfiehlt sich das Schüßler-Salz Nr. 11 *Silicea* (Kieselsäure) in der Potenz D6.

Sie erhalten Schüßler-Salze rezeptfrei in Ihrer Apotheke. (Lassen Sie 3mal täglich 2 Tabletten im Mund zergehen, bis sie sich aufgelöst haben. Der Wirkstoff wird von der Mundschleimhaut aufgenommen.)

## Ganzheitliche Kosmetik

Von Rudolf Steiner wurde 1913 die anthroposophische Lehre entwickelt, die sich auf Paracelsus beruft und Erkenntnisse aus der Erfahrungsmedizin und der Homöopathie einbezieht. Ihr Anspruch ist: keine Symptom-, sondern Ursachenbehandlung. Ist das Gleichgewicht in einem Bereich des Menschen gestört, dann wirkt sich das auf die Person als Ganzes aus. Ganzheitliche Kosmetik versucht dieses Gleichgewicht wiederherzustellen. Fragen Sie nach ganzheitlichen kosmetischen Produkten in Ihrem Naturkostladen oder in Ihrer Apotheke.

AUCH REIFE HAUT SEHNT SICH NACH BERÜHRUNG

Haut und Nerven entwickeln sich aus demselben Gewebe. Daher wirkt zärtliches Streicheln auch auf die Seele. Wird unsere Haut sanft berührt, sei es durch Streicheln oder Massage, so tut uns das unendlich gut. Wir können uns als ganze Person grenzenlos wohl fühlen. Machen Sie selbst die Erfahrung, indem Sie mit Ihren Händen behutsam über Ihren Körper streichen. Das Wegstreicheln und Wegreiben von Schmerzen ist die ursprünglichste Form der Pflege von Kranken. (Im Wort *behand-eln* ist diese Bedeutung noch erhalten.)

## Tips

### Wohltuende Bürstenmassage

Warum streicheln Sie sich nicht selbst mit einer weichen Bürste? Seien Sie zärtlich zu Ihrem Körper und zu Ihrer Seele. Neben dem wohltuenden entspannenden Effekt bekommen Sie so eine glatte Haut. Sanftes trockenes Bürsten fördert die Durchblutung, stärkt Herz und Kreislauf, härtet ab und schützt so vor Erkältungskrankheiten und entfernt abgestorbene Hautzellen.

Beginnen Sie am rechten Fuß (denn er ist am weitesten von Ihrem Herzen entfernt). Bürsten Sie mit leicht kreisenden Bewegungen in Richtung Ihres Herzens. Benutzen Sie Naturbürsten. Manche Körperstellen, z. B. den Rücken, erreichen Sie nur mit einer Bürste mit Stiel. Mit einem Schwamm können Sie sich auch in der Badewanne zärtlich massieren. Geben Sie Ihrer Haut nach der zärtlichen Massage mit einer Lotion oder einem guten Hautöl die Feuchtigkeit, die sie braucht.

## Trockene Haut pflegen

Ältere Haut trocknet schneller aus als junge. Eine Folge von trockener Haut im Alter ist der Altersjuckreiz. Seien Sie deshalb besonders liebevoll zu Ihrer zarten Hülle. Beugen Sie vor, indem Sie sich nicht zu häufig waschen und schonende Hautpflegemittel verwenden, die dem Säuremantel der Haut nicht schaden. Besonders zu empfehlen bei Altersjuckreiz und spröder Haut sind lipidhaltige Cremes und Urea-Produkte.

**PIGMENT-FLECKEN UND ÄDERCHEN**

Mit zunehmendem Alter zeigen sich auf der Haut nicht nur Fältchen, auch neue Muttermale bilden sich, alte werden größer, Pigmentflecken entstehen, schon vorhandene rote Äderchen scheinen deutlicher durch die dünner werdende Haut hindurch, und hie und da wächst eine Alterswarze.

Altersflecken treten oft schon ab Mitte vierzig auf und ähneln zunächst hellen, etwas groß geratenen Sommersprossen. Sie bilden sich aus Ablagerungen des Stoffwechsels der Zellen der Oberhaut. Da diese Pigmentflecken durch Sonnenlicht verstärkt werden, entdeckt man sie zuerst an sonnenexponierten Stellen des Körpers: an den Händen, im Gesicht, am Dekolleté.

Besenreiser – kleine erweiterte Äderchen – treten meist an den Außenseiten der Ober- und Unterschenkel und an den Wangen auf. Störende Warzen, Altersflecken oder Leberflecken können Sie vom Hautarzt problemlos entfernen lassen. Allerdings kommen die Krankenkassen nur in den Fällen dafür auf, wenn der Eingriff medizinisch notwendig ist. Auch die Beseitigung störender Besenreiser an den Beinen ist in der Regel kostenpflichtig. Hautärzte machen sie mit gepulsten Lasern beinahe unsichtbar, veröden sie oder schneiden sie heraus.

## Tips

### Altersflecken auf natürliche Weise verschwinden lassen

Wenn die braunen Pigmentierungen an Händen, Armen und im Gesicht stören, können Sie ihnen mit dem Extrakt aus den Blättern der Bärentraube (*Uvae ursi*) zu Leibe rücken. Mischungen aus Bärentraubenextrakt, Quittensamenextrakt und Zitronensäure hellen die Haut auf natürliche Weise auf, indem sie das in der Haut eingelagerte Melanin abbauen. Allerdings dauert es bei regelmäßiger Anwendung etwa vier bis sechs Wochen, bis die Flecken verschwinden.

### ... oder einfach »wegschminken«

Nicht immer ist der Gang zum Arzt die einzige Alternative, wenn Flecken und Äderchen stören. Sie lassen sich auch mit den richtigen Schminktechniken nahezu unsichtbar machen (siehe Seite 66). Selbst Feuermale oder großflächige Felder von Besenreisern können mit einer getönten Tagescreme farblich der übrigen Haut angepaßt werden.

### Muttermale – ein Fall für regelmäßige Kontrolle

Die meisten Muttermale sind harmlos. Dennoch sollten Sie Ihre Leberflecken regelmäßig beobachten. Wenn Sie eine Veränderung feststellen, etwa eine Zunahme der Größe, der Farbintensität oder eine Rötung, oder wenn ein Muttermal juckt, dann sollten Sie unbedingt den Arzt aufsuchen. Entdecken Sie einen Leberfleck an einer Stelle, an der vorher noch keiner war, so ist das kein Grund zur Beunruhigung. Bei den meisten Menschen kommen im Laufe des Lebens neue Hautflecken hinzu. Aber auch hier gilt: Zeigen Sie diese im Zweifelsfall dem Arzt. Lassen Sie Ihre Muttermale bei Ihren regelmäßigen Gesundheitskontrollen gleich mit untersuchen.

### Alterswarzen, Äderchen und Krampfadern entfernen lassen?

Die Entfernung von Alterwarzen und Äderchen sollte nur ein Mediziner durchführen. Warzen werden durch einen kleinen Eingriff ambulant entfernt, Äderchen werden entweder operiert oder mit Laserlicht behandelt.

Krampfadern sind erweiterte Venen. Das Blut versackt in den tiefer-
liegenden Körperteilen, meist in den Beinen. Wenn Sie Krampfadern
haben, sollten Sie sich von einem Facharzt beraten lassen, denn eine
Operation ist nicht immer die beste Lösung.

## Krampfadern und Besenreisern in den Beinen vorbeugen

- Sorgen Sie dafür, daß sich kein venöses Blut in den Beinen staut:
  Legen Sie öfter mal die Beine hoch.
  Bewegen Sie Ihre Beinmuskulatur so oft wie möglich. Die Kontrak-
  tion der Muskeln hilft das Blut in Richtung Herz zurückzudrücken.
  Vermeiden Sie langes Sitzen oder Stehen.
  Stellen Sie zum Schlafen das Fußende Ihres Bettes hoch. So können
  sich nachts die Blutgefäße der Beine erholen.
- Halten Sie Ihre Beine und Füße fit:
  Trainieren Sie Ihre Beinmuskeln. Ein kräftiger Muskel läßt schlaffen
  Venen wenig Raum.
  Tragen Sie keine Kleidung und Schuhe, die das Gewebe einschnüren
  und auf diese Art den Rückfluß des Blutes zum Herzen stören.
  Tragen Sie Schuhe mit breiten, flachen Absätzen. Gehen Sie so oft
  wie möglich barfuß.
- Reduzieren Sie Übergewicht: Hohes Gewicht schränkt die Bewe-
  gungsfähigkeit ein. Außerdem drückt eine größere Menge an Blut auf
  die Wände der Venen und läßt sie »aussacken«.
- Ernähren Sie sich ausgewogen und vitaminreich. Steigen Sie auf ballaststoffreiche Pflanzenkost um.
- Zuviel Hitze schadet Ihren Beinvenen: Meiden Sie heiße Vollbäder,
  ausgiebige Saunagänge und lange Sonnenbestrahlung.

## Heilsalze, die reifer Haut guttun

Das von dem Arzt Dr. Schüßler entwickelte Naturheilverfahren auf der
Basis von zwölf Heilsalzen empfiehlt bei Besenreisern und Krampfadern das Heilsalz Nr. 1 (*Calcium fluoratum*).

(Lassen Sie 3mal täglich 2 Tabletten im Mund zergehen, bis sie sich
aufgelöst haben.)

**REIFE HAUT GEKONNT SCHMINKEN**

Jeder Mensch möchte möglichst alt werden, aber kein Mensch möchte alt aussehen. Hinter dem richtigen Make-up lassen sich Jahrzehnte gelebter Zeit verstecken.

Kosmetik für reife Menschen hat jedoch nur wenig damit zu tun, daß man versucht Falten zu verbergen. Kosmetik für das dritte Alter stellt vielmehr eine Harmonie zwischen Körper, Seele und Geist her. Menschen, die in ihrer Seele jung geblieben sind, genießen es, ihre innere Verfassung in ihrem äußeren Erscheinungsbild kundzutun. Es geht nicht darum, jemand anderen aus sich zu machen, sondern sich so anzunehmen, wie man sich fühlt, und es anderen Menschen zu zeigen.

## Tip

### Schminktips für reife Haut

- Ein bißchen Farbe wird Ihr Gesicht merklich auffrischen und verjüngen. Im Unterschied zu junger Haut sieht ein Zuviel an Make-up auf älterer Haut jedoch unnatürlich aus. Gehen Sie daher mit Abdeckungen sparsamer um als früher. Was Sie abdecken können, sind typische Zeichen älterer Haut: braune Flecken (die typischen Altersflecken), kleine rote Pünktchen, feine violette und rote Äderchen.
- Schaffen Sie sanfte Übergänge zwischen Lippen, Wangen und Augen. Grelle Farben verstecken die Falten nicht, sondern heben sie meist noch deutlicher hervor.
- Je älter Menschen werden, desto verwaschener erscheint die Farbe der Iris. Mit dem richtigen Lidschatten können Sie den Ton Ihrer Regenbogenhaut erneut zum Strahlen bringen.
- Wenn Ihnen Ihre Lippen im Vergleich zu früher schmaler erscheinen, wählen Sie einen helleren Lippenstift: helle Lippen wirken voller.

Ihre Kosmetikerin hat sicher noch mehr gute Tips für Sie. (Es gibt auch Kosmetikerinnen, die ganzheitlich bzw. anthroposophisch arbeiten!)

Ein falscher Lebensstil läßt sich nicht wegschminken! Das Aussehen wird wesentlich von der seelischen Verfassung beeinflußt. Ein fröhlicher Mensch hat unabhängig vom Alter seiner Haut immer eine jugendlichere Ausstrahlung als ein verhärmter Trauerkloß.

WICHTIG

## *Bücher und Adressen, die Ihnen weiterhelfen*

Heller-Waltjen, Helga: *Ganzheitliche Kosmetik*. Stuttgart 1999. Ein Ratgeber zur Hautpflege aus anthroposophischer Perspektive.
Wormer, Dr. med. Eberhard: *Besenreiser natürlich behandeln*. München 1999.

Wenn Sie einen Kombucha-Pilz bestellen wollen, können Sie das bei:
*Interpilz*
Dr. Meixner GmbH
Sonntagweg 6 c
D–70569 Stuttgart
Tel.: 07 11 / 6 87 66 06
Fax: 07 11 / 6 78 83 80

# Schöne Zähne
# haben Ausstrahlung

Im Unterschied zu unserer Gesichtshaut verändert sich die Schleimhaut unseres Mundes nur sehr wenig im Laufe des Älterwerdens. Zwar wird sie etwas dünner, leichter verletzbar und heilt schlechter. Parallel dazu verdichtet sich das Bindegewebe der Mundschleimhaut und wird grobfaseriger. Das knöcherne Zahnbett zieht sich durchschnittlich um etwa 0,17 Millimeter pro Jahrzehnt zurück, mit der Folge, daß die Zähne immer länger werden und daß der ehemals vom Zahnfleisch geschützte Bereich des Wurzelzements nun den schädigenden Angriffen von Bakterien, Säuren und stark scheuernden Zahnputztechniken ausgesetzt ist. Zieht sich das Zahnfleisch schneller zurück (beispielsweise aufgrund mangelnder Zahnpflege), können die Zähne zu wackeln beginnen und schließlich verlorengehen.

Auch die Zähne altern. Sie verlieren ihre helle Elfenbeinfarbe und werden immer gelber. Zugleich steigt die Zahl der Risse im Schmelz. Durch Abrieb beim Kauen oder Zähneknirschen verlieren gesunde Zähne im Laufe eines Lebens bis zu mehreren Millimetern Dicke. Zahnkaries kostet den Zahn noch viel mehr an Substanz. Wenn große Füllungen oder gar Kronen angefertigt werden müssen, dann verliert der Zahn nicht selten seinen gesamten Schmelz.

Die Gesundheit im Mund ist in hohem Maße Voraussetzung für das Wohlbefinden und die Lebensqualität im dritten Alter. »Gesund beginnt im Mund« – mit Recht verweisen Zahnärzte auf die Rolle des Gebisses für die Gesundheit des ganzen Körpers, denn alle bakteriellen Entzündungen im Mundbereich streuen Keime in den gesamten Körper. Und so ist ein schlechter Allgemeinzustand nicht selten das Resultat von Entzündungen am Kauorgan. Im Extremfall können

Herzinfarkt, Schlaganfall oder Gelenkrheuma die Folgen sein. Doch schlechte Zähne und Zahnfleischentzündungen im Alter müssen nicht sein, durch die richtige Zahnpflege können sie verhindert bzw. geheilt werden.

## Tips

### Die Reinigung der Zähne

Richtig die Zähne putzen will gelernt sein. Benutzen Sie Bürste (es gibt spezielle Seniorenzahnbürsten mit dickem Griff), Zahnseide, Interdentalbürste und Mundwasser: Putzen Sie zunächst mit der Zahnbürste Ihre Zähne vom Zahnfleisch zum Zahn (»von Rot nach Weiß«). Leichter als von Hand geht es mit einer elektrischen Zahnbürste, die mit ihrem Borstenring die Zahnoberfläche blitzblank putzt. Danach säubern Sie die Zahnzwischenräume mit Zahnseide, einem Interdentalbürstchen oder

*Lachen reinigt die Zähne.*
Sprichwort aus Afrika

einem Zahnholz. Wenn Sie alle Beläge, die Sie mit Bürste, Zahnseide und Interdentalbürstchen erreichen konnten, entfernt haben, spülen Sie Ihre Zähne mit einem Mundwasser. Achten Sie beim Kauf darauf, daß es nicht nur für guten Atem sorgt, sondern auch das Wachstum der Keime reduziert.

---

*Majoran-Mundwasser*       gegen Entzündungen
der Mundschleimhaut und
Zahnfleischbluten

1 Eßlöffel getrocknete Majoranblätter mit 250 Milliliter kochendem Wasser übergießen, 5 Minuten ziehen lassen und den Tee abseihen. Spülen Sie mit dem erkalteten Tee 3mal täglich nach dem Zähneputzen für 30 Sekunden.

---

### Grüner Tee gegen Bakterien

Grüner Tee hemmt das Wachstum zahnfleisch- und zahnschädigender Bakterien.

*Grüntee-Mundwasser*

Übergießen Sie 2 Eßlöffel Grüntee mit $^1/_2$ Liter heißem Wasser (etwa 80° C), und lassen Sie den Tee 5 Minuten lang ziehen. Im Lauf des Tages gießen Sie dieselben Teeblätter in gleicher Weise noch 3mal auf. Spülen Sie die Mundhöhle, bevor Sie schlucken.[2]

## Salz gegen Entzündung

Salzlösungen wirken dem Bakterienwachstum entgegen und fördern die Selbstheilungskräfte des Zahnfleisches.

*Lauwarme Kochsalzlösung*

Geben Sie soviel Salz in das lauwarme Wasser, bis es wie eine leicht versalzene Suppe schmeckt. Pressen Sie beim Spülen die Lösung durch die Zahnzwischenräume.

## Was tun bei gelben Zähnen?

Im Alter nehmen die Zähne eine gelbe bis rotbraune Farbe an. Eigene Zähne lassen sich bleichen. Zwar gibt es Zahnbleichsets für den Hausgebrauch, schöner wird es jedoch beim Zahnarzt.

## Erste Hilfe bei Mundgeruch

Mundgeruch hat seinen Ursprung im Mund oder im Verdauungstrakt.

- Wenn der Mundgeruch von schlechten, fauligen Zähnen herrührt, dann lassen Sie Ihre Zähne vom Zahnarzt in Ordnung bringen. Oft sind die Zähne zwar nicht krank, aber schmutzig. Hier hilft gründliches Zähneputzen. Haben Sie einmal keine Gelegenheit, Ihre Zähne zu putzen, dann tut es auch ein Mittel zum Spülen und Gurgeln oder ein Oralspray. Unangenehme Gerüche lassen sich mit Kaugummis, einem Apfel oder anderem frischem Obst »überdecken«.
- Sind Zähne und Zahnfleisch gesund, dann kann auch eine Magen- oder Darmerkrankung die Ursache für Mundgeruch sein. Hier hilft

Heilerde für die innere Anwendung. Nehmen Sie morgens auf nüchternen Magen 1 Teelöffel Heilerde mit einem Glas Wasser zu sich. Die Heilerde bindet übelriechende Verdauungsprodukte, und der Mundgeruch verschwindet.

- Ganz normal ist Mundgeruch während einer Diät oder Fastenkur. Viele Stoffe, die normalerweise über die Darmschleimhaut ausgeschieden werden, wählen jetzt den Weg über die Mundschleimhaut. Wenn Sie viel trinken, kann das diese Art vom Mundgeruch mildern.

---

### Beifuß-Mundwasser

Beifuß gilt als reinigend und anregend für die Produktion der inneren Säfte und hilft in vielen Fällen, lästigen Mundgeruch zu reduzieren.

1 Teelöffel geschnittenes Beifußkraut mit 250 Milliliter kochendem Wasser übergießen, 1 bis 2 Minuten ziehen lassen und abseihen. Den abgekühlten Tee können Sie sowohl zum Spülen des Mundes verwenden als auch trinken.

---

### Teebaumöl-Mundwasser

Die australische Teebaumpflanze zeichnet sich durch hohe Widerstandskraft gegenüber Krankheiten aus und kann sogar Buschfeuer und Überschwemmungen überleben. Das Öl reinigt und desinfiziert.

10 Tropfen Teebaumöl mit 1 Teelöffel kaltgepreßtem Sonnenblumenöl mischen und 20 Sekunden den Mund damit spülen.

---

### Mundwasser aus Grüntee mit Pfefferminze

2 Eßlöffel Grüntee mit 1/2 Liter heißem Wasser übergießen und den Tee etwa 5 Minuten ziehen lassen. Dann den Tee abseihen, erneut erhitzen, über 2 Teelöffel Pfefferminze gießen und 10 Minuten ziehen lassen. Der abgekühlte Tee eignet sich sowohl zum Spülen des Mundes als auch zum Trinken.

## Mundtrockenheit

Im Alter produzieren die Speicheldrüsen weniger Speichel. Oft ist Mundtrockenheit bzw. verminderter Speichelfluß auch die unerwünschte Nebenwirkung von Arzneimitteln. Medikamente gegen Allergien, Bluthochdruck und Morbus parkinson, Psychopharmaka, Antidepressiva, Krebsmittel und Beruhigungsmittel bremsen die Absonderung von Speichel. Am wirkungsvollsten gegen Mundtrockenheit ist es, viel zu trinken.

Der Speichelfluß läßt sich darüber hinaus mit allen Mitteln anregen, die die Drüsensekretion fördern: scharfe Gewürze, Knoblauch, Zwiebeln usw.

## Was tun, wenn Zähne fehlen?

Künstliche Zähne sind weder ein Makel noch eine Schande. Auch mit einer Zahnprothese läßt es sich gut leben, man kann befreit lachen und von Herzen lieben!

Mit zunehmendem Alter sinkt statistisch die Zahl der eigenen Zähne. Fehlende Zähne können entweder durch einen herausnehmbaren Zahnersatz (Teilprothesen und Totalprothesen), durch festsitzenden Zahnersatz (Kronen und Brücken) oder durch Implantate ersetzt werden. Ziehen Sie, wo es geht, festsitzenden Zahnersatz vor. Im Gegensatz zu herausnehmbarem Zahnersatz garantiert festsitzender eine höhere Lebensqualität, ist aber auch teurer. Der »Mercedes« unter den dritten Zähnen ist das Implantat. Hier werden schnell fünfstellige Beträge fällig.

## Die »Dritten« richtig pflegen

Auch mit dritten Zähnen können Sie sich wohl fühlen! Nehmen Sie Ihren Zahnersatz an, als ob er ein Teil von Ihnen wäre. Pflegen Sie ihn. Pflegen Sie aber auch Ihre eigenen Zähne. Durch den Kontakt mit Speisen und Speichel verfärben sich die dritten Zähne. Mit der richtigen Säuberungsmethode kann jedoch Ihre Prothese jahrelang so aussehen wie an dem Tag, als sie Ihnen eingesetzt wurde.

Reinigen Sie Ihre Prothese mit einer Handbürste und Kernseife. (Verwenden Sie auf keinen Fall Zahncremes. Die darin enthaltenen scharfkantigen Scheuermittel sind für die Reinigung Ihrer eigenen

Zähne vorgesehen. Auf die empfindliche Kunststoffoberfläche von Prothesen wirken sie wie Schmirgelpapier. Es bilden sich unzählige Kratzer und Rillen, in denen sich Bakterien festsetzen. Reinigungstabletten haben eine ähnliche Wirkung. Bei häufiger Anwendung machen sie die Oberfläche Ihrer dritten Zähne porös. Die Folge ist eine vermehrte Einlagerung von Schmutzteilchen. Wenn Sie Ihren Zahnersatz über dem Waschbecken reinigen, dann legen Sie ein Handtuch in das Becken, oder lassen Sie Wasser ins Becken laufen. Das erspart teure Reparaturen, wenn Ihnen das gute Stück aus der Hand gleitet. Ablagerungen an der Prothese bestehen zu einem großen Teil aus Zahnstein. Mit etwas Zitronensaft lassen sich die grauen und braunen Verfärbungen in vielen Fällen beseitigen. (Durch Rauchen entstandene Teerflecken müssen vom Zahnarzt wegpoliert werden.)

Benutzen Sie für Ihre Dritten eine Haftcreme? Wenn Sie Schwierigkeiten haben, den zähen Kleberschleim abends wieder von der Prothese zu entfernen, dann versuchen Sie es mit Salatöl. Reste von Prothesenklebern verschwinden so im Nu.

WICHTIG

## *Bücher, die Ihnen weiterhelfen*

Pluta, Maren von: *Schöne Zähne – gesund ein Leben lang.* München 1996.
Schmidseder, Dr. med. Joseph: *Gesunde und schöne Zähne. Alles, was Sie für strahlend weiße Zähne tun können.* München 2000.
Wander, Dr. med. dent. Steffen: *Zähne ohne Probleme. Ganzheitliche Gesundheit von Mund und Zähnen.* Münzingen/Bern 1997.

# DIE HAARE

## Krönung des Hauptes
## und Verzauberung des Wesens

Jedes einzelne Haar besteht aus drei Schichten: die innere Schicht, das Haarmark, verleiht dem Haar seine Elastizität und Zugfestigkeit. Das Haarmark ist umgeben von einer dicken Lage aus Fasern, in der sich auch die Farbpigmente befinden. Wenn das Haar keine Farbpigmente enthält, ist es weiß. Nach außen hin wird das Haar von einer Schicht dachziegelartig übereinanderliegender Hornplättchen abgeschlossen.

Schönes, gesundes Haar ist ein Zeichen für Lebenskraft und ein Symbol der Jugend. Leider ist jede Haarpracht vergänglich. Wann die pigmentbildenden Zellen keine Farbstoffe mehr bilden, ist genetisch bedingt. Das kann bereits mit zwanzig der Fall sein oder auch erst mit sechzig. Viele Menschen wirken durch graumelierte Schläfen attraktiver.

*Graues Haar*
*ist eine prächtige Krone.*
Sprüche Salomons 16,31

In jedem Fall aber gibt es nur zwei Möglichkeiten: Entweder Sie akzeptieren Ihre grauen Haare, oder Sie färben sie. Inzwischen gibt es Naturtoncremes, die stufenweise die frühere Haarfarbe wieder zurückholen.

Mit zunehmendem Alter schwindet nicht nur die Farbe aus den Haaren, das Haupthaar beiderlei Geschlechter wird zudem dünner. Was zunächst nach Haarausfall aussehen mag, ist in Wirklichkeit ein vermindertes Nachwachsen. Zudem wachsen die Haare in dieser Lebensphase langsamer. Haarausfall mit Glatzenbildung ist Männersache. Bereits bei 60 Prozent setzt sie schon vor dem fünfzigsten Geburtstag ein.

# Tips

## Das tut Haaren und Kopfhaut gut

- Haare nur mit schonenden Mitteln waschen (mit Kindershampoos oder mit Shampoos, die man täglich anwenden kann)
- alle Schaumreste gründlich aus dem Haar spülen
- auf Gels, Sprays, Bleichmittel, heiße Föhnluft und Dauerwellen möglichst verzichten

## Haarausfall und dünne Haare

Es gibt unzählige Mittel gegen Haarausfall. Bis heute gibt es jedoch keines, dessen Wirksamkeit erwiesen wäre. Männer haben bei Haarausfall die Wahl, ob sie zu ihren kahlen Stellen stehen, sich ein Toupet anfertigen lassen oder eine der sehr modischen und ganz kurzen Frisuren ausprobieren. Bei Frauen mit dünnen Haaren empfiehlt sich ein attraktiver Kurzhaarschnitt, Kunsthaar oder – wenn's denn sein muß – eine Perücke. Falls man Ihnen Volumen-Dauerwellen vorschlägt, lassen Sie diese höchstens 3mal im Jahr machen.

## Erste Hilfe bei dünnem Haar

- Wenn Sie beim Fönen Ihren Kopf nach unten hängen lassen und das Haar von allen Seiten so richtig durchpusten, dann sieht Ihr Haar im trockenen Zustand fülliger aus.
- Toupieren Sie das Haar ein wenig.
- Drehen Sie schulterlanges Haar am Nacken und an den Seiten nach innen.
- Auch Strähnchen lassen das Haar optisch dichter erscheinen.

## Färben und Tönen

Ein bißchen Farbe in Ihren Haaren trimmt Ihr Erscheinungsbild mit einem Schlag auf jugendlich. Allerdings sollte die Farbe zu Ihrem Hauttyp passen. Als Faustregel für natürliches Aussehen gilt: Je dunkler der Hauttyp, desto kräftiger kann die Haarfarbe sein. Sie können jedoch auch bewußt eine Farbe wählen, die auffällt. So wie junge Menschen es schick finden, Haarfarben zu tragen, die ganz offensichtlich nicht natürlich sind, können auch Sie einmal verschiedene Haarfarben ausprobieren.

Beim Färben haben Sie die Wahl zwischen chemischen Farben und Pflanzenfarben. Chemiefarben schädigen das Haar. Sie führen jedoch zu einer satten Farbe, die sich nicht mehr herauswaschen läßt. Pflanzenfarben schonen das Haar und haben oft außerdem eine Pflegewirkung für die Kopfhaut. Sie eignen sich jedoch nicht für stark ergrautes Haar. Natürliche Färbemittel waren bereits in der Antike verbreitet, so benutzten Ägypterinnen bereits vor 5000 Jahren Henna, um ihre Handinnenflächen rötlich zu färben. Natürlich färben und tönen können Sie mit:

- *Hennapulver.* – Die gemahlenen Blätter des subtropischen Cypernstrauchs enthalten einen zum Haarefärben geeigneten Farbstoff. Je nach Einwirkzeit und Grundfarbe erzielt man unterschiedlich intensive Rottöne. Henna-Färbungen eignen sich nicht für stark ergrautes oder weißes Haar, es sei denn, man hat eine Vorliebe für knalliges Rot. Wenn Sie das Färbeergebnis vorab sehen möchten, dann schneiden Sie eine kleine Strähne ab und färben sie zur Probe.

**VORSICHT!**      Henna färbt ab! Feuchtes Haar hinterläßt graue bis rotbraune Flecken auf Kopfkissen, Blusenkragen und Handtüchern.

- *Schwarztee und Zwiebelringe.* – Stellen Sie einem Sud aus schwarzem Tee und Zwiebelringen her, und spülen Sie damit nach der Haarwäsche. Einzelne weiße Haare fallen dann kaum noch auf, und das Haar wird schön glänzend. Die Spülung eignet sich jedoch nur für leicht ergrautes Haar und verstärkt lediglich den Braunton.
- *Kamillentee und Zitronensaft.* – Ergraute Haarpartien sind um so schwerer von ihrer Umgebung zu unterscheiden, je heller Ihr Haar ist. Zur Aufhellung für blondes Haar eignet sich ein Kamillensud, dem der Saft einer Zitrone beigemengt wird.

Die Farben von Haar und Augenbrauen sollten zusammenpassen. Wenn Sie Ihre Haare färben, dann wählen Sie einen Augenbrauenstift in der passenden Farbe. Das sieht harmonischer aus und wirkt echter.

Bevor Sie Ihre Haare färben, überlegen Sie sich jedoch, ob sich eine jugendliche Haarfarbe überhaupt mit dem Selbstverständnis eines reifen, erfahrenen Menschen verträgt. Wenn Sie Wert auf Ihre Reife und Ihre Jahre legen, dann erscheint ein jugendliches Aussehen künstlich, aufgesetzt und unecht. Auch weiße Haare können sehr attraktiv wirken. Denken Sie nur an den vitalen, bezaubernden weißhaarigen amerikanischen Schauspieler Steve Martin und die äußerst attraktive Sängerin Daliah Lavi.

## Erste Hilfe bei Damenbart

Bei Damenbart ist Bleichen sinnvoll. Einen feinen Flaum oder nur wenige in Büscheln stehende Haare können Sie mit Wasserstoffsuperoxid nahezu unsichtbar machen. Einzelne Haare können Sie auszupfen. Einen stärkeren Bartwuchs können Sie sich bei einer Kosmetikerin regelmäßig mit Heißwachs entfernen lassen. Rasieren Sie Ihren Damenbart auf gar keinen Fall!

## Bücher, die Ihnen weiterhelfen

Helmiß, Margot: *Natürlich Schönsein. Attraktiv, gepflegt und gesund auf natürliche Weise.* Augsburg 2000.
Holdan, Felicitas: *Einfach gut drauf.* München 1999.
Oberbeil, Klaus, und Rahn-Huber, Ulla: *Jung bleiben mit Anti-Aging. Einfach 10 Jahre jünger aussehen.* München 1999.

# DIE AUGEN
## *Spiegel der Seele*

Die Augen und die sensible Haut um die Augen sind das Zentrum Ihres Gesichts. Wenn Sie im Spiegel Ihr Gesicht betrachten, sehen Sie zuerst die Region um Ihre Augen. Seelische Regungen wie Freude und Leid, Verlangen und Angst, Interesse und Langeweile zeigen sich an den Augen viel deutlicher als im Rest des Gesichts. Fältchen und schlaffe Haut fallen rund um die Augenpartie optisch viel eher ins Gewicht als an den Wangen oder im Halsbereich.

**DIE HAUT UM DIE AUGEN**

Wir nutzen die zarte Haut rund um die Augen als unser wichtigstes Instrument für die Mimik. Egal ob wir lachen, weinen, angeregt mit jemandem reden oder ganz einfach nur zuhören – immer ist diese Zone in Bewegung. Da sie im Unterschied zur 2 Millimeter dicken Gesichtshaut nur 0,5 Millimeter dick und nur spärlich von Schweiß- und Talgdrüsen durchsetzt ist, graben sich hier schnell feine Linien ein, die sich von den äußeren Augenwinkeln zu den Schläfen ziehen, und Knitterfältchen unter den Augen. Aber auch Streß, wenig Schlaf, eine schlechte Durchblutung und Störungen des Wasserhaushalts werden zuerst an der Haut rund um die Augen als Augenringe, Tränensäcke und geschwollene Lider sichtbar.

**WICHTIG**

Betrachten Sie nicht jedes Fältchen, als sei es Ihr persönlicher Feind. Sehen Sie es einmal von der anderen Seite: Jede Linie in Ihrem Gesicht erzählt einen Teil Ihrer Lebensgeschichte und verleiht ihm mehr Ausdrucksstärke.

# Tips

## Erste Hilfe bei Fältchen im Augenbereich

- Pflegen Sie die sensible Haut um die Augen mit einer speziellen Augenfältchencreme.
- Entspannen Sie Ihre Augenpartie regelmäßig. Reiben Sie Ihre Handinnenflächen gegeneinander, bis sie warm werden, und legen Sie die warmen Hände sanft auf die geschlossenen Augen.
- Greifen Sie auch mal zu bewährten Hausmitteln, wie z. B. der Gurkenmaske: Einfach eine frische Gurke waschen, in Scheiben schneiden und die Scheiben auflegen.

## Augenkompressen bei geschwollenen Lidern, Tränensäcken und Augenringen

Augenkompressen bringen schnelle Hilfe für müde Augen und lassen auch die Haut um die Augen wieder frisch erscheinen.

- Legen Sie mit kaltem Wasser getränkte Tücher für 10 Minuten auf die geschlossenen Augen.
- Sie können auch Teebeutel (Schwarztee, Kamillentee) mit kochendem Wasser übergießen, abkühlen lassen und dann 10 Minuten lang auf die Augen legen.
- Wenn Ihnen Teebeutel nicht zusagen, probieren Sie es mit fertigen Kompressen aus Apotheken oder Drogerien.
- Stellen Sie sich Ihre Augenpflegemittel für Kompressen oder Aufgüsse selbst her:
  Schachtelhalm lindert Rötungen und verringert Schwellungen.
  Augentrost beruhigt stark beanspruchte Augen.
  Rosenblüten beleben und regulieren die Hautfeuchtigkeit.

---

### Augenkompresse

250 ml Wasser aufkochen und über die zerkleinerten Blätter bzw. Blütenblätter gießen, 3 bis 5 Minuten ziehen lassen, abgießen und abkühlen lassen. Tauchen Sie ein Tuch in die Flüssigkeit, wringen Sie es aus, und legen Sie dieses auf Ihre Augen. Wenn es Ihnen guttut, legen Sie Ihre Hände darauf.

### *Dunkle Ringe unter den Augen einfach wegschminken*

Augenringe sind meist angeboren. Mit Abdeckstift lassen sie sich abmildern. Wenn Ihre Augenringe im Vergleich zu früher deutlicher zu sehen sind, dann schlafen Sie vielleicht nicht genug oder rauchen zuviel.

**HILFE BEI TROCKENEN AUGEN**

Bei normaler Funktion der Tränendrüsen wird mit jedem Lidschlag die Hornhaut des Auges gereinigt und befeuchtet. Etwa mit fünfundvierzig oder fünfzig beginnen jedoch viele unserer Drüsen gemächlicher zu arbeiten. Auch die Tränendrüsen produzieren nicht mehr ganz soviel Tränenflüssigkeit wie früher. Das kann zu trockenen Augen führen.

Trockene Augen können allerdings auch die Folge einer Medikamenteneinnahme sein. Herzmittel, Beruhigungsmittel, Antidepressiva und Blutdruckmittel bremsen die Arbeit der Tränendrüsen.

## *Tips*

### *Sanfte Hilfe bei trockenen Augen*

- Trinken Sie viel. Wenn Ihre Tränendrüsen zu wenig Flüssigkeit erzeugen, sollten Sie Ihrem Körper mehr Flüssigkeit geben.
- Regen Sie den Tränenfluß an: schlagen Sie mit den Lidern, gähnen Sie, oder schnuppern Sie an frischen Zwiebelscheiben – das hat den gleichen Effekt.
- Wenn Sie Kontaktlinsen tragen, dann wechseln Sie zwischendurch wieder zur Brille.
- Trockene Zimmerluft schadet den Augen. Lüften Sie regelmäßig. Erhöhen Sie die Luftfeuchtigkeit mit einem Luftbefeuchter.
- Leichter Ausdauersport im Freien (z. B. schnelles Gehen oder langsames Joggen) macht trockene Augen wieder feucht.
- Benetzen Sie Ihre Augen. Legen Sie ein feuchtes Tuch auf die Augen. Besorgen Sie sich rezeptfrei erhältliche Augentropfen in der Apotheke.

## Erholung für gestreßte Augen

- Kurbeln Sie Ihren Stoffwechsel mit Vitaminen und Spurenelementen an. Wichtig sind die Antioxidantien Vitamin E und C, Beta-Carotin, Zink und Chrom.
- Massieren und streicheln Sie Ihre Augen – das tut ihnen gut. Lassen Sie Ihre Finger bei geschlossenen Lidern sanft über Ihren Augenlidern kreisen, bis Sie die Farben des Regenbogens sehen.
- Streß läßt sich mit Augenbädern aus den Augen spülen. In Apotheken, Reformhäusern und Naturkostläden sowie an Kräuterständen gibt es ein reichhaltiges Angebot an fertigen Augenbädern. Oder stellen Sie sich Ihr eigenes belebendes Augenbad her:

### Kamillen-Augenbad

1/2 Liter Kamillentee aufbrühen und zusammen mit der 3fachen Menge an Wasser in eine große flache Schale geben. Die Mischung sollte lauwarm sein. Tauchen Sie Ihr Gesicht in die Schale, öffnen Sie unter Wasser die Augen, und bewegen Sie den Kopf sanft hin und her.

(Sie können dieses Augenbad auch mit einer speziellen Augenbadewanne anwenden, die es in Apotheken zu kaufen gibt.)

Auch unsere Augen altern. Seit unserer Geburt nimmt die Elastizität der Linse im Auge ab. Aber erst ab dem vierzigsten Lebensjahr beginnt uns dieser Elastizitätsverlust Probleme zu bereiten. So können wir die Buchstaben einer Zeitung aus der Nähe nur noch verschwommen wahrnehmen. Man spricht von »Alterssichtigkeit«. Auch auf rasch wechselnde Lichtstärken kann sich das Auge im Alter nicht mehr so gut einstellen. Es wird lichtempfindlicher. Sie fühlen sich nachts auf der Straße stärker von den Scheinwerfern entgegenkommender Fahrzeuge geblendet.

 SO VERÄNDERT SICH DIE SEHKRAFT

Der reduzierte Stoffwechsel im Alter kann außerdem zu einer Einlagerung von Stoffwechselschlacken in die Linse führen. Die Folge ist eine Linsentrübung, die als »Katarakt«, »grauer Star« oder »Altersstar« bezeichnet wird. Der Altersstar tritt gehäuft um das sechzigste Lebensjahr auf. Gefördert wird er durch Infrarot-, UV- und Röntgenstrahlen, eine lang andauernde Kortisonbehandlung sowie eine Reihe von Allgemeinerkrankungen. Bei Diabetikern ist die Gefahr einer Linsentrübung besonders hoch. Der graue Star läßt sich durch eine Operation der Linse heilen.

Die Wahrscheinlichkeit, am grünen Star (Glaukom) zu erkranken, steigt ebenfalls ab dem vierzigsten Lebensjahr an. Durch einen erhöhten Augeninnendruck, dessen häufigste Ursache eine Abflußbehinderung des Kammerwassers ist, kommt es zu einer Schädigung der an der Augenrückenwand gelegenen Sehzellen. Da der grüne Star nicht schmerzhaft ist und schleichend beginnt, wird er oft erst bemerkt, wenn sich das Gesichtsfeld bereits sehr verengt hat. Bei leichten Fällen werden hier blutdrucksenkende Mittel gegeben. Wenn das nicht hilft, kann eine Operation das blockierte Abflußsystem des Kammerwassers wieder gängig machen. Da ein erhöhter Augeninnendruck häufig die Folge von Nervosität, seelischem Streß und Ängsten ist, eignen sich Entspannungsübungen gut zur Vorbeugung.

Die altersabhängige Makuladegeneration ist eine Erkrankung des Auges, die überwiegend jenseits des sechzigsten Lebensjahres auftritt. Sie entsteht durch die Verstopfung der die Netzhaut umgebenden Augenhaut. Als Folge beginnt von der Mitte der Netzhaut ausgehend die Sehschärfe abzunehmen. Meist bleibt zwar das äußere Gesichtsfeld erhalten, in schweren Fällen führt jedoch die altersabhängige Makuladegeneration zur Erblindung. Eine Wiederherstellung des verlorengegangenen Sehvermögens ist derzeit nicht möglich.

## Tips

### Bei Alterssichtigkeit die Sehkraft trainieren

Wenn Sie im Alter Ihre Sehkraft erhalten und sogar noch verbessern wollen, trainieren Sie Ihre Augen. Üben Sie bewußt Nahsehen. Lesen Sie Ihre Zeitung so nahe am Gesicht, daß Sie die Buchstaben gerade noch klar erkennen können. Sorgen Sie dabei stets für gutes Licht, und entspannen Sie Ihre Augen zwischendurch immer wieder.

## Nachlassende Sehkraft ausgleichen

- Lassen Sie sich eine auf Ihre Sehschärfe abgestimmte Brille anfertigen.
- Gleichen Sie Ihre nachlassende Sehkraft durch ein bewußteres Hinschauen aus. Gehen Sie mit offenen Augen durch die Welt. Sehen Sie mit wachen Sinnen auf die Menschen und Objekte Ihres Lebensraums. Achten Sie auf Farbnuancen, Formen, Größen. Genießen Sie es, mit Ihren Augen in den Geheimnissen Ihrer Umwelt zu lesen. Besonders gut für das bewußte Schauen eignet sich die Natur. Aber auch Menschen sind herrliche Beobachtungsobjekte.

## Altersabhängige Makuladegeneration rechtzeitig erkennen

Testen Sie sich selbst. Halten Sie ein Auge zu, und schauen Sie auf eine gerade senkrechte Linie. Wenn Ihnen die Linie unterbrochen oder gewellt erscheint, ist es höchste Zeit, einen Augenarzt aufzusuchen. Freie Radikale erhöhen das Risiko für diese Art der Erkrankung. Daher können Sie ihr vorbeugen, wenn Sie sich optimal mit Vitaminen versorgen, nicht rauchen, ausreichend schlafen und übermäßigen Streß meiden.

## Risiken für die Sehkraft ausschließen

- Ein erhöhter Augeninnendruck kann zur Erblindung führen. Die Hauptursache für einen erhöhten Augeninnendruck ist Diabetes. Lassen Sie Ihre Zuckerwerte regelmäßig überprüfen; gehen Sie regelmäßig zum Augenarzt.
- Zu grelles Licht, wie es beispielweise beim Punktschweißen auftritt, schadet Ihren empfindlichen Sehzellen. Tragen Sie bei sehr grellen Lichtquellen immer eine Schutzbrille.
- Die UV-Strahlung des Sonnenlichts führt zu einer Linsentrübung. Meiden Sie UV-Strahlen. Tragen Sie im Freien bei Sonnenschein immer eine Sonnenbrille.
- Schützen Sie die Augen vor Verletzungen! Geben Sie Reizungen keine Chance. Lassen Sie keine allergieauslösenden Teilchen in Ihre Augen gelangen.

## Das Risiko für grauen und grünen Star senken

- Ernähren Sie sich Vitamin-A- und Vitamin-E-reich;
- machen Sie Sport, dieser kurbelt den Stoffwechsel an und wirkt Durchblutungsstörungen in den Augen entgegen.

## Shiatsu bei nachlassender Sehkraft

Shiatsu bedeutet wörtlich »Fingerdruck«, heilt also durch Berührung. Über die Akupunkturmeridiane werden die Energieströme des Körpers harmonisiert.

Leiten Sie Energie in Ihre Augen: Regen Sie zunächst die Kraftlinien an, indem Sie mit den Handflächen über Ihr Gesicht reiben. Dann legen Sie Ihre Fingerspitzen auf die geschlossenen Augenlider und massieren vorsichtig Ihre Augäpfel. Als nächstes reiben Sie am oberen Rand der Augenhöhlen in Richtung Stirn, dann wechseln Sie zum unteren Rand der Augenhöhlen und reiben in Richtung Wangenknochen. Wandern Sie mit den Fingern zu den Schläfen, und massieren Sie diese mit kreisenden Bewegungen. Abschließend legen Sie Ihre Finger wieder auf die geschlossenen Augenlider und stellen sich intensiv vor, wie Energie durch Ihre Augen pulsiert und ihnen ein Stück jugendliche Kraft zurückgibt.

## Bücher, die Ihnen weiterhelfen

Hofmann, Dr. Inge: *Nie wieder Brille! Gut sehen bis ins hohe Alter*. München 2000.
Zemme, Verena: *Gut sehen – ein Leben lang*. Augsburg 1999.

# DAS GEHÖR

## *Tor ins Reich der Töne*

Im Gegensatz zu den Zähnen oder zur Gesichtshaut ändern sich im Alter die äußerlich sichtbaren Teile der Ohren eines Menschen nur wenig. Im Hörorgan selbst finden jedoch zahlreiche Veränderungen statt. Die Leistung des Gehörs sinkt – wie die aller Sinnesorgane – im Alter. Bereits ab dem fünfundvierzigsten Lebensjahr nimmt die Hörfähigkeit ab. Das beginnt zunächst bei den hohen Tönen, wobei sich nicht nur die Empfindlichkeit für Schallwellen verringert, sondern auch die Fähigkeit schwindet, den gesehenen Bildern verschiedene Höreindrücke zuzuordnen. Eine laute und umtriebige Umgebung wird daher von älteren Menschen oft als verwirrend empfunden. Sie fühlen sich überfordert.

## *Tips*

### *Besser hören*

- Benutzen Sie technische Hilfsmittel, wie z. B. Hörgeräte und Telefonverstärker.
- Schaffen Sie eine übersichtliche Situation, etwa indem Sie sich bei Gesprächen möglichst nicht mit mehreren Gesprächspartnern gleichzeitig unterhalten.
- Unterstützen Sie Ihren Höreindruck durch Sehen. Schauen Sie Ihren Gesprächspartnern auf den Mund.
- Lernen Sie aufmerksam zuzuhören. Gut zuhören hat sehr viel mit Aufmerksamkeit und Konzentration zu tun. Ein guter Zuhörer wird als angenehmer Gesprächspartner empfunden.

## Zuviel Dauerlärm schadet

Das Hörorgan ist sehr empfindlich. Setzen Sie es nicht mehr Lärm aus als unbedingt nötig. Überlasten Sie Ihr Gehör nicht. Geben Sie ihm Zeit, sich zu erholen.

## Das Gehör trainieren

Die Hörfähigkeit läßt sich auch im Alter noch steigern. Lauschen Sie bei allen Geräuschen auf die Vielfalt der Töne. Machen Sie es sich zur Gewohnheit, beim Spaziergang im Wald oder bei der Arbeit im Garten bewußt auf die feinen Nuancen der Geräusche zu achten und den in ihnen verborgenen Reichtum an Erlebnissen herauszufiltern. Bewußtes Zuhören erschließt Ihnen die zauberhafte und reiche Welt der Geräusche und Klänge.

## Geräusche im Ohr

Pfeifgeräusche, Brummen, Zischen und Klingeln im Ohr, ein sogenannter »Tinnitus«, treten mit zunehmendem Alter häufiger auf, haben aber nur selten eine organische Ursache. Eine einheitliche Therapie gibt es nicht. Manchmal helfen Akupunktur, Entspannung, Vitamine oder homöopathische Mittel.

- Wenn die Geräusche im Ohr streßbedingt sind, hilft eine Heilmeditation. Entspannung wirkt dem Streß direkt entgegen, das Ohrensausen läßt nach.
- Liegt die Ursache für Ohrengeräusche in Durchblutungsstörungen, dann sollten Sie Ihren Kreislauf ankurbeln. Treiben Sie Sport, trinken Sie viel, nehmen Sie ausreichend Vitamine zu sich.
- Manchmal hilft bei Geräuschen im Ohr eine Fußreflexzonenmassage. Besorgen Sie sich eine Fußreflexzonenkarte, und stimulieren Sie die Punkte für das Ohr und den Nacken.

## *Bücher, CDs und Adressen, die Ihnen weiterhelfen*

Zittlan, Jörg: *Das individuelle Selbsthilfeprogramm bei Tinnitus und Hör-sturz*. München 1999. Der Autor legt seinen Schwerpunkt bei der Behandlung dieser Leiden auf Pflanzenheilkunde, Homöopathie, Musiktherapie und Gymnastik.

Meditationen mit Musikuntermalung gibt es als CDs und Tonkassetten: zum Beispiel die Heilmeditationen von Rüdiger Dahlke beim Verlag Hermann Bauer, Freiburg. Diese Heilmeditationen sind mit ent-spannender Musik unterlegt. Es gibt sie zu verschiedenen Themen: Allergien, Angstfrei leben, Entgiften – Entschlacken, Frauenprobleme, Gewichtsprobleme, hoher Blutdruck, Krebs, Leber, niedriger Blut-druck, Rauchen, Schlafprobleme, Suchtprobleme, Kopfschmerzen …

Kontaktadresse für Menschen, die von Tinnitus betroffen sind:

Deutsche Tinnitus-Liga e.V.
Postfach 21 03 51
D–42353 Wuppertal
Tel.: 02 02 / 24 65 20

# DIE MUSKELN
## *Motor des Körpers*

*Gegen Mittag erreichen Sie die Hochebene. Schwitzend, außer Atem, lehnen Sie Ihr Fahrrad an einen Felsen, nehmen Ihren Rucksack von den Schultern und setzen sich auf einen sonnenerwärmten Stein. Weit und eindrucksvoll breitet sich die liebliche Landschaft des Salzkammerguts vor Ihnen aus. Der Wald, durch den Sie gerade gekommen sind, darunter die Sommerwiese und ganz unten der im Sonnenlicht funkelnde Wolfgangsee. Es ist schön hier oben. Sie strecken sich. Die Anstrengung der letzten Stunden hat gutgetan. Aber müde hat sie auch gemacht – und vor allem hungrig. Sie knien auf den kargen Boden, öffnen zuerst Ihren Rucksack und schrauben dann schnell die Thermoskanne auf. Mit Honig gesüßter Pfefferminztee stillt Durst und Hunger zugleich.*

*Der Nebel, der für lange Zeit auf Ihrem Denken und Fühlen lag und den Sie schon gar nicht mehr wahrgenommen haben, beginnt sich in der wundervollen Stimmung des Bergwaldes zu lichten. Dieser Urlaub, der doch gerade erst begonnen hat, soll der schönste Ihres Lebens werden. Er soll Ihre persönliche Zeitenwende markieren: Mehr für sich tun, das wollen Sie; mehr Sport soll es sein und eine gesündere Ernährung; Ihre persönliche Lebensgeschichte wollen Sie sich durch den Kopf gehen lassen und Antworten auf Fragen finden, die Ihnen schon seit langem keine richtige Ruhe mehr lassen; vor allem zu sich selbst kommen wollen Sie. Und all das in der paradiesischen Landschaft des Salzkammerguts. Sie stehen auf und schauen sich um, voller Freude und Dankbarkeit, leben zu dürfen.*

Die häufigsten Erkrankungen älterer Menschen in den Industrieländern sind Erkrankungen des Herz-Kreislauf-Systems, gefolgt von Erkrankungen des Verdauungstrakts und Atemwegserkrankungen. Die häufigste Ursache von Herz-Kreislauf-Erkrankungen sind Übergewicht und ein Mangel an Bewegung. Die am meisten gefürchteten Folgen sind Herzinfarkt und Schlaganfall.

Der Körper des Menschen mit seinen Muskeln, Sehnen, Knochen und Gelenken ist für Bewegung konstruiert. Bewegung erhält jung: Das Herzinfarktrisiko sinkt auf die Hälfte, das Immunsystem wird gestärkt und das Diabetesrisiko nimmt ab. Menschen, die regelmäßig Sport treiben, leben länger als Fitneß-Faulpelze.

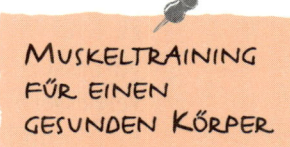

**MUSKELTRAINING FÜR EINEN GESUNDEN KÖRPER**

Alle Funktionen Ihres Körpers, die Sie nicht regelmäßig nutzen, verkümmern. An den Muskeln tritt dieser Prozeß besonders deutlich zutage. Werden Muskeln nicht regelmäßig trainiert, verringert sich ihre Masse, sie werden schlaffer, und der ganze Körper verliert an Spannkraft. Ohne Training gehen Ihnen bis zum sechzigsten Lebensjahr etwa 25 Prozent Ihrer Muskelmasse verloren. Mit Sport läßt sich dieser Abbau bremsen. Bei regelmäßigem Training nimmt diese Muskelmasse im Alter nur wenig ab. Sie kann sogar wieder zunehmen. Denken Sie nur an den amerikanischen Raumfahrer John Glenn, der 1962 als erster Amerikaner in einer Raumkapsel die Erde umrundete und sich 1998 mit siebenundsiebzig Jahren mit dem Spaceshuttle wieder für neun Tage ins All schießen ließ.

Doch Muskeln sind nicht nur für die Bewegung des Körpers wichtig: Werden sie regelmäßig bewegt, so halten sie den Kreislauf in Schwung und helfen bei der Verdauung. Mit ihrer Zugkraft stärken sie Knochen und schonen Gelenke. Gut trainierte Muskeln verleihen ein dynamisches Aussehen, denn sie machen die Haut rundherum straffer und reduzieren das Körperfett. Sie sind ein Zeichen für Vitalität und Leistungsvermögen und eine Quelle des Wohlbefindens. Sie lassen den Körper jugendlich erscheinen, führen zu einem aufrechten Gang und geben allen Bewegungen eine entschlossene Note.

Wer seine Muskeln ausreichend trainiert, sieht nicht nur jugendlicher aus, er ist es auch, denn auf diese Weise wird der Kräfteverfall und damit der Alterungsprozeß verzögert und das Leben verlängert. Oft meinen wir im Dickicht unserer Alltagsverpflichtungen nicht ausreichend Zeit und Gelegenheit für genügend Bewegung zu finden.

Wann haben Sie sich zuletzt Zeit genommen, um zu früher Stunde ausgiebig im Wald spazierenzugehen? Wann sind Sie zuletzt gejoggt, Rad gefahren, geschwommen? Kein Alltag kann so voller Verpflichtungen und Termine sein, daß nicht hier und da Zeit für ein bißchen Sport bliebe. Sport gehört mit ins Tagesprogramm!

Sport hat viele Trümpfe. Er

- macht den Kopf frei von den Irrungen und Wirrungen des Alltags
- führt zu einem verbesserten Lebensgefühl
- aktiviert den Stoffwechsel, bringt Kreislauf und Atmung in Schwung, verbessert die Sauerstoffaufnahme, erhöht die Leistungsfähigkeit
- verbessert die Fließeigenschaften des Blutes und schützt so vor Herzinfarkt und Schlaganfall
- reduziert den Blutdruck und erhöht die Elastizität der Aderwände
- verzögert den Abbau der Muskulatur und
- ist ein ausgezeichneter Schlankmacher

## Tips

### Sport macht Spaß!

Deshalb: Quälen Sie sich nicht mit Bewegungsfolgen herum, die Ihnen keinen Spaß machen. Bewegung darf nicht frustrieren. Wenn Sie sich immer wieder zu einer bestimmten Sportart zwingen müssen, wenn es Ihnen davor graut, sich sportlich zu betätigen, dann ist das nicht die richtige für Sie, dann werden Sie auch nicht lange durchhalten. Sport soll Freude machen, und Freude läßt Sie viel eher natürlich aussehen, als wenn Sie sich qualvoll durch stumpfsinnige Übungen peitschen.

Sich wohl fühlen im Alter heißt auch, sich die Bewegungsformen aussuchen, bei denen Freude winkt. Erfreuen Sie sich an Ihren Körperübungen. Dann schützt Sport sogar vor Depressionen und Krebs.

### Sich auf Sport einstimmen

Wenn es Ihnen schwerfällt, sich zum Training aufzuraffen, dann beginnen Sie Ihren Sport mit leichten Dehnübungen oder einer kurzen Meditation.

## Feste Zeiten für den Sport

Verankern Sie Ihren Wohlfühlsport in Ihrem Tagesablauf. Beginnen Sie Ihren Tag z. B. mit einer Viertelstunde Gymnastik. (Gähnen, strecken und dehnen Sie sich in den neuen Tag hinein.) Machen Sie am späten Vormittag oder frühen Nachmittag einen lockeren Waldlauf, einen Spaziergang, fahren Sie Rad, oder gehen Sie schwimmen. (Zwischendurch kann auch Gartenarbeit angesagt sein.) Beschließen Sie Ihren Tag mit einem Spaziergang. Atmen Sie tief und bewußt die würzige Abendluft in Ihre Lungen. (Stellen Sie sich vor, daß mit jedem Ausatmen die unangenehmen Geschehnisse des Tages, die Anspannung und der Streß Ihren Körper verlassen.)

Sport entfaltet seine wohltuende Wirkung auf Körper, Geist und Seele erst dann so richtig, wenn er weder unter- noch überfordert. Die Dosis Sport mit dem für Sie optimalen Trainingseffekt können Sie über die Messung Ihres Belastungspulses bestimmen. Messen Sie Ihren Puls während der Belastung oder unmittelbar danach. Als sehr nützlich haben sich elektronische Herzfrequenz-Meßgeräte (Puls-Uhren) bewährt, die man um das Handgelenk trägt. Anhand der persönlichen Daten wie Alter, Größe, Gewicht und körperlicher Zustand errechnen sie Ihre optimale Trainings-Pulsfrequenz. Während des Trainierens melden sie Ihnen automatisch, ob sich Ihr Puls im Idealbereich befindet.

DIE DOSIS MACHT'S

Sie können Ihren idealen Trainings-Puls auch selbst bestimmen. Als Faustregel für einen ausreichenden Trainingseffekt gelten: maximale Herzfrequenz (200 Schläge/Minute minus Lebensalter) mal 0,65. Wenn Sie sechzig sind, dann liegt Ihr idealer Trainingspuls bei 91 Schlägen pro Minute (200 – 60 = 140, 140 mal 0,65 = 91). Befindet sich Ihr Puls darunter, dann ist Ihr Training noch nicht wirkungsvoll genug. Liegt Ihr Puls darüber, dann ist das Training für Sie zu anstrengend und möglicherweise auch gefährlich, denn dann reicht für Ihren Herzmuskel der Nachschub an sauerstoffreichem Blut nicht aus. Ihr Idealpuls ist zugleich Ihr optimaler Fettverbrennungspuls.

## *Tips*

### *Auf sanfte Weise Kalorien verbrauchen*

Zügiges Gehen: 330 Kalorien/Stunde
Langsames Joggen (5 km/Stunde): 460 Kalorien/Stunde
Mäßiges Joggen (7 km/Stunde): 850 Kalorien/Stunde
Gemächliches Schwimmen (20 m/Minute): 270 Kalorien/Stunde

### *Den Körper im Alltag »trainieren«*

Sport im Alltag bedeutet:

- Treppen steigen
- Fenster putzen
- Staubsaugen
- Wohnung reinigen
- Besorgungen zu Fuß oder mit dem Fahrrad machen
- im Garten arbeiten

### *Mäßig, aber regelmäßig*

Eine ausgewogene Körperertüchtigung hat nie negative Folgen. Wichtig ist es, nie zu übertreiben! Wenn Sie das Gefühl haben, daß Ihnen bestimmte Bewegungsfolgen nicht guttun, daß Sie sich zu sehr anstrengen müssen oder sich gestreßt fühlen, dann lassen Sie diese Bewegungsfolge weg. Überfordern Sie sich nicht! Sport soll nicht nur einen Nutzen haben, sondern auch Ihr Wohlgefühl steigern. Freuen Sie sich auf die Stunden mit Ihrem Wohlfühlsport!

Ein abrupter Wechsel zwischen Zeiten extremer Bewegungsarmut und Zeiten hoher sportlicher Betätigung ist nicht gesund. Nehmen Sie jede Gelegenheit zur Bewegung wahr. Auf diese Weise steigern Sie Ihre Kondition bereits im Alltag. Sich wohl fühlen – das hat oberste Priorität. Höchstleistungen schaden!

**WICHTIG**

Überfordern Sie Ihren Körper nicht. Drei Stunden Marathonlauf am Tag sind zuviel. Zu hartes Training verheizt Ihren Körper und zerrüttet Ihr Immunsystem.

## Dem Körper Flüssigkeit zurückgeben

Ihr Körper verliert bei sportlicher Betätigung viel Flüssigkeit. Während sich bei jungen Menschen nach einem Flüssigkeitsverlust sehr schnell ein quälendes Durstgefühl einstellt, fehlt beim reifen Körper häufig dieses Alarmsignal. Ersetzen Sie das fehlende Durstgefühl durch Planung: Gewöhnen Sie sich an, nach jeder sportlichen Betätigung ausgiebig zu trinken. Im Zweifelsfall sollten Sie lieber etwas mehr Flüssigkeit zu sich nehmen. Als Faustregel gilt: Trinken Sie immer 1 bis 2 Gläser Wasser über den Durst. Denken Sie auch an die Mineralstoffe. Ihr Körper verliert beim Schwitzen eine Menge Mineralien. Die will er wieder ersetzt haben.

---

### Fitneßdrink für flotte Sportler

*Zutaten:*

2 Tomaten
2 Karotten
1 walnußgroßes Stück Meerrettich
250 ml fettarme Milch
150 ml milchsauer vergorener
Karottensaft
etwas Schnittlauch

*So wird's gemacht*: Tomaten waschen und vierteln. Karotten schälen und in Stücke schneiden. Meerrettich schälen. Tomaten, Karotten und Meerrettich in den Mixer geben und zerkleinern. Fettarme Milch zugeben und nochmals mixen. In ein Glas gießen, milchsauer vergorenen Karottensaft darübergießen und mit Schnittlauch garnieren. Mit Strohhalm trinken.

---

Sport sollte über seine Funktion als Gesundheitselixier hinaus Freude machen. Er soll körperfreundlich sein und sich nicht danach richten, was gerade »in« ist. Für Menschen im dritten Lebensabschnitt eignen sich

DIE RICHTIGE SPORTART FINDEN

Sportarten, die ein tägliches, aber nicht zu extremes Muskeltraining garantieren. Wandern wäre eine solche Sportart oder Radfahren, Schwimmen und Walking … aber auch das Arbeiten im Garten.

Die für alle Menschen ideale Sportart gibt es nicht. Jeder hat andere Bedürfnisse, bringt andere Voraussetzungen mit und hat andere Ziele, die er mit seinem Sport verbindet.

## Tip

### Die passende Sportart finden

- Ihr Fitneßtrainer kann Ihnen sagen, welche Sportart für Sie am sinnvollsten ist.
- In Sportgeschäften und in Fitneßcentern erfahren Sie etwas über die Sportangebote in Ihrer Region und darüber, was sie kosten.
- Werden Sie sich klar, was Sie mit Ihrer sportlichen Betätigung bezwecken wollen (Erholung, Muskeln aufbauen, Freude, Freizeit …).
- Stellen Sie sich Bewegungsübungen und -arten zusammen, die Ihnen liegen. Hören Sie in sich hinein. Zwingen Sie sich zu nichts. Lassen Sie zu, daß Ihnen eine Sportart gefällt.

WIE EINZELNE SPORTARTEN AUF DEN REIFEN KÖRPER WIRKEN

Nicht jede Sportart ist für jeden Menschen geeignet. Gerade die Narben, mit denen Sie das Leben gezeichnet hat, verlangen, daß Sie feinfühlig nach passenden Sportarten suchen. So sollten beispielsweise Arthritiskranke zwar ihre Muskeln trainieren, zugleich aber ihre Gelenke schonen. Schwimmen und Radfahren wären hier die richtigen Sportarten. Menschen mit Herz-Kreislauf-Erkrankungen sollten einseitige Betätigungen vermeiden und auch keine Sportarten mit Leistungsspitzen (z. B. Tennis, Krafttraining, alpines Skifahren) ausüben. Patienten mit eingeschränktem Immunsystem (z. B. Tumorpatienten, Patienten mit Organtransplantaten) sollten Sportarten mit hoher Keimbelastung (alle Orte, an denen viele Menschen auf engem Raum zusammenkommen) meiden. Suchen und finden Sie Ihren persönlichen Wohlfühlsport!

## Tips

### Laufen

macht Freude, erhält den ganzen Körper fit, baut Streß ab und verbrennt jede Menge Kalorien. Für den Ungeübten ist es jedoch zunächst anstrengend. Daher sollte vor Beginn eines Lauftrainings eine medizinische Untersuchung von Herz und Kreislauf erfolgen und das Training nach Anleitung eines Fitneßtrainers oder anhand von Trainingsplänen begonnen werden (Trainingspläne finden Sie in Laufsport-Büchern, bei Sportvereinen und bei manchen Krankenkassen). Die Freude am Laufen kann mit bequemen Laufschuhen und einer Kleidung, die den Schweiß nach außen führt, noch gesteigert werden. Am meisten Freude macht Laufen in freier Natur. Ein guter Sonnenschutz ist wichtig.

## Radfahren

ist nicht nur ein Training für Muskeln und Kreislauf, sondern eine hocheffektive Entspannung für Geist und Seele. Beim Radfahren werden die Gelenke der Beine entlastet. Längere Radstrecken bei durchschnittlicher Geschwindigkeit sind ein gutes Ausdauertraining. Besonders gestärkt werden die Oberschenkel-, Bauch-, Becken-, Po- und Wadenmuskeln. Beim Radfahren verlieren Sie besonders viel Wasser. Trinken nicht vergessen! Sorgen Sie auch beim Radfahren für die richtige Bekleidung, schützen Sie Ihren Körper vor zuviel Sonne, legen Sie Pausen ein, und meiden Sie Stadtgebiete mit schlechter Luft.

## Schwimmen

eignet sich besonders gut für den Abbau von Spannungen in der Muskulatur. Im Wasser fühlen Sie sich beinahe schwerelos. Muskeln und Gelenke des reifen Körpers können sich optimal entspannen, und das Blut kann (fast ohne Behinderung durch die Schwerkraft) in allen Körperteilen frei zirkulieren. Schwimmen härtet ab gegen Erkältungskrankheiten und ist ein ideales Mittel, wenn Sie abnehmen wollen. Zudem erinnert Schwimmen in körperwarmem Wasser (Thermalbad) an die Geborgenheit des Embryos im Mutterleib und kann Ihnen das Gefühl der Urgeborgenheit und Urzufriedenheit wiedergeben.

## Gymnastik

ist eine gute Grundlage für andere sportliche Übungen. Stellen Sie sich ein Programm zusammen, das Ihren körperlichen Bedürfnissen entspricht, und geben Sie ihm einen festen Platz in Ihrem Tagesablauf. Beginnen Sie z. B. Ihren Tag mit einem leichten Training, das viele Dehn- und Streckübungen enthält.

## Krafttraining

führt zu einem besonders raschen Muskelaufbau. Erfolge sehen und spüren Sie teilweise bereits nach wenigen Wochen. Allerdings kann Krafttraining auch zu Schäden an Bändern und Gelenken führen. Steigern Sie die Gewichte zu schnell und atmen Sie zudem falsch, so erhöht sich das Risiko von Leistenbrüchen. Obwohl es beim Krafttraining keine Altersbeschränkung gibt und sogar Neunzigjährige diesen Sport erfolgreich betreiben, sollten Sie immer einen erfahrenen Trainer hinzuziehen. Bevor Sie ein Krafttraining beginnen, holen Sie auf alle Fälle den Rat Ihres Arztes ein.

## Tanzen

ist nicht nur ein hervorragendes Fitneßtraining, sondern auch Balsam fürs Herz. Tanzen stärkt Körper und Seele. Durch die Musik und den Rhythmus fühlt sich der Mensch als Einheit – nicht nur mit sich selbst, sondern auch mit seinem Tanzpartner oder der Tanzgruppe.

## Kampfsport und Selbstverteidigung

schulen Ihren Körper und Ihr Selbstbewußtsein. Speziell ältere Menschen fühlen sich bei aggressiven Angriffen häufig unsicher und hilflos. Die Erfahrung zeigt, daß Täter gerade dann skrupellos werden, wenn das Opfer die Nerven verliert und in Panik gerät. Die Formel »Stillhalten, um mit dem Leben davonzukommen« verliert in der fast schon alltäglichen Straßenkriminalität ihre Geltung. Hier zählt: sich drastisch und entschieden zur Wehr setzen. In Selbstverteidigungskursen lernen Sie nicht nur spezielle Techniken und Griffe, sondern auch das mentale Durchhaltevermögen in aggressiven Situationen. Kampfsport ist eine Ausbildung von Körper *und* Seele.

## Tai Chi, Yoga und Qi Gong

halten unseren Körper ebenfalls geschmeidig, bringen die Energie wieder ins Fließen und so Körper, Geist und Seele in Harmonie, führen uns zu innerer Ruhe, Ausgeglichenheit, schenken uns Ausdauer und Konzentration.

## *Bücher, die Ihnen weiterhelfen*

Foerster, Düt: *Gymnastik in Wort und Bild. Praktisches für und mit Frauen.*
   Celle 1994.
Höfler, Heike: *Beckenbodengymnastik für Sie und Ihn* München 1999.
Strunz, Dr. med. Ulrich: *forever young. Das Erfolgsprogramm.* München
   1999. Ein begeisternder Ratgeber zu den Themen »Ernährung«,
   »Fitneß« und »Gesundheit«. Schwerpunkt: ein angemessenes Lauf-
   training.

# Sich gesund atmen

Atmung meint nicht nur den Gasaustausch in der Lunge. Atem verbindet Körper und Seele und schafft ein Gefühl der Harmonie zwischen uns und unserer Umwelt. Wir kennen Redewendungen wie »Das verschlägt mir den Atem« oder »Da bleibt mir die Luft weg«. In der indischen Sprache Sanskrit bedeutet *atman* »Atem« und »Seele«.

*Und je freier man atmet, je mehr lebt man.*
Theodor Fontane

Durch richtiges Atmen können wir die Heilkräfte unseres Selbst fördern. Atmen hat eine Beziehung zu vielen Organen. Viele Körperfunktionen, ja sogar der Herzschlag, lassen sich durch bewußtes Atmen steuern. Zugleich ist Atmen der einfachste Weg, sich zu entspannen. Atemstörungen sind Ausdruck einer Störung in der Gesamtpersönlichkeit und weisen auf eine blockierte Wechselwirkung mit der Umwelt hin.

## Tips

### Wenn Sie schnell aus der Puste kommen

- Ihr Blut kann mehr Sauerstoff aufnehmen und zu den Organen transportieren, wenn sein Eisengehalt optimal ist. Kommen Sie schnell aus der Puste, dann sollten Sie auch die Möglichkeit eines Eisenmangels in Betracht ziehen. Lassen Sie den Eisengehalt Ihres Blutes bestimmen.
- Mit Homöopathie die Atemkraft erhöhen: *Senega* D3 und D4 (alle 2 Stunden 5 Tropfen) läßt Sie leichter durchatmen. (Sie können auch von der Urtinktur D1 10 Tropfen in ein Glas Wasser geben, das Sie morgens nach dem Aufstehen schluckweise trinken.)
- Leckerer Veilchensirup kräftigt den Atem.

*Veilchensirup*

Ein kleines Einmachglas mit Veilchenköpfen füllen, heißes Wasser darübergießen, fest verschließen und einen Tag stehenlassen. Nach 24 Stunden Flüssigkeit in einen Topf abseihen, zum Sieden bringen und in ein neues Glas voller Veilchenköpfe gießen. Fest verschließen und wieder einen Tag stehenlassen. Nach 24 Stunden abseihen und mit der gleichen Menge Honig mischen. Mischung im Kühlschrank aufbewahren. Nach Bedarf mit Marmeladen mischen und als Brotaufstrich verwenden oder löffelweise pur essen.

## Bewußtes Atmen entspannt

Einer der einfachsten Wege zur Entspannung ist das bewußte, tiefe Atmen. Probieren Sie es aus: Atmen Sie langsam und tief ein und aus. Achten Sie vor allem darauf, daß Sie vollständig ausatmen. Merken Sie, wie Sie nach einigen Atemzügen ruhig werden? Atemübungen haben deutliche Auswirkungen auf Körper und Seele. Tiefe langsame Atmung wirkt auf den Körper entkrampfend. Das Herz kann wirkungsvoller arbeiten und das Gehirn besser mit sauerstoffreichem Blut versorgen. Ein weiterer Vorteil von Atemübungen ist, daß man sie fast überall durchführen kann.

## Ärger und Streß einfach wegatmen

So wie Sie mit Wasser und Seife Ihren Körper reinigen, können Sie mit dem Atem Ihre Seele säubern. Stellen Sie sich vor, wie Sie mit jedem Ausatmen nicht nur verbrauchte Luft, sondern auch Ihre unangenehmen Gefühle, Ihre Sorgen, Verspannungen und Schmerzen nach außen geben. Lassen Sie alles, was Sie bedrückt – Krankheit, Müdigkeit, Trauer und Leid –, mit dem Atem nach draußen fließen, und atmen Sie Gesundheit, Kraft und Freude ein.

Sie können diese Übung auch mit autosuggestiven Formeln (Affirmationen) verbinden: »Ich bin gesund«; »Ich atme Kraft«; »Liebe und Freude erfüllen mich«.

## Einen ganzen Tag draußen verbringen

Erklären Sie einen Tag in der Woche zu Ihrem »Lufttag«. Gehen Sie hinaus in die Natur. Lassen Sie viel Luft an Ihren Körper. Atmen Sie im

Rhythmus Ihrer Schritte. Finden Sie Ihren eigenen inneren Rhythmus, mit dem Sie ein- und ausatmen. Erleben Sie, wie die Luft nicht nur Ihre Lungen erfüllt, sondern Ihren ganzen Körper durchdringt. Spüren Sie, wie Ihre negativen Gedanken, Anspannungen und Sorgen weggeblasen werden.

Wie wäre es mit einer Woche »Lufturlaub« an der Küste oder in den Bergen?

## *Bücher, die Ihnen weiterhelfen*

Berger, Karola: *Heilender Atem.* Niedernhausen 1998. Neben Grund-übungen zur Vollatmung finden Sie hier auch eine Reihe spezieller Atemübungen.

Schmid-Eschmann, Verena: *Richtig atmen, aber wie? Praktische Atem-übungen – bewußtes Atmen als Schlüssel zu neuen Lebensenergien.* München 1998. Hier führt Sie eine erfahrene Atemtherapeutin zum be-wußten Atmen und zeigt, wie man bei Krankheit und in Notfällen durch die richtige Atmung Schmerzen lindern und die Heilung be-schleunigen kann.

# Sich fit essen

Die Freude am Essen ist eine wichtige Voraussetzung für einen erfüllten Alltag. Essen und Wohlbefinden gehören zusammen. Doch gerade im Alter verlieren viele Menschen die Freude am Essen. Es ist ein ganzes Bündel von Gründen, das älteren Menschen auf den Appetit schlägt: Einsamkeit, depressive Stimmung, finanzielle Probleme, fehlende Zähne oder schlecht sitzende künstliche Gebisse. Nach dem Verlust des Partners mögen manche Menschen nicht mehr aufwendig für sich allein kochen. Da im Alter die Zahl der Geschmacksknospen auf der Zunge abnimmt und die Geschmacksschwelle für Salziges angehoben ist, schmecken manche Speisen nicht mehr so intensiv wie früher, erscheinen fad und manchmal sogar bitter. Für ein ganzheitliches Wohlbefinden spielt nicht nur eine Rolle, was Sie essen, sondern auch *wie* Sie essen. Bewußtes Essen ist genauso wichtig wie bewußtes Atmen.

DIE FREUDE AM ESSEN WIEDERENTDECKEN

## Tips

### Wenn das tägliche Kochen keinen Spaß macht

- Gehen Sie essen. Viele Restaurants bieten einen preiswerten und guten Mittagstisch an.
- Nutzen Sie das Angebot von »Essen auf Rädern«. In jeder Stadt gibt es die Möglichkeit, sich warme Fertiggerichte in Ihre Wohnung bringen zu lassen. Meist haben Sie die Auswahl zwischen verschiedenen Gerichten. Vergleichen Sie die Preise Ihrer örtlichen Anbieter.

- Organisieren Sie Einkaufsdienste. Lassen Sie sich Ihre Lebensmittel nach Hause liefern.
- Bilden Sie Kochgemeinschaften. So müssen Sie nicht jeden Tag selbst kochen, haben aber täglich Ihre warme Mahlzeit ... und soziale Kontakte.

### Freude am Essen – ein Stück Lebensqualität

Entdecken Sie wieder die Freude am Essen. Lassen Sie Ihre Augen mitessen. Richten Sie Ihre Speisen optisch einladend an. Machen Sie aus Ihrer Nahrungszubereitung eine liebevolle Zeremonie. Schaffen Sie sich für Ihre Nahrungsaufnahme ein möglichst ansprechendes Ambiente, mit einem schön gedeckten Tisch in einem behaglichen Zimmer bei Kerzenlicht und Musik.

Machen Sie aus jedem Teller ein appetitliches kleines Kunstwerk. Wählen Sie die einzelnen Bestandteile Ihrer Nahrung so aus, daß sie sich in Farbe, Form und Konsistenz unterscheiden. Auf diese Weise werden Sie wesentlich mehr Geschmacksnuancen entdecken, als wenn Sie die Speisen bereits optisch zu einem undefinierbaren Einerlei vermengen. Besonders Gemüse und Obst eignen sich dafür, denn sie enthalten jede Menge Stoffe, die uns fit halten. Geben Sie beispielsweise roten Paprika zu weißem Reis und dazu vielleicht noch grüne Bohnen. Gießen Sie die gelbe Curry- oder Senfsauce nicht einfach über den Reis, sondern daneben.

- Geben Sie immer etwas weniger auf den Teller, als Sie eigentlich essen möchten. Das verstärkt Ihr Interesse am Essen.
- Genießen Sie Ihre Speisen bewußt.
- Kauen Sie ausgiebig.
- Lassen Sie Ihre Zunge den Geschmack erforschen.

Mit diesen beiden Kunstgriffen – optisch ansprechende Kreation und bewußtes Essen – werden Sie viel Freude am Essen haben.

### Stimmung, Spannung und Vielfalt ins Kochen und Essen bringen

- Kochen Sie abwechslungsreich.
- Laden Sie Nachbarn, Kinder, Verwandte und Freunde zum Essen ein.

- Kochen Sie mit Ihrer Partnerin oder Ihrem Partner gemeinsam, das macht doppelten Spaß.
- Bereiten Sie ein »Liebesessen« vor, das Sie Ihrem geliebten Menschen phantasievoll servieren, in der prickelnden Erwartung eines zärtlichen Nachtischs.

## Beim Essen auf die innere Stimme achten

Essen soll Freude machen. Wenn Sie beim Essen kein gutes Gefühl haben, dann ist diese Speise wahrscheinlich auch nicht gesund für Sie. Oft entwickelt der Körper im Alter Unverträglichkeiten gegenüber bestimmten Nahrungsmitteln. Sie sollten jedes unangenehme Gefühl, das Sie mit einer Speise oder mit deren Zubereitung verbinden, beachten und erforschen.

## Bewußt essen

Nehmen Sie sich Zeit zum Essen. Verspeisen Sie Ihr Mahl in dem Bewußtsein, daß Sie Ihrem Körper und Ihrer Seele Gutes geben. Schlingen Sie die Brocken nicht hastig hinunter, sondern kauen Sie ausgiebig und herzhaft. Erschmecken Sie die Nahrung in allen ihren Aromen und Duftnuancen. Seien Sie sich bewußt, was Sie essen, und essen Sie bewußt – dann können die in der Nahrung gespeicherte Kraft und Gesundheit ihre segensreiche Wirkung bereits beim Erschmecken bis in Ihre Seele hinein entfalten.

## Besondere Tage

Gönnen Sie sich immer wieder zwischendurch Obst- und Rohkosttage, Körner- und Nußtage oder Reistage.

## Fasten heilt und entgiftet

Eine Fastenkur von 2 bis 3 Tagen macht fit und vermittelt ein neues Lebensgefühl. Auch ein Fastentag pro Woche ist für Ihren Körper wohltuend. Wenn Sie länger fasten wollen und/oder nicht ganz gesund sind, beraten Sie sich zuvor am besten mit Ihrem Arzt oder Heilpraktiker.

## Die gute alte »Doktorsuppe«

Wenn Sie sich elend und abgeschlagen fühlen, dann hilft die »Doktor-suppe«.

---

»*Doktorsuppe*«

*Zutaten*:
1 Zwiebel
50 g Sellerie
$^1/_2$ Karotte
1 EL Distelöl
Knoblauch, Thymian, Liebstöckel,
etwas Petersilie und Schnittlauch
1 Zitrone

*So wird's gemacht*: 1 Zwiebel kleinschneiden, in 1 Eßlöffel Distelöl glasig dünsten, ca. 50 Gramm geraffelte Sellerieknolle dazugeben und mit $^1/_2$ Liter Wasser aufgießen, $^1/_2$ Karotte hineinreiben, nochmals aufkochen und 10 Minuten ziehen lassen. Würzen mit einer zerdrückten Knoblauchzehe, Thymian und Liebstöckel, bestreuen mit Petersilie und Schnittlauch, den Saft einer Zitrone hinzufügen. Man trinke die Suppe schluckweise, eventuell mit Honig gesüßt, über den Tag verteilt.[3]

---

JUNGMACHER IN
DER NAHRUNG

Fitneß, Gesundheit und jugendliches Aussehen haben mit dem Stoffwechsel zu tun. Dieser ist verantwortlich dafür, wie schnell die Hautalterung abläuft, wann der Knochenabbau einsetzt und wann die Leistungsfähigkeit nachläßt. Ernähren Sie sich richtig, so können Sie dazu beitragen, daß Ihr Körper jetzt gut funktioniert. Wählen Sie frische, möglichst ungespritzte und ungedüngte Nahrungsmittel voller Jungmacher. (Hiermit sind der Vitaminkomplex A-C-E und Selen gemeint.)

## Tip

### *Nahrungsmittel, die vor Jungmachern nur so strotzen*

- *Beerenfrüchte*: Erdbeeren, Himbeeren, Brombeeren, Stachelbeeren, Johannisbeeren und Heidelbeeren sind wahre Vitaminbomben. Ihre Farbstoffe wirken dem vorzeitigen Altern entgegen. Beeren lassen sich problemlos zwischendurch naschen, schmecken vorzüglich und sind obendrein für die Verdauung förderlich.

- *Zitrusfrüchte:* Zitronen, Orangen, Klementinen enthalten hohe Mengen an Vitamin C, das zellschädigende freie Radikale abfängt. Zitrusfrüchte senken das Infektionsrisiko. Mediziner empfehlen besonders das Innere der Orangenschale. Es soll die Gefäße schützen. Wenn Sie nicht gerne in eine Orangenschale beißen, dann pressen Sie den wohlschmeckenden Saft der Orange aus und trinken ihn.

- *Anderes Obst:* Äpfel, Birnen, Pfirsiche, Aprikosen, Pflaumen, Kirschen enthalten viel Vitamin C und wertvolle Biostoffe. Äpfel liefern uns zudem die Pektine, lösliche Faserstoffe, die den Körper entgiften. Die Bioflavonoide in der Schale verstärken die Wirkung von Vitamin C. Ideal ist es, jeden Tag, abends oder auch zwischendurch, mindestens einen Apfel zu essen (Goethe: »Über Rosen läßt sich dichten, in die Äpfel muß man beißen.«). Äpfel machen Stimmung. Sie enthalten neben einer Vielzahl von Biostoffen auch das stimmungsaufhellende Spurenelement Bor. Wenn Ihnen Äpfel nicht so recht zusagen, weil sie zu sauer oder zu mehlig schmecken, besuchen Sie einmal einen Obst- und Gemüsemarkt in Ihrer Gegend. Gehen Sie an den Stand mit Äpfeln, beschnuppern und kosten Sie das reichhaltige Angebot. Es ist sicher auch eine Apfelsorte dabei, die Ihnen schmeckt.

Beeren, Zitrusfrüchte und Obst enthalten eine hohe Menge an natürlichen Fruchtsäuren, die Ihren Zahnschmelz angreifen. Warten Sie eine halbe Stunde, bevor Sie nach dem Genuß von Obst Ihre Zähne putzen, damit der Speichel die angeätzten Zahnflächen wieder reparieren kann.

Beeren und Früchte aus dem Wald niemals in Bodennähe pflücken, auf jeden Fall gut waschen und am besten nur gekocht verwenden. Sie könnten sich mit dem Fuchsbandwurm infizieren!

- *Nüsse:* Nüsse sind richtige Heilmittel für Ihren Körper und ein Jungbrunnen für Ihre Haut. Mit ihrem besonders hohen Gehalt an Vitamin E verzögern sie den Alterungsprozeß Ihrer Zellen. Außerdem fördern sie den Stoffwechsel des Gehirns, was eine erhöhte geistige Leistungsfähigkeit zur Folge hat. Knabbern Sie zwischendurch immer wieder ein paar Nüsse. Stecken Sie sich ein Tütchen mit Erdnüssen in die Jackentasche.

- *Salat und Gemüse:* Salat besticht durch seinen hohen Gehalt an Vitamin C. Zudem senkt er den Blutdruck und läßt uns besser schlafen. Alle Salate und Gemüse versorgen uns mit wichtigen Ballaststoffen. Ein absoluter Renner in bezug auf Vitamin C ist Brokkoli. Zusätzlich enthält Brokkoli sehr viel Magnesium. Essen Sie täglich mindestens einmal Salat. Gemüse gehört zu jeder Hauptmahlzeit. Besorgen Sie sich ein Kochbuch mit Gemüse-Rezepten, und schlemmen Sie sich von vorn bis hinten durch.

  Tomaten enthalten den Krebsschutzstoff Lycopin. Besonders aus gekochten Tomaten kann er optimal vom Körper aufgenommen werden. In Karotten finden sich Phyto-Östrogene, die vor Brustkrebs schützen. Kohl enthält Unmengen an Kalzium und bis zu fünfzig weitere bioaktive Substanzen, die Ihre Knochen festigen. Am besten kann Ihr Körper das im Kohl steckende Kalzium aufnehmen, wenn Sie ihn zusammen mit Fisch oder Getreide essen.

WICHTIG

Gemüse schonend zubereiten, sonst gehen die hochwertigen Vitamine verloren. (Richtig liegen Sie, wenn Sie Ihr Gemüse bißfest zubereiten. Am besten und schonendsten kochen Sie im Dampfdrucktopf.) Tomaten dagegen wirken gekocht am besten.

- *Sojaprodukte:* Soja ist die eiweißreichste Hülsenfrucht. Ihre Wirkstoffe aktivieren den Stoffwechsel und regen das Zellwachstum an. Das in Soja enthaltene Cholin ist ein wichtiger Baustein für den Gehirnbotenstoff Acetylcholin. Soja beugt der Vergeßlichkeit vor. Wenn Ihnen Soja nicht schmeckt, dann können Sie die gleiche Wirkung mit Leinsamen erzielen. Ersetzen Sie möglichst viel an Fleisch und Fleischprodukten durch Sojaprodukte. Die Naturkostläden und die Reformhäuser bieten eine reiche Auswahl an leckeren Sojazubereitungen an.

- *Olivenöl und Sonnenblumenöl:* Die im Olivenöl enthaltenen ungesättigten Fettsäuren sind ein wahrer Jungbrunnen für Ihre Haut. Auch eine positive Wirkung auf den Herzmuskel wird Olivenöl nachgesagt. Sein Vitamin E repariert Ihre Blutgefäße und hält die Haut geschmeidig. Noch mehr Vitamin E als Olivenöl enthalten Sonnenblumenöl, Leinsamenöl und Weizenkeimöl. Wenn Ihnen diese – natürlich kaltgepreßten – Öle in Salaten nicht schmecken, dann mischen Sie sie mit Olivenöl.
- *Fisch:* Seefisch ist reich an wertvollen Omega-3-Fettsäuren, die Ihre Blutgefäße sauber halten und die Sauerstoffversorgung der Zellen sichern. Damit ist Seefisch ein wirksamer Schutz vor Infarkt. Besonders reich an hochwertigen Fettsäuren sind Fettfische wie Makrele, Butterfisch und Schillerlocke. Zweimal pro Woche sollten Sie sich ein Gericht mit Seefisch gönnen. Kombinieren Sie Fisch mit Salat und Gemüse. So sichern Sie sich eine breite Palette an wertvollen Biostoffen mit einem Mahl.

## Bücher, die Ihnen weiterhelfen

Hellnieß, Margot: *Natürlich schön sein.* Augsburg 2000. Hier finden Sie Anleitungen zu Obst- und Rohkosttagen, Reistagen …
Lutzner, Dr. med. Hellmut: *Wie neugeboren durch Fasten.* München 1999.

# Vitamine & Co

**Fit mit Vitaminen**

Vitamine sind lebensnotwendige Bestandteile der Nahrung, ohne die unser Stoffwechsel nicht funktioniert. Da der Organismus sie nicht selbst bilden kann, müssen wir sie mit der Nahrung aufnehmen. Je nach Alter, Arbeitsbelastung, Streß, Lebensweise (z. B. Rauchen) und einigen anderen Faktoren wie Sonneneinstrahlung und sportliche Betätigung variiert der Bedarf an Vitaminen. Die wichtigsten Vitamine für den Menschen jenseits der Lebensmitte sind Vitamin C, E und Beta-Carotin (Provitamin A). Eine ausgewogene Ernährung mit viel Obst, Gemüse und Vollkornprodukten bietet die beste Gewähr für eine ausreichende Versorgung mit Vitaminen, Mineralstoffen und Spurenelementen. Doch gerade Menschen ab dem fünfundsiebzigsten Lebensjahr nehmen häufig nicht genug Vitamine zu sich.

Besonders wichtig für Menschen im dritten Lebensdrittel ist die Fähigkeit der Vitamine (B, C und Beta-Carotin), freie Radikale im Körper unschädlich zu machen. Freie Radikale sind hochaggressive sauerstoffhaltige Moleküle, die Körperzellen und Gewebe schädigen und unsere Lebensuhr schneller ticken lassen. Diese »Zellmörder« entstehen während ganz normaler Stoffwechselprozesse. Zusätzlich aktiviert werden sie durch Streß, Rauchen und Alkoholkonsum. In der Haut entstehen freie Radikale auch durch intensive Sonneneinstrahlung.

Für den Körper ist es sehr wichtig, die freien Radikale abzufangen, bevor sie Schaden anrichten. Bei dieser Aufgabe helfen die Vitamine E und C, die Vitaminvorstufe Beta-Carotin (daraus stellt der Körper Vitamin A her) sowie Selen, Zink, Kalzium und Magnesium. Mit Hilfe der Vitamine bleiben die Zellen länger leistungsfähig, und der Körper altert nicht so schnell.

Neben dieser wichtigen Schutzfunktion beschleunigen (und ermöglichen) Vitamine chemische Reaktionen, ohne sich selbst wesentlich zu verändern. Dennoch verbrauchen sie sich und müssen von Zeit zu Zeit erneuert werden.

Vitaminmangel führt zu einer erhöhten Infektionsanfälligkeit, Antriebsschwäche, höherer Reizbarkeit, Müdigkeit, Konzentrationsstörungen und einer Verschlechterung des Kurzzeitgedächtnisses. Wenn Vitamine fehlen, dann altert der Körper schneller und hat ein höheres Risiko zu erkranken.

## Tips

### Vitamine, die für den Körper jenseits der Lebensmitte von besonderer Bedeutung sind

- *Vitamin E:* Das wichtigste Vitamin für den reifen Körper ist Vitamin E. Am schnellsten in Ihren Körper gelangt dieser Kraftprotz unter den Vitaminen zusammen mit fetthaltigen Speisen. Vitamin E ist nicht nur ein hocheffektiver Radikalenfänger, sondern kann sogar bereits vorhandene Zellschäden wieder reparieren. Es bewahrt labile körpereigene Substanzen vor der Zerstörung und stabilisiert die Zellmembran. Zusätzlich schützt es die Herzkranzgefäße vor Verkalkung und bringt das Immunsystem auf Vordermann.
  Vorkommen: in grünen Blättern, Soja- und Getreideprodukten, Weizenkeimen, Vollkornprodukten.
  Ihr Tagesbedarf an Vitamin E liegt bei mindestens 30 Milligramm. Das entspricht etwa 2 Eßlöffeln Sonnenblumenöl.
- *Vitamin C:* Dieses wasserlösliche Vitamin gilt als wahrer Jungbrunnen für den Körper ab dem fünfzigsten Lebensjahr. Ähnlich wie Vitamin E ist auch Vitamin C ein höchst effektiver Radikalenfänger. Es aktiviert den Zellstoffwechsel und hilft vielen Enzymen bei ihrer Arbeit. Vitamin C hält das Abwehrsystem fit. Das ist besonders für ältere Menschen sehr wichtig. Das Eisen aus der Nahrung kann besser aufgenommen werden. Zudem hilft Vitamin C beim Aufbau von Knochen und Bindegewebe.
  Vorkommen: Wahre Vitamin-C-Bomben sind Zitrusfrüchte, Beeren-

früchte, Brokkoli und Paprika. Aber auch in Äpfeln, Tomaten und rohem Gemüse ist dieser Hochkaräter unter den Vitaminen reichhaltig vorhanden.

Ihr Tagesbedarf an Vitamin C liegt bei mindestens 200 Milligramm. Das entspricht etwa zwei bis drei Gläsern frisch gepreßtem Orangensaft.

- *Beta-Carotin:* Auch die Vorstufe des Vitamins A ist ein hocheffektiver Radikalenfänger. Beta-Carotin verlangsamt das Altern der Haut, schützt vor Infektionen und hält Herz und Darm gesund.
  Vorkommen: in Karotten, Aprikosen, Brokkoli, Mango, Spinat, Tomaten, Süßkartoffel.
  Ihr Tagesbedarf an Beta-Carotin liegt nicht unter 4 bis 5 Milligramm. Das entspricht etwa 100 bis 120 Gramm Möhren.
- *Vitamin D:* Das fettlösliche Vitamin D spielt eine große Rolle im Kalziumstoffwechsel. Bei einem Mangel kommt es zu einem verstärkten Knochenabbau.
  Vorkommen: in Tierprodukten wie Milch, Fischleber, Lebertran.
- *B-Vitamine:* Die Gruppe der B-Vitamine ist wichtig für die Gesundheit Ihrer Haut und für den Stoffwechsel des Gehirns und der Nerven.
  Vorkommen: B-Vitamine finden sich in Eiern, Bohnen, Milchprodukten, Bierhefe, Erbsen, Fleisch, in der Leber und in verschiedenen Getreidearten. Auch unsere Darmbakterien sind in der Lage, B-Vitamine herzustellen.

Vitamine sind für den Stoffwechsel unverzichtbar. Erwarten Sie sich aber keine Wunder. Eine ungesunde Lebensweise läßt sich nicht mit hohen Vitamingaben ausgleichen. Weder beseitigen Sie mit hohen Vitamindosen die schädlichen Folgen des Rauchens oder mangelnden Schlafs, noch können Sie damit natürliche Kost ersetzen.

### Die Wirkung der Vitamine durch natürliche Kost unterstützen

Vitamine aus der Apotheke haben nur dann einen Sinn, wenn Sie damit natürliche und gesund zubereitete Nahrung aufpeppen. Viele Vitamine wirken erst im Beisein der Inhaltsstoffe von Pflanzen. Vor allem in Obst, Gemüse und Getreide finden sich Verbindungen, deren Wirkung auf den Körper noch gar nicht erforscht ist und die Sie in Pillen und Vitamincocktails vergeblich suchen. Vielfach optimieren gerade diese Stoffe die Aufnahme und Wirkung von Vitaminen. Merken Sie sich daher: Wenn Sie Vitamine und vitaminähnliche Substanzen aus der Apotheke zu sich nehmen, dann immer nur zusammen mit den entsprechenden natürlichen pflanzlichen Inhaltsstoffen.

Nehmen Sie wasserlösliche Vitamine (C, Vitamin-B-Komplex, Beta-Carotin) zu sich zusammen mit Obst, Salat, Gemüse (geben Sie z.B. eine Messerspitze Vitamin-C-Pulver in ein Glas Orangensaft). Fettlösliche Vitamine (A, D, E, G) essen Sie zusammen mit Fisch, Salat (Öl) und Gemüse. Kombipräparate nehmen Sie während der Mahlzeiten zu sich.

Über die Vitamine hinaus kann die körpereigene Substanz DMAE (2-Dimethylaminoethanol) dem Menschen im dritten Lebensalter mehr Lebensqualität schenken. DMAE schützt die Zellmembran, normalisiert die Stoffwechselvorgänge und hält Hirn- und Nervenzellen fit. Für Menschen ab dem vierzigsten Lebensjahr gewinnt zusätzlich die körpereigene Substanz Cholin an Bedeutung. Cholin steht im Stoffwechsel in enger Beziehung zu DMAE und zu B-Vitaminen. Besonders der sensible Hirnstoffwechsel ist auf eine ausreichende Versorgung mit Cholin angewiesen. Eine weitere Substanz, die den Gehirnstoffwechsel positiv beeinflußt, ist die aus der Muttermilch stammende Orotsäure. Sie fördert den Nukleinsäurestoffwechsel des Gehirns und damit das Erinnerungsvermögen und die Lernfähigkeit.

DMAE, Cholin und Orotsäure sind Bestandteile vieler Vitamincocktails, die speziell für den reiferen Körper angeboten werden. Man kann über den Nutzen solcher Vitaminbomben geteilter Meinung sein. Ich selbst halte es durchaus für richtig, die täglichen Mahlzeiten mit zusätzlichen Vitaminzusammenstellungen aufzuwerten. Denn obwohl wir mit Obst und Gemüse die Mindestmengen an Vitaminen aufnehmen können, wird heute jedoch empfohlen, mehr Vitamine (als mindestens nötig sind) zu sich zu nehmen.

## Tip

*Vitaminbomben aus der Apotheke*

Vitamin E, C und Provitamin A gibt es zusammen mit DMAE, Cholin und Orotsäure in leicht zu schluckenden Kapseln. Wenn Sie sich Ihre Vitaminzusätze nicht selbst zusammenstellen wollen, dann kaufen Sie sich eines der vielen Kombipräparate, die speziell für »Menschen ab der Lebensmitte« auf dem Markt sind. Machen Sie sich selbst ein Bild: Lesen Sie auf jeden Fall die Beilagezettel verschiedener Vitamin-Kombinationspräparate durch. Erkundigen Sie sich in Ihrer Apotheke. Viele Apotheker stellen eigene Vitamincocktails her. Entscheiden Sie selbst, ob Sie Vitaminpräparate und Nahrungsergänzungsstoffe zu sich nehmen wollen.

MINERALSTOFFE SORGEN FÜR EINEN FUNKTIONIERENDEN STOFFWECHSEL

Ohne Mineralstoffe könnte unser Körper nicht leben. Sie sorgen für kräftige Muskeln, gesunde Zähne, stabile Knochen, glänzende Haare, feste Nägel und starke Nerven. Außerdem brauchen wir Mineralstoffe für unser Bindegewebe. Zu den Mineralstoffen zählen Magnesium, Kalzium, Kalium, Phosphor, Natrium und Chlorid und die nur in kleinen Mengen vom Körper benötigten Spurenelemente Eisen, Selen, Jod, Zink, Mangan, Fluorid, Bor und Kupfer. So wie Vitamine kann unser Körper auch Mineralstoffe nicht selbst herstellen. Eine Reihe von Vitaminen können ihre Wirkung sogar nur in Anwesenheit von Spurenelementen entfalten. Gerade Menschen ab dem fünfundsiebzigsten Lebensjahr leiden häufig an einem Mineralstoffmangel. Oft nehmen sie nicht nur weniger an Mineralien und Spurenelementen zu sich, sondern entziehen sich sogar noch Mineralien durch Entwässerungsmittel. Auch bei starkem Schwitzen (Marathonläufer) oder bei schweren Darminfektionen (Ruhr) gehen Mineralien verloren. Die verlorengegangenen Mineralien müssen dem Körper wieder ersetzt werden.

## Tip

### Wo Sie Mineralstoffe und Spurenelemente finden

Kalium　　　　– in Bananen, Vollkornbrot, Aprikosen
Magnesium – in Beerenfrüchten, Bananen, Hülsenfrüchten, Brokkoli
Zink　　　　　– in Milch, Sesam, Muscheln, Mandeln, grünem Blattge-
　　　　　　　müse, Pilzen
Kalzium　　　– in Milch, Milchprodukten, Spinat, Fleisch
Eisen　　　　– in Ei, Fleisch, Nüssen, Hülsenfrüchten, Leber, Aprikosen
Jod　　　　　– in Seefisch, Jodsalz, Meeresalgen
Bor　　　　　– in Äpfeln
Kupfer　　　　– in Hülsenfrüchten, Fisch, Fleisch, schwarzem Pfeffer, grü-
　　　　　　　nem Blattgemüse
Silicium　　　– in Bananen, Erdbeeren, Johannisbeeren, Getreideproduk-
　　　　　　　ten, grünen Bohnen, Kopfsalat, Petersilie

Mit zunehmendem Alter braucht der Körper weniger Energie. Sein Bedarf an Nährstoffen bleibt jedoch gleich. Die daraus abgeleiteten Ernährungsrichtlinien verlangen eine vielseitige Ernährung, die ballaststoffreich ist, aber weniger Kalorien enthält. Eine spezielle Diät für Menschen im dritten Lebensabschnitt ist aber nicht notwendig.

VOLLWERTIGE ERNÄHRUNG IM DRITTEN LEBENSALTER

Die beste Ernährung für Menschen über fünfzig ist eine möglichst vielseitige Kost. Essen Sie weniger Fett und mehr Ballaststoffe. Reduzieren Sie Fleisch und Wurst, und ersetzen Sie diese Lebensmittel nach und nach durch pflanzliche. Wenn Sie tierisches Eiweiß zu sich nehmen, dann in Form von Fisch und Milchprodukten. Bevorzugen Sie Brot und Getreideprodukte. Essen Sie Vollkornprodukte. Halten Sie sich an ballaststoffreiche Nahrungsmittel. Kartoffeln sind gute Ballaststofflieferanten, ebenso Obst und Gemüse. *Bevorzugen Sie Obst und Gemüse aus dem regionalen Anbau*!

# Tips

## Ohne Fett garen

Wenn Sie das Fett in Ihrer Nahrung reduzieren wollen, benutzen Sie spezielle Töpfe und Pfannen, in denen Sie ohne Fett dünsten und braten können.

## Ausgiebig kauen

Vollwertkost sollten Sie immer gut kauen. Nehmen Sie einen hohen Anteil an Vollkornprodukten zu sich, so kann eine ungenügende Zerkleinerung der Speisen zu einer Übersäuerung führen.

## Alkohol nur in Maßen!

Alkohol macht dick und entzieht Ihrem Körper Wasser. Nur in kleinen Mengen hat Alkohol eine gesundheitsfördernde Wirkung. 0,3 Liter Bier oder 0,25 Liter Wein pro Tag ist für Frauen genug. Der Stoffwechsel der Männer verträgt das Doppelte. Alkoholische Getränke sind zum Durstlöschen nicht geeignet!

## Faustregel für die richtige Ernährung

Von diesen Nahrungsmitteln sollten Sie im dritten Lebensabschnitt möglichst wenig zu sich nehmen:

- Butter, Sahne
- Zucker, Sirup, Süßigkeiten, alle mit Zucker gesüßten Getränke
- Backwaren
- Eigelb
- alle Getränke, die Alkohol enthalten

An folgenden Nahrungsmitteln können Sie sich bedenkenlos satt essen:

- Gemüse und Salate, alle Arten von Kohl, Radieschen, Mohrrüben, Sauerkraut, Gurken, Zwiebeln, Paprika
- Tee
- Bouillon, Gemüsebrühe
- Knäckebrot

## Mit Salz vorsichtig umgehen

Im Alter nimmt die Geschmacksempfindlichkeit für Salziges ab. Doch uneingeschränkt nachzusalzen ist nicht gesund. Ihre Speisen sollen Ihnen einerseits gut schmecken, andererseits dürfen sie nicht übersalzen sein. Richtig liegen Sie, wenn Sie den Salzgehalt Ihrer Nahrungsmittel etwa an der Grenze halten, an der sie Ihnen gerade nicht mehr fad erscheinen.

## Gesunde Süße

Große Mengen an Zucker schaden, denn reiner weißer Zucker hat zwar reichlich Kalorien, dafür aber keine Vitamine und Mineralstoffe. Wenn Sie Süßes lieben und sich dennoch gesund ernähren wollen, gibt es viele Alternativen, z. B. Honig, Ahornsirup, Agavendicksaft, Birnendicksaft und Apfeldicksaft (die letzten beiden schmecken fruchtig!).

## Bücher, die Ihnen weiterhelfen

Lange-Ernst, Maria E.: *Multi-Talent Vitamin E*. Bielefeld 1999.
Mindell, Earl: *Die Vitamin-Bibel für das 21. Jahrhundert*. München 2000.

# WASSER

## Getränk und Heilmittel

Wasser gehört zu den wesentlichen Bestandteilen der Ernährung des Menschen. Trinkwasser stammt vorwiegend aus Grundwasser, Gebirgswasser oder Uferfiltraten. Im Gegensatz dazu wird Mineralwasser weitgehend aus Wasservorräten gewonnen, die in mehreren hundert bis tausend Metern Tiefe liegen. Aufgrund seiner Lage in unterschiedlichen Gesteins- und Sedimentationsschichten sind im Mineralwasser unterschiedliche Salze und Spurenelemente gelöst, die dem jeweiligen Wasser seinen typischen Geschmack geben.

Wasser ist ein wichtiger Bestandteil unseres Körpers. Doch sein Anteil im Gewebe sinkt mit zunehmendem Alter. Während die Gewebe junger Menschen einen Wasseranteil von etwa 60 Prozent aufweisen, sinkt dieser im Alter auf etwa 50 Prozent. Ohne ausreichend Wasser wäre keine Nahrungsaufnahme, kein Nahrungstransport im Körper und keine Ausscheidung von Stoffwechselprodukten möglich. Pro Tag benötigt der Mensch 2 bis 3 Liter Wasser.

Jeder lebende Körper verliert ununterbrochen Wasser. Es wird über die Atemluft, über die Haut, die Blase und den Verdauungstrakt ausgeschieden. Wenn unser Körper Wasser braucht, bekommen wir Durst. Doch je älter wir werden, desto weniger spüren wir unseren Durst. Bei gleich großem Wasserverlust bezogen auf das Körpergewicht würde ein Kind bereits vor Durst weinen, ein älterer Mensch nimmt ihn möglicherweise noch gar nicht wahr. Schon die Verminderung der Wasserzufuhr um wenige Prozent läßt sich an der Hautspannung messen. Eine niedere Spannung der Haut macht uns faltig und läßt uns älter aussehen. Der geringere

*Essen ist besser als Trinken für jemand unter vierzig; danach gilt die umgekehrte Regel.*
Talmud

Wassergehalt des reifen Körpers läßt auch die Organe schrumpfen und verschlechtert die Durchblutung.

Denken Sie auch daran, daß Ihr Wasserbedarf steigt, wenn draußen die Temperaturen klettern, wenn Sie anstrengende körperliche Tätigkeiten verrichten oder wenn Sie sich in klimatisierten Räumen aufhalten.

## Tips

### Fürs Wohlbefinden trinken

- Trinken Sie täglich 2 bis 3 Liter Wasser.
- Wenn Sie wegen des fehlenden Durstgefühls immer wieder vergessen zu trinken, dann stellen Sie sich gleich morgens eine Flasche mit Mineralwasser an einen Ort, an dem sie nicht zu übersehen ist.
- Verknüpfen Sie die Flüssigkeitsaufnahme mit Ihrer täglichen Routine: zum Frühstück $1/2$ Liter Milch, vormittags 2 Tassen Tee, nachmittags 2 Tassen Tee, vor dem Schlafengehen 2 Tassen Milch mit Honig ... und zwischendurch immer wieder Mineralwasser. Sie können auch einen Wecker stellen, der Sie stündlich daran erinnert, 1 Glas Wasser oder Tee zu trinken.
- Am besten stillen Sie Ihren Durst mit reinem Wasser.
- Wenn Ihnen Wasser pur nicht schmeckt, dann probieren Sie doch einmal einige Mineralwässer durch.
- Mögen Sie auch kein Mineralwasser, so bereiten Sie sich doch einen schmackhaften Tee. Es gibt eine ungeheure Auswahl an Tees, angefangen vom grünen Tee, der sogar freie Radikale neutralisiert, über heilende Tees wie Kamille oder Pfefferminze bis hin zu geheimnisvollen Mischungen mit Namen aus Tausendundeiner Nacht.

*New England's Dream*

Die Teekanne mit heißem Wasser vorheizen, danach Wasser ausschütten. Pro Tasse 1 Teelöffel der Teemischung (enthält Apfel, Zimt, Zitrusschalen und Gewürze) in die Kanne geben und mit kochendheißem Wasser übergießen. 2 1/2 bis 3 Minuten ziehen lassen. »New England's Dream« schmeckt am besten mit Milch und Kandiszucker.

## Das Lebensmittel Wasser

In Deutschland ist Trinkwasser das am besten kontrollierte Lebensmittel. Allerdings ist es in manchen Regionen sehr kalkhaltig und oft zu stark gechlort.

- Trinken Sie kein abgestandenes Wasser. Bevorzugen Sie immer frisches.
- Wenn Sie Ihr Trinkwasser kochen, dann erhitzen Sie es nicht zu lange, da sonst der Geschmack leidet. Das gleiche passiert, wenn Sie Ihr Wasser mehrmals aufkochen.
- Wenn zuviel Chlor oder Kalk im Wasser ist, können sie es vor dem Trinken oder Kochen durch einen Wasserfilter gießen. Lassen Sie sich beim Kauf eines solchen Filters von einem Fachmann beraten!

**DAS SOLLTEN SIE SICH MERKEN**

Wasser ist gesund, entgiftet und beseitigt Falten – ein wirklich einzigartiges Nahrungsmittel!

## Die Magie des Wassers

Nutzen Sie die Heilkraft des Wassers einmal auf eine ganz besondere Weise: Schenken Sie sich ein Glas Wasser ein, und stellen Sie es vor sich hin. Jetzt malen Sie sich in Gedanken intensiv aus, wie Gesundheit, Kraft oder Liebe in dieses Wasser einströmt. Stellen Sie sich beispielsweise vor, daß die Weisheit und Beständigkeit des Gesteins, durch das dieses Wasser geflossen ist, im Glas vor Ihnen noch präsent sind. Wenn

Sie vollkommen davon überzeugt sind, daß sich im Glas vor Ihnen nicht einfach nur Wasser befindet, sondern ein wirksames Medikament, das Ihren Kummer wegspült, Ihnen Kraft und Gesundheit gibt, dann trinken Sie es langsam aus. Derart »angereichertem« Wasser wird nachgesagt, daß es ähnlich wirke wie ein homöopathisches Medikament.

## *Alkohol, Kaffee, Kakao, Colas und Limonaden sind keine Durstlöscher!*

- Alkohol und Kaffee sind Wasserräuber.
- Kaffee und Kakao sind Kalziumräuber.
- Gesüßte Kakaogetränke, Colas und Limonaden enthalten eine große Menge nutzloser Kalorien in Form von Zucker.

## *Ein Tag mit viel Wasser*

Erklären Sie einen Tag in der Woche zu Ihrem »Wassertag«. Wasser ist Leben. Umgeben Sie sich außen und innen mit purem Leben. Gehen Sie an diesem Tag schwimmen, und trinken Sie besonders viel reines Wasser.

## *Aqua-Therapien*

Wenn Sie sich so wohl wie ein Baby im Mutterleib fühlen wollen, dann buchen Sie einmal eine Stunde bei einem Aqua-Therapeuten. In der Schwerelosigkeit von 35° C warmem Wasser werden Sie sanft hin- und hergeschaukelt, gestreichelt und massiert.

## *Bücher und Adressen, die Ihnen weiterhelfen*

Batmanghelidj, F.: *Wasser – die gesunde Lösung.* Kirchzarten 1996. Hier werden Wege natürlicher Heilung beschrieben, wo die moderne Medizin nicht mehr weiterkommt.

Kröll, Thomas: *Die Wasserapotheke. Klassische und bewährte Anwendungen gegen die häufigsten Beschwerden von A bis Z.* München 1999. Dieser Ratgeber gibt einen Einblick, wie Wasser – pur oder mit Kräutern, als Guß, Wickel, Packung oder Spülung – zur Linderung von Beschwerden genutzt werden kann.

Putz, Jean/Werner, Kordula/Werner, Marcus: *Das Hobbythekbuch vom Trinken. Gesundheit Schluck für Schluck*. München 1997. Interessantes zum Thema »Trinken« – in leichter, unterhaltsamer Form geschrieben (etwa über Pu-Erh-Tee, Wasserkefir, Grassaft, Kombucha).
Ryrie, Charlie: *Heilende Energie des Wassers*. CH-Neuhausen 1999.

Viele Wellness-Hotels haben Aqua-Therapien in ihrem Programm. Informationen erhalten Sie bei:

Institut für Aqua-Wellness
Wunderwaldstraße 2
D–99518 Bad Sulza
Tel.: 03 64 61 / 9 28 83

Institut für Aquatische Körperarbeit
Christhahlenweg 27
D–79112 Freiburg
Tel.: 0 76 65 / 94 23 10
Fax: 0 76 65 / 94 23 11
Internet: *www.aquatischekoerperarbeit.de*

Institut für Aquatische Körperarbeit
Oberhausenstr. 1
CH–8712-Stäfä
Tel.: 00 41 (0)1 / 9 26 70 60
Fax: 00 41 (0)1 / 9 26 77 60

Institut für Aquatische Körperarbeit
P. F. Spathring 27/24
A–8042 Graz
Tel. und Fax: 00 43 (0)3 16 / 47 30 77

# GESUND DURCH GEWICHTSKONTROLLE

Im dritten Lebensabschnitt treffen zwei Faktoren zusammen, die zu einer ungewollten Gewichtszunahme führen können: Zum einen verlangsamt sich der Stoffwechsel, und der Körper braucht nicht mehr soviel Energie wie früher. Zum anderen bewegen sich die Menschen gerade jetzt weniger. Auch das spart Energie ein. Die überschüssigen Kalorien werden in Form von Fettpölsterchen abgelagert. Frauen sind davon meist erst in den Wechseljahren betroffen. Männern wächst oft schon ab fünfunddreißig ein sogenannter »Wohlstandsbauch«.

Hinzu kommt außerdem, daß Ihr Körper Fett anders ablagert als zuvor: Schon vor dem dritten Lebensalter beginnt der Körper das vorhandene Fettgewebe umzuverteilen. Leider landen die Pölsterchen dann oft gerade da, wo sie am unvorteilhaftesten in Erscheinung treten ... Eine leichte Gewichtszunahme von einigen Kilogramm ist eine ganz normale Begleiterscheinung des Älterwerdens, mehr sollte es allerdings nicht sein. Überflüssiges Gewicht in Form von Fettgewebe belastet den Körper in vielfacher Weise. Übergewicht führt zu:

- Bluthochdruck: Die Gefäße werden übermäßig beansprucht. Die Folgen sind Schlaganfall, Herzinfarkt, Krampfadern.
- Atembeschwerden: Die Lunge kann bei zunehmender Körpermasse nicht mitwachsen. Die Folgen sind Kurzatmigkeit bei körperlicher Anstrengung.
- Zuckerkrankheit (Diabetes): Mit steigendem Übergewicht sinkt die Fähigkeit des Körpers, den Blutzuckerspiegel selbst zu regulieren.
- Knochen- und Gelenkserkrankungen: Knochen und Gelenke sind für ein bestimmtes Gewicht vorgesehen. Wenn sie auf Dauer ein Mehr-

faches davon aushalten müssen, kommt es zu Verschleißerscheinungen mit Folgen wie Arthritis, Bandscheibenvorfall, Rückenleiden und Osteoporose.

- Erkrankungen der Leber: Bei fettreicher Ernährung verändert sich die Zusammensetzung der Gallenflüssigkeit. Gallensteine sind die Folge.

Im Grunde gibt es gegen die Gewichtszunahme in der dritten Lebensphase nur zwei Mittel: Weniger essen oder mehr Sport treiben. Ideal ist eine sinnvolle Kombination aus Diät *und* Sport.

## Tips

### Weniger essen, dafür vitaminreicher

Obwohl der reife Körper sparsamer mit den Kalorien umgeht, braucht er mindestens noch genausoviel Vitamine, Mineralstoffe und Spurenelemente wie früher! Daher ist es sinnvoll, die Nahrungsaufnahme nicht einfach bloß einzuschränken, sondern sie gleich umzustellen. Essen Sie mehr Obst und Gemüse, trinken Sie viel Magermilch, und nehmen Sie zusätzliche Vitamine zu sich.

### Sich selbst akzeptieren steht am Anfang jeder erfolgreichen Diät

Ganz gleich, ob Sie sich zu dick oder zu dünn fühlen: Am Anfang jedes Diätplanes sollten Sie sich so annehmen und lieben, wie Sie sind. Wenn Sie sich wegen Ihres Aussehens abstoßend finden, wird es sehr schwer für Sie, sich zu ändern, denn Ihr Urteil über sich selbst wird zur sich selbst erfüllenden Prophezeiung; d.h., es tritt genau das ein, was Sie vermeiden wollen.

### Unterstützen Sie Ihre Diät durch Affirmationen

Bei der von Emile Coué (1857–1926) entwickelten Methode der Autosuggestion wiederholen Sie Affirmationen, bis sie Teil Ihres Unterbewußtseins werden. Ihr Unterbewußtsein nimmt Sie beim Wort und versucht die Worte in die Realität umzusetzen. Beispiele für autosuggestive Formeln (Affirmationen) zur Diätbegleitung: »Ich bin satt«;

»Ich fühle mich gesund mit leerem Magen«; »Mein Körper ist leicht und gesund«.

Formulieren Sie positiv! Benutzen Sie *keine* Negativformeln wie etwa: »Ich bin nicht dick.« Ersetzen Sie alle negativen Formulierungen durch positive, machen Sie aus »nicht dick« »schlank«, aus »dumm« »lernbereit«, aus »Ich bin nicht deprimiert« »Es geht mir von Tag zu Tag besser« ...

WICHTIG

### Die Kraft der Bilder

Unser Erleben in der Gegenwart, unsere Erinnerung an Vergangenes und unsere Wünsche an die Zukunft sind immer mit bestimmten Sinnesqualitäten verbunden. Der Geruch des Meeres erinnert uns an Urlaub, und wenn wir an Weihnachten denken, haben wir die Vorstellung von bunten Lichtern und Schnee. Lassen Sie sich bei der Umstellung Ihrer Ernährung durch die Kraft der Bilder unterstützen. Stellen Sie sich vor, daß Sie ein gesunder, fitter Mensch sind, und dann verbinden Sie dieses Bild mit der Nahrung, die Sie zu sich nehmen. Verknüpfen Sie beispielsweise den bunten Salatteller mit dem geplanten Sommerurlaub im Gebirge. Stellen Sie sich bei der Teekur intensiv vor, wie Sie am Strand entlangschlendern und von allen bewundert werden.

### Mehr Ballaststoffe

Wollen Sie abnehmen, ohne zu hungern, dann helfen Ballaststoffe. Faserreiche Nahrungsmittel enthalten in der Regel weniger für den menschlichen Körper verwertbare Kalorien. Ballaststoffe sind in Müsli, Obst, Gemüse und Vollkornprodukten in Fülle enthalten.

### Essen nach Blutgruppen

Nach der Lehre des amerikanischen Naturheilmediziners Dr. Peter J. D'Adamo liegt es im Blut, von welchen Nahrungsmitteln wir zu dick werden. D'Adamo geht davon aus, daß die Verträglichkeit für bestimmte Nahrungsmittel mit der jeweiligen Blutgruppe des Menschen in Zusammenhang steht. Diese Verträglichkeiten sind während eines Ausleseprozesses in der Frühzeit der Entwicklung der Menschheit entstanden. Die ursprünglichen Menschen waren Jäger und Sammler und besaßen die Blutgruppe 0. Blutgruppe A entstand, als die Menschen seßhaft wurden, während B sich bei Menschen entwickelte, die ihre ursprüngliche afrikanische Heimat verließen. Die Blutgruppe AB ist lediglich eine Mischung aus A und B. D'Adamo geht davon aus, daß unser Immunsystem und unsere Verdauungsorgane immer noch dieselbe Vorliebe für Lebensmittel haben, die unsere Vorfahren mit der gleichen Blutgruppe aßen. Solche Lebensmittel geben uns Kraft, halten uns schlank und lassen uns lange leben. Andere Lebensmittel machen uns dick, krank und träge.

## Gesund abnehmen mit Papaya und Ananas

Papaya und Ananas enthalten verdauungsbeschleunigende Enzyme. Wenn Ihnen Ananas nicht schmeckt oder für Sie unverträglich ist, dann gibt es den Wirkstoff auch in Form von Kautabletten.

## Sich ablenken

Quälender Hunger verliert seine Wirkung, wenn Sie ihm möglichst wenig Beachtung schenken. Es ist völlig in Ordnung, sich abzulenken. Füllen Sie Ihren Alltag mit Aktivitäten, die wichtig für Sie sind und die Sie genießen können. Lachen und Zärtlichkeit lassen Sie Ihren Hunger leicht vergessen.

## Stärker würzen

Gewürze sind konzentrierte Geschmacksstoffe, die kaum Kalorien enthalten. Gewürze können ein kalorienarmes Mahl geschmacklich enorm aufwerten. Essen Sie sich an kalorienarmen feurigen Salaten und Suppen satt.

## Das Idealgewicht berechnen

Am genauesten können Sie Ihr Normalgewicht mit dem Body-Mass-Index (BMI) berechnen. Die Formel lautet: Körpergewicht (in Kilogramm) geteilt durch das Quadrat der Körpergröße (in Metern).

*Beispiel*: Sie wiegen 70 Kilogramm und sind 1,75 Meter groß, dann errechnen Sie das Quadrat von 1,75 (1,75 × 1,75), was 3,06 ergibt; teilen 70 durch 3,06 und erhalten 22,87. Bei Frauen entspricht dem Normalgewicht ein Body-Mass-Index, der zwischen 19 und 24 liegt, und bei Männern einer, der zwischen 20 und 25 liegt. Wenn Sie als Frau einen BMI zwischen 25 und 30 bzw. als Mann einen zwischen 26 und 30 haben, dann haben Sie ein leichtes Übergewicht, ab 30 sind Sie stark übergewichtig. In diesem Fall sollten Sie zum Arzt gehen und Ihren Körper untersuchen lassen auf Risikofaktoren wie Diabetes, Bluthochdruck und Gicht. Falls Ihr BMI unter 19 liegt, haben Sie Untergewicht.

## Mit Schüßler-Salzen gegen Übergewicht

Setzen Sie die heilende Wirkung von Mineralstoffen für Ihre gute Figur ein. *Kalium phosphoricum* hilft neue Muskeln aufzubauen, stärkt die Nerven, normalisiert den Energiehaushalt und reguliert die Ausscheidung über Darm und Nieren. (3mal täglich 2 Tabletten im Mund zergehen lassen.)

## Ungeplante Gewichtsabnahme im dritten Lebensalter ist ein Alarmsignal!

Jede ungewollte Gewichtsabnahme ist ein Anzeichen für Stoffwechselstörungen. Gehen Sie zum Arzt,

- wenn Sie von Woche zu Woche weniger Gewicht auf die Waage bringen, ohne daß Sie weniger Kalorien zu sich nehmen
- wenn Sie des öfteren erbrechen oder Durchfall haben

Die meisten Menschen wissen nicht, wieviel Nahrung sie während eines Tages zu sich nehmen. Die abendlichen Gänge zum Kühlschrank werden gar nicht mehr wahrgenommen, und die Pralinen am Nachmittag zählen nicht. Auch beim Essen in Gesellschaft (Feiern, Kaffeekränzchen) geht die Übersicht leicht verloren. Behalten Sie stets die Kontrolle über Ihre Kalorienzufuhr.

BLOSS NICHT IN DIE »ESSFALLE« TAPPEN!

## Tips

### Das Eß-Tagebuch

Wenn Sie eine genaue Übersicht über Ihre Kalorienaufnahme gewinnen wollen, führen Sie ein Eß-Tagebuch.

### Faustregeln für den Alltag

- Essen Sie nicht aus Langeweile.
- Nahrungsaufnahme ist kein Ersatz für Streicheleinheiten.
- Lassen Sie sich nicht von anderen Menschen zum Essen oder Trinken verleiten (sogenannter »Mitzieh-Effekt«).
- Nur Sie bestimmen die Größe Ihrer Häppchen, niemand sonst.
- Sie müssen nicht alles essen, was auf dem Teller ist.

### Appetitzügler und Sättigungsmittel schaden

Meiden Sie Appetitzügler und Sättigungsmittel, da sie viele unerwünschte Nebenwirkungen haben. Unter Umständen verlieren Sie dadurch gerade den für Ihren reifen Körper so wichtigen Vitaminschutz gegen die freien Radikale. Meiden Sie Modediäten. Sie kosten viel Geld und nutzen letztendlich wenig.

### Abnehmen und Sport

Da der Körper im dritten Lebensabschnitt nicht mehr so leicht Muskelmasse aufbaut, gehen Abmagerungskuren oft zu Lasten Ihrer Muskeln. Dem Muskelabbau während des Hungerns können Sie durch mehr Sport gegensteuern. Wenn Sie wollen, daß Fett geht und Muskeln bleiben, dann schwimmen Sie während Ihrer Diät einige Bahnen extra oder joggen einige Kilometer zusätzlich.

**DAS WOHLFÜHL-GEWICHT FINDEN**

Jeder Mensch hat, unabhängig von allen Formeln und »Idealgewichten«, sein persönliches Wohlfühlgewicht. Das Wohlfühlgewicht ist kein fester Punkt auf der Waage, sondern ein Bereich, der Ihrer Natur entspricht und innerhalb dessen Ihr Gewicht schwanken darf.

»Schlank« ist nicht identisch mit „gesund". Wenn Sie sich mit einigen Pfund mehr gesünder fühlen, dann ist das besser für Ihre Seele und Ihr Immunsystem als der tägliche Krieg mit den Kalorien. Strenge Diät ist sogar schädlich, denn sie führt zu Mangelerscheinungen wie Osteoporose, Herzrhythmusstörungen und Nierenproblemen.

Fühlen Sie in Ihren Körper hinein. Wenn Ihr Gewicht Sie weder bei der Alltagsarbeit, in der Liebe noch im Sport belastet, wenn Sie weder Kreislaufbeschwerden noch Gelenkprobleme haben und wenn Sie sich persönlich wohl fühlen, dann befinden Sie sich im Bereich Ihres Wohlfühlgewichts. Das Gewicht, bei dem Sie sich rundherum wohl fühlen, muß nicht das Gewicht Ihrer Jugend sein. Sie können ruhig einige Kilo zunehmen. Das ist im Alter ganz normal, macht ausgeglichener und stabilisiert Ihren Hormonhaushalt.

*Wenn der Mensch sein Fleisch mit Maßen nährt, dann ist auch sein Betragen fröhlich und umgänglich.*
Hildegard von Bingen

## Tip

### Sich kontrolliert wohl fühlen

Verwechseln Sie nicht »sich wohl fühlen« mit »sich gehenlassen«. Wenn Sie vor Heißhunger Berge von Nahrungsmitteln verschlingen und es für den Rest des Tages bereuen, dann hat das nichts mit »sich wohl fühlen« zu tun. Trinken Sie lieber einen Schlankheits-Tee.

---

### Schlankheits-Tee

Fucus vesic. 9,0 g, Hb. millefol. 4,5 g, Fol. uv. urs. 4,5 g, Fol. farfar. 4,5 g, Hb. viol. tricol. 4,5 g, Hb. herniar. 8,5 g, Rad. liquirid. 8,5 g, Fol. betul. 4,5 g, Hb. equiset. 8,5 g, Cort. frangul. 13,0 g, Fol. sennae 21,5 g, Rhiz. gramin. 4,0 g, Hb. chenopodii 4,5 g.

Lassen Sie die Kräuter vom Apotheker zusammenstellen. Trinken Sie täglich 1 Tasse lauwarm.[4]

---

## Bücher, die Ihnen weiterhelfen

Bielefeld, Jochen G.: *Diäten im Test*. München 1999.

Birkinshaw, Elsya: *Denken Sie sich schlank. In 21 Tagen abnehmen ohne Diät*. München 1992.

D'Adamo, Dr. Peter J.: Die *(4) Blutgruppen – Vier Strategien für ein gesundes Leben. Mit neuem Rezeptteil*. München 1999.

Grillparzer, Marion: *Fatburner. So einfach schmilzt das Fett weg*. München 1999. Interessanter Ratgeber für eine zeitgemäße Ernährung mit Tabellen, 14-Tage-Biostoffdiät, Massagen und vielem mehr.

Heßmann-Kosaris, A.: *Die Blutgruppendiät*. München 1998.

Ray, Sandra: *Schlank durch positives Denken. Die spirituelle Diät*. München 1989.

Schutt, Karin: *Wie neu geboren. Das große Buch zum Abnehmen, Entschlacken, Wohlfühlen*. München 1999. Die Autorin zeigt Ihnen, wie Sie mit Spaß auf einfache Weise Pfunde loswerden.

Wurzel, P.: *Gesund abnehmen nach dem Blutgruppenplan*. München 2000. Leicht verständlicher Ratgeber voller Tips und Rezeptvorschläge, der sich auch als »Einkaufsführer für die Handtasche« eignet.

Zittlau, Dr. Jörg: *Die Ideal-Diät für Ihre Blutgruppe*. München 1998. Detaillierter Ernährungs- und Wellnessplan für alle Blutgruppen-Typen.

# DIE LEBENSBATTERIE AUFLADEN

*Ein Wind kommt auf und bläst Bewegung in die friedlich-stille Hochebene. Zunächst zupft er nur an Ihren Haaren, bläst die Hitze von der Anstrengung des Aufstiegs aus Ihren Kleidern und trägt sie vorbei an den freundlich nickenden Kiefern hinaus über das Tal, weit weg zu den in der Ferne sich auftürmenden Gewitterwolken. Sie fühlen sich erleichtert, sorgenfrei und auch ein bißchen müde, angenehm müde.*

*Der Wind wird stärker und läßt den Wald vor der Wiese mit einem Rauschen antworten. Begeistert stellen Sie sich in den milden, nach dem Abenteuer der Ferne riechenden Luftstrom und atmen die Kraft und Ruhe tief ein. Aus jeder Pore Ihres Körpers entweichen Anspannung und Streß der vergangenen Jahrzehnte. Nie wieder wollen Sie Raubbau mit Ihrem Körper treiben – das nehmen Sie sich ganz fest vor. Niemals mehr wollen Sie Ihren Körper ausbeuten durch wenig Schlaf, viel Streß, schlechte Ernährung, übertriebenen Ehrgeiz im Freizeitsport und schlechte Laune.*

*Aus dem Westen nähert sich mit fernem Gepolter eine dunkle Wolkenwand. Sie schultern den Rucksack, setzen sich auf Ihr Fahrrad und fahren mit dem Wind im Rücken hinab ins Tal.*

Kein Organismus kann ununterbrochen Leistung bringen. Erholung gehört genauso zum Leben wie Arbeit. Wer immer nur auf Hochtouren läuft, ohne sich zwischendurch Ruhe zu gönnen, gefährdet die Gesundheit von Körper, Geist und Seele. Ihr Körper braucht Ruhepausen, um Schadstoffe und Stoffwechselprodukte aus den Zellen zu transportieren und um die Feuchtigkeitsdepots der Haut wieder aufzufüllen. Bei fehlenden Pausen

DIE LEBENS-
KRÄFTE GUT
VERWALTEN

können freie Radikale, also Stoffe, die Ihre Zellen schädigen, nicht mehr in ausreichendem Maße beseitigt werden. Der Körper altert somit schneller. Und Ihr Gehirn braucht natürlich ebenfalls Pausen, um all die Informationen zu sortieren und zu speichern.

Perioden der Aktivität und Perioden der Erholung müssen einander abwechseln. Auf Anspannung sollte Entspannung folgen. Hierbei ist es

*Das Wesen der Menschlichkeit entfaltet sich nur in der Ruhe. Ohne sie verliert die Liebe alle Kraft ihrer Wahrheit und ihres Segens.*
Johann Heinrich Pestalozzi

besser, dem Körper mehrere kurze Erholungszeiten zu gönnen als eine lange, denn wenn Sie Ihren Körper zu lange ununterbrochen auf Trab halten, geht das an die Substanz. Wenn Sie Ihr Leben lang gearbeitet haben, dann ist es jetzt an der Zeit, die Kraftspeicher von Körper, Geist und Seele wieder aufzufüllen.

## Tip

### Gelegenheiten zum Rasten

In unserem Alltag gibt es viele Möglichkeiten zum Haltmachen und Pausieren. Überall, wo Sie warten müssen, können Sie sich entspannen, tief durchatmen oder auf eine kurze Traumreise gehen. Zeit bleibt vor der roten Ampel, in der Schlange vor der Kasse im Supermarkt, in öffentlichen Verkehrsmitteln, in den Wartezimmern von Ärzten und Behörden.

**DAS WOHL-BEFINDEN DURCH ENTSPANNUNG ERHÖHEN**

Entspannung ist eine wesentliche Voraussetzung für Lebensfreude und Wohlbefinden. Nur wer entspannt ist, kann seine Fähigkeiten und Kräfte voll ausschöpfen. Im entspannten Zustand finden Leid, Trauer, Zorn und Angst keine große Angriffsfläche. Im Zustand wohliger, harmonischer Entspanntheit denken wir nicht an Gefahr und Kampf, sondern erleben uns als Einheit von Körper, Geist und Seele.

# Tips

## Wirkungsvoll entspannen

- Passives Entspannungsatmen
  Atem ist Leben. Passives Entspannungsatmen heißt, sich seinem Atem hinzugeben, ihn zuzulassen, ihn fließen zu lassen. Sobald Sie sich bequem hinsetzen oder hinlegen und auf nichts anderes mehr achten als auf Ihren Atem, wie er in Sie einströmt und eine Weile verweilt, um dann wieder auszuströmen, schöpfen Sie Ruhe und Kraft. Mit natürlich fließendem Atem schaffen Sie der Luft Raum, damit sie tief in Sie hinein- und wieder herausfließen kann, Verspannungen löst und Harmonie herstellt. Wenn Sie Ihren Atem einfach fließen lassen und nur beobachten, können Sie miterleben, wie Sie mit jedem Atemzug ruhiger werden.

- Aktives Entspannungsatmen
  Wie wir atmen, das spiegelt deutlich unsere Befindlichkeit wider. Der Atem reagiert sehr feinfühlig auf geistige und seelische Regungen. Bereits ein Gedanke, eine Vorstellung, ein Gefühl verändert den Atem. Angst, Unruhe und Streß lassen ihn flacher und schneller werden. Diese Abhängigkeit des Atmens von unserem Denken und Fühlen können Sie auch in der umgekehrten Richtung nutzen, etwa um mit dem Atmen Einfluß auf das Denken und Fühlen zu nehmen. Atmen Sie bewußt ruhig und tief, und auch Ihr Gedankenstrom wird sich beruhigen. Oder stellen Sie sich vor, wie bei jedem Einatmen Ruhe und Entspannung mit der Atemluft in Ihre Lungen fließt und beim Ausatmen Anspannung und Nervosität Ihren Körper mit der Atemluft verlassen. Mit etwas Übung können Sie spüren, wie mit jedem Atemzug Ihre Anspannung schwindet.

- Autogenes Training
  Autogenes Training ist eine Entspannungsmethode, die in jeder Alltagssituation durchgeführt werden kann. Sie sprechen oder denken dabei einfache Formeln, beispielsweise »Ich bin absolut ruhig«; »Ich fühle mich wohl«; »Ich bin gesund«. Je öfter Sie Ihre Formel wiederholen und je fester Sie daran glauben, desto besser wirkt sie auch.

**WICHTIG**

Benutzen Sie keine negativen Formulierungen! Falsch wäre die Formulierung: »Ich bin nicht krank.« Richtig muß es heißen: »Ich bin gesund.«

- Eutonie
  Der Begriff *Eutonie* stammt aus dem Griechischen und bedeutet »gute Spannung«. Bei dieser europäischen Entspannungsmethode geht es darum, Verspannungen im Körper mit winzigen Bewegungen zu erspüren und abzuleiten. Die Beseitigung körperlicher Verspannungen hat einen positiven Einfluß auf den Gesamtorganismus.

- Progressive Muskelrelaxation nach Jacobson
  Diese Entspannungsmethode kann besonders leicht erlernt werden. Ausgehend von Ihren Füßen, werden einzelne Muskelgruppen etwa 7 Sekunden lang langsam angespannt und dann mindestens 30 Sekunden lang entspannt. Nach und nach entspannen Sie so alle Muskeln, bis Sie bei den Muskeln des Kopfes angelangt sind. Die Dauer der gesamten Übung beträgt in der Regel 20 bis 30 Minuten.

- Feldenkrais
  Ziel der Feldenkrais-Methode ist es, die Wahrnehmung des Menschen zu fördern und über einen Lernprozeß zu der Fähigkeit zu führen, sich gesünder und ganzheitlich zu organisieren. Die Arbeit erfordert zwar Aufmerksamkeit, aber weder Anstrengung noch Anspannung der Muskelkraft. Es geht darum, herauszufinden, *was am leichtesten geht*. Wir lernen hier, das eigene Bewegungspotential optimal zu nutzen.

- Lach-Therapie
  Lachen befreit und entspannt. Lernen Sie, bewußt zu lachen. Damit trimmen Sie Ihren Organismus auf Entspannung und entdecken neue Lebensfreude. Außerdem reduziert Lachen die Auswirkung von Streß, senkt den Blutdruck, stärkt die Immunabwehr und nimmt Angst und Depression den Wind aus den Segeln.

- Biofeedback
  Mit Hilfe eines Computer-Meßgeräts können Sie lernen, den Körper bewußt zu entspannen und die Gedanken zu beruhigen. Opti-

sche und akustische Signale halten Sie über Ihren Übungserfolg auf dem laufenden.

- Yoga, verschiedene Formen der Meditation, Tai Chi, Qi Gong, Shiatsu …
  entspannen ebenfalls. Körper, Geist und Seele bringen sie in Harmonie, lassen die Energie wieder fließen und versetzen Sie in einen Zustand von innerer Ruhe und Gelassenheit.

## Mit Kräutertees entspannen

- Beruhigen Sie mit Johanniskraut die Seele. – Viele berühmte Heilkundige, darunter Paracelsus und Hildegard von Bingen, setzten die Johanniskraut-Pflanze wegen ihrer harmonisierenden und entspannenden Wirkung ein. Wenn Sie Johanniskraut einnehmen, sollten Sie jedoch Geduld haben. Das Befinden bessert sich nicht sofort, sondern meist erst nach zwei bis drei Wochen. Meist wird der Tee als Kur angewendet, diese sollte mindestens vier, besser noch sechs Wochen dauern.

In seltenen Fällen wird durch Überdosierungen von Johanniskraut die Haut sonnenempfindlich. Daher sollten Sie sich besonders bei Johanniskrautkuren vor Sonneneinstrahlung schützen.

---

### Johanniskrauttee

Überbrühen Sie 2 Eßlöffel Johanniskraut mit $1/2$ Liter kochendem Wasser, lassen Sie das Ganze 15 Minuten abgedeckt ziehen, und seihen Sie es dann ab. Süßen Sie den Tee mit Honig. Trinken Sie den Tee über den Tag verteilt.

---

- Spülen Sie mit Baldrian Unruhe und Verstimmung aus Ihrer Seele. – Auch Baldrian ist eine Heilpflanze der traditionellen Volksheilkunde. Seine Heilwirkung beruht auf ätherischen Ölen und Alkaloiden, die eine harmonisierende, entspannende, beruhigende und schlaffördernde Wirkung haben. Baldrian ist ein gutes Mittel gegen Prüfungsangst. Auch bei Schlafstörungen hat es schon so manches Wunder vollbracht.

### Baldriantee

Übergießen Sie 2 Eßlöffel Baldrianwurzel mit $1/2$ Liter kochendem Wasser, lassen Sie das Ganze 15 Minuten zugedeckt ziehen, und seihen Sie es dann ab. Süßen Sie mit Honig. Trinken Sie den Tee über den Tag verteilt. Wenn Sie die schlaffördernde Wirkung von Baldrian nutzen wollen, trinken Sie die letzte Tasse unmittelbar vor dem Zubettgehen.

- Trösten Sie Ihre Seele mit der Heilkraft der Melisse. – Neben ihrer stimmungsaufhellenden Wirkung hat Melisse auch einen beruhigenden Einfluß auf die Nerven. Daher finden Melissenpräparate Anwendung bei Nervosität, Niedergeschlagenheit und psychischer Unruhe.

### Melissentee

Überbrühen Sie 2 bis 3 Eßlöffel Melissenblätter mit $1/2$ Liter kochendem Wasser, lassen Sie das Ganze 15 Minuten zugedeckt ziehen, und seihen Sie es dann ab. Süßen Sie mit Honig. Trinken Sie den Tee über den Tag verteilt.

- Heitern Sie mit Hopfen Ihre Stimmung auf. – Die Zapfen der weiblichen Hopfenpflanzen enthalten einen entspannenden, schlaffördernden und beruhigenden Wirkstoff. Zudem wirkt Hopfen verdauungsfördernd.

### Hopfentee

Überbrühen Sie 2 Eßlöffel Hopfenzapfen mit $1/2$ Liter kochendem Wasser, lassen Sie das Ganze 15 Minuten zugedeckt ziehen, und seihen Sie es dann ab. Süßen Sie mit Honig.

Wegen des bitteren Geschmacks sollten Sie Hopfentee mit Baldrian- oder Melissentee mischen. Trinken Sie Ihren Hopfentee über den Tag verteilt, die letzte Tasse unmittelbar vor dem Zubettgehen. Eine Hopfenteekur sollte mindestens 3 Tage dauern.

Die beschriebenen Kräuter gibt es auch in Tablettenform. Intensiver in den Tiefen Ihrer Seele wirken jedoch Tees, die Sie selbst herstellen.

Verstärken können Sie die Wirkung beruhigender Heilpflanzen, wenn Sie ein kleines Kissen mit den getrockneten Pflanzenteilen füllen und darauf schlafen.

## Entspannen mit Bach-Blüten

Zur Entspannung dienen viele unterschiedliche Bach-Blüten, je nachdem, welchen Zustand Sie »ent-spannen« wollen. Schlagen Sie bitte selbst in einem Bach-Blüten-Buch nach, und finden Sie die für Ihre Situation passenden Blüten heraus. *Rock Rose* allerdings gehört in jedem Fall dazu.

## Entspannende Düfte

Düfte haben einen unmittelbaren Zugang zu unserer Seele. Sie wirken schnell und intensiv auf unser Unterbewußtsein. Ätherische Öle beruhigen, hellen die Stimmung auf, entspannen und verleihen neue Energie.

- Geben Sie einige Tropfen ätherisches Öl in ein Potpourrischälchen mit getrockneten Blütenblättern oder Holz- und Rindenstückchen, und stellen Sie es auf die Heizung.
- Lassen Sie 5 Tropfen ätherisches Öl in das mit Wasser gefüllte Schälchen einer Duftlampe tropfen. Erhitzen Sie die Mischung mit Hilfe eines Teelichts.
- Verreiben Sie einen Tropfen ätherisches Öl auf Ihren Handrücken, und riechen Sie immer wieder daran.
- Gönnen Sie sich ein herrlich entspannendes Duftölbad. Beachten Sie bei dem Umgang mit Duftölen die Ratschläge auf Seite 277 f.
- Massieren Sie Ihre Schläfen mit speziell dafür zubereiteten Ölmischungen.

## Entspannende und harmonisierende Öle

- Grapefruit wirkt stimmungsaufhellend.
- Patchouli wirkt entspannend und schenkt neues Selbstvertrauen.
- Mandarine entspannt und harmonisiert.
- Geranie wirkt antidepressiv.
- Rose entspannt und sorgt für einen meditativen Zustand.

SCHLUMMERN WIE IN
MORPHEUS' ARMEN

Auch im dritten Lebensabschnitt ist Schlaf die wichtigste Quelle neuer Lebensenergie. Im Schaf tanken wir Kraft und laden unsere Lebensbatterie wieder auf. Wenn sich die Nervenzellen nicht ausreichend erholen können, altern sie schneller. Die ersten beiden Stunden des Schlafs sind die wichtigsten, weil sie den größten Erholungseffekt haben. Vielleicht ziehen aus diesem Grund viele Menschen den Mittagsschlaf einem durchgehend langen Nachtschlaf vor. Hinzu kommt, daß ein Mittagsschlaf dem natürlichen Biorhythmus des Menschen entspricht. Wer sich täglich einen Mittagsschlaf gönnt, lebt nicht nur länger, sondern auch gesünder.

*Denn der Schlaf ist für den Menschen, was das Aufziehen für die Uhr.*
Arthur Schopenhauer

Im dritten Lebensalter verändert sich der Schlaf: Die Tiefschlafphase eines Vierzigjährigen ist nur noch ein Viertel so lang wie die eines Neunzehnjährigen, und man wacht etwa doppelt so oft auf. Spätestens ab dem sechzigsten Lebensjahr brauchen Sie deutlich weniger Schlaf.

Quälen Sie Schlafprobleme? – Die Ursachen für Einschlaf- und Durchschlafprobleme sind so unterschiedlich wie die Menschen. Jenseits des vierzigsten Lebensjahres nimmt die Tiefe des Schlafes kontinuierlich ab. Der ältere Organismus kommt mit weniger Schlaf aus als der junge. Wie Sie sich dennoch Ihren Anteil an kuscheliger Erholung verschaffen, werden Sie auf den nächsten Seiten erfahren.

Die Vorschläge, die ich Ihnen nun machen werde, variieren in ihrer Wirkung von Mensch zu Mensch. Sie sind ein Angebot an Sie, es doch mit der einen oder anderen Methode zu versuchen. Wenn die Methode versagt, entsteht Ihnen kein Schaden. Wenn sie jedoch hilft, haben Sie einen großen Nutzen. Probieren Sie einfach aus, und notieren Sie sich, was Ihnen hilft. Erstellen Sie anhand der beschriebenen Methoden Ihr persönliches Einschlaf- und Durchschlafprogramm.

## Was während des Schlafs mit uns geschieht

- Das Gehirn verarbeitet Informationen und bereitet sich auf die Aufnahme neuer Reize vor.
- Der Körper schöpft neue Energie.

- Das Immunsystem erhöht seine Abwehrkräfte gegen Mikroorganismen.
- Defekte Zellen werden erneuert.

## Tips

### Tief und gut schlafen

Erholung hängt nicht nur von der Länge des Schlafs ab, sondern auch von seiner Qualität. Sorgen Sie dafür, daß Sie gut liegen, frei von Störungen sind und keine Angst haben.

### Das Gute-Nacht-Ritual

Entwerfen Sie sich ein Ritual, das Sie jeden Abend in gleicher Weise durchführen. Lesen Sie beispielsweise ein Gedicht aus einem besonders schönen Gedichtband, trinken Sie mit Genuß eine Tasse Tee, ein Glas Bier oder ein Gläschen Wein, und summen Sie sich selbst ein Gute-Nacht-Lied.

### Lassen Sie los!

Nehmen Sie keine Aufregung mit ins Bett. Ordnen Sie vor dem Zubettgehen Ihre Gedanken. Gleiten Sie mit reinem Gewissen in Morpheus Arme. Geben Sie zu, was Sie falsch gemacht haben, und entschuldigen Sie sich symbolisch bei den Menschen und Lebewesen, denen Sie tagsüber weh getan haben: Ein gutes Gewissen ist ein sanftes Ruhekissen.

### Sorgen und Probleme auf einem Zettel »parken«

Schreiben Sie die drängendsten und hartnäckigsten Probleme auf ein Stück Papier, das Sie auf Ihren Nachttisch legen. So können Sie alle Probleme, die Sie am Einschlafen hindern und die Sie nicht einfach loslassen können, »auslagern«. Sie brauchen keine Angst zu haben, daß Ihre Sorgen und Probleme zu unkontrollierbaren Monstern mutieren. Sie sind gefangen auf dem Zettel, der auf Ihrem Nachttisch liegt. Da können sie wühlen und knabbern ... während Sie erholsam schlafen.

### Japanisches Heilströmen

Dieses alte Heilwissen ist pure Hilfe zur Selbsthilfe. Indem Sie bestimmte Energiepunkte mit den Fingerspitzen drücken, können Sie Ihren Gedankensturm beruhigen und wohltuenden Schlaf finden.

### Sich schläfrig essen

Daß es sich mit vollem Magen schlecht schläft, weiß jeder. Sie können sich aber auch müde essen. Sorgen Sie für eine magnesiumreiche Kost. Viel Magnesium enthalten Vollkornbrot, Bananen, Erdnüsse, Bohnen.

### Nasenpflaster

Viele Schlafstörungen haben eine ganz banale Ursache: die gestörte Nasenatmung. Beheben läßt sie sich durch ein Nasenpflaster. Die Nasenatmung wird bis zu 30 Prozent verbessert – und so manche Schlafstörung löst sich in (Atem-)Luft auf. Nasenpflaster erhalten Sie in Ihrer Apotheke.

### Das geistige Tagebuch

Führen Sie diese Übung nach dem Schlafengehen durch: Lassen Sie Ihre Erinnerung in die Vergangenheit schweifen. Beginnen Sie in Ihrer Gegenwart (also beim Zubettgehen). Dann blicken Sie mit Ihrem geistigen Auge immer weiter in die Vergangenheit zurück. Alles, was Sie sich vorstellen, sollte rückwärts ablaufen. Betrachten Sie zunächst die Situationen, die Sie vor Ihrem Schlafen-Gehen erlebt haben, dann die zeitlich weiter zurückliegenden Situationen des heutigen Tages, nun den gestrigen Tag, die letzte Woche, den letzten Monat – und das alles läuft rückwärts, wie ein Film, der zurückgespult wird. Je weiter Ihre Erinnerung in die Vergangenheit dringt, desto eher sollten Sie sich nur noch an markanteren Stellen Ihrer persönlichen Geschichte orientieren, etwa an Ihrem Eintritt ins Berufsleben, Ihrer Einschulung, Ihrem ersten Tag im Kindergarten ...

Sie haben die Übung des geistigen Tagebuchs abgeschlossen, wenn Sie an dem frühesten Punkt in Ihrer Lebensgeschichte angelangt sind, an den Sie sich noch erinnern können. Mit dieser Übung glätten Sie aktuelle seelische Turbulenzen, weil Sie Ihre Aufmerksamkeit auf die weite Spanne Ihrer bereits gelebten Jahre verteilen. Der Schlaf kommt dann meist sehr schnell.

## Das Schlafzimmer – ein Wohlfühl-Traumzimmer

Ihr Schlafzimmer ist die Werkstatt Ihrer Träume.

- Sorgen Sie für die richtige Temperatur und Belüftung.
- Anregende Farben wie Rot, Orange oder leuchtendes Gelb gehören nur ganz dezent ins Schlafzimmer.
- Elektrosmog steht im Verdacht, wohltuenden Schlaf zu stören. Stellen Sie Elektrogeräte möglichst zwei Meter weit vom Bett weg (Ausnahme: batteriebetriebene Elektrowecker).

## Tagsüber genügend Licht tanken

Unser Körper schaltet regelmäßig zwischen Wachsein und Schlaf um. Dieser angeborene Rhythmus flacht im Alter ab. Sie können ihn jedoch verstärken, wenn Sie tagsüber für ausreichend Licht sorgen und aktiv leben: Gehen Sie viel ins Freie, tanken Sie Sonnenlicht, und betätigen Sie sich körperlich ... so bereiten Sie die Grundlagen für eine erholsame Nacht. Studien belegen, daß es auf diese Art nicht nur zu einer erholsameren Tiefschlafphase, sondern auch zu einer Verlängerung der Schlafdauer kommt.

## Den Körper auf Schlaf programmieren

- Gehen Sie nicht zu früh ins Bett. Lassen Sie sich erst müde werden. Wenn im Bett die Müdigkeit plötzlich wie weggeblasen ist, stehen Sie einfach wieder auf und erledigen eine Arbeit, die Sie am nächsten Tag sowieso hätten erledigen müssen.
- Der Körper läßt sich auf Schlaf »dressieren«. Schaffen Sie sich einen immer gleichbleibenden Schlaf-Wach-Rhythmus, den Sie auch am Wochenende und an Feiertagen einhalten.
- Ein Schlummertrunk macht müde. Brühen Sie sich einen beruhigenden oder einschläfernden Tee aus Hopfen, Baldrian, Lavendel oder Melisse auf. Oder trinken Sie warme Milch mit Honig: Milch enthält Tryptophan, eine Vorstufe des schlaffördernden Serotonins;

die Kohlenhydrate im Honig bringen die Serotoninproduktion in Schwung.

- Mit Atemübungen läßt sich die Anspannung in Ihrem Körper auflösen (siehe Seite 131). Verlangsamen Sie mit bewußt tiefen Atemzügen Ihren Herzschlag und Ihren Gedankenstrom.
- Duschen oder baden Sie, bevor Sie zu Bett gehen. Legen Sie sich nie schmutzig schlafen. Sie sollten rein an Körper und Geist in das Reich der Träume gleiten. Ein warmes Bad vertreibt außerdem die Streßhormone.

### Ein klarer Kopf

Alkohol, Kaffee, Cola und Schlaftabletten sollten Sie meiden:

- Alkohol ist kein Einschlafmittel. Alkohol macht zwar müde, läßt aber keinen erholsamen und erfrischenden Schlaf zu.
- Kaffee und Cola enthalten das aufputschende Coffein. Coffeinhaltige Getränke sind bereits drei Stunden vor dem Schlafengehen tabu.
- Auf Schlaftabletten sollten Sie verzichten, denn sie verändern die Tiefe des Schlafes und machen abhängig.

### Freude im Herzen

Üben Sie sich in Gedanken, die Freude machen, und schlafen Sie mit Glück im Herzen ein. Nehmen Sie einen Traumwunsch mit in den Schlaf. Erotische Gedanken lösen Ihre Anspannung auf und machen schläfrig.

### Ins Phantasieland reisen

Gehen Sie auf eine entspannende, erfüllende oder erotische Gedankenreise. Stellen Sie sich vor, wie Sie an einem warmen Tropenstrand liegen, das Rauschen der Wellen hören und die milde Luft auf Ihrer Haut spüren.

### Einschläfernde Aromatherapie mit Lavendelöl

Ätherisches Lavendelöl läßt Menschen in dieser Lebensphase erholsamer schlafen:

- Geben Sie etwas Lavendelöl auf einen Wattebausch, und inhalieren Sie.
- Stellen Sie sich eine Duftlampe ins Zimmer.

- Im Winter können Sie ein Wasserschälchen mit Lavendelöl auf die Heizung stellen.
- Lavendelöl eignet sich auch als beruhigender Badezusatz.

## Sanfte Schlafmedizin aus der Natur

Pflanzliche Mittel zur Schlafförderung erleben allenthalben eine Renaissance. Da sie zwar den Schlaf begünstigen, aber nicht einschläfernd wirken, können sie bedenkenlos auf Dauer als Schlafhilfe genommen werden. Benutzen Sie keine Granulate. Die enthalten sehr viel Zucker. Ein Tee ist allerdings am bekömmlichsten.

- *Hopfen*: Die Bitterstoffe im Hopfen dämpfen innere Unruhe und erhöhen die Schlafbereitschaft. Wenn Ihnen Hopfen als Getränk zu bitter ist, dann versuchen Sie es doch einmal mit einem Hopfen-Aromakissen.
- *Baldrian*: Der beruhigende Wirkstoff Valerensäure stammt aus der Wurzel des Baldrians. Baldrian als Pille oder Tinktur hat den Vorteil, daß man exakt dosieren kann.
- *Melisse*: Wirkt entkrampfend; am besten zusammen mit Baldrian und/oder Hopfen nehmen.
- *Johanniskraut*: Wird als pflanzliches Antidepressivum benutzt und fördert die Einschlafneigung.
- *Kava-Kava*: Auch die im Rauschpfeffer enthaltenen Kavalactone verbessern die Einschlafneigung. Kava-Kava hilft auch bei Ängsten. Es ist in Form von Dragees rezeptfrei in der Apotheke erhältlich.

## Heilsalze gegen Schlafstörungen

Wenn Ihr Schlaf alles andere als erholsam ist, dann versuchen Sie doch einmal das Lebenssalz-Heilverfahren von Dr. Schüßler. Von den zwölf im Körper vorkommenden Lebenssalzen hilft Ihnen Salz Nr. 7 (*Magnesium phosphoricum*), am Abend abzuschalten und gut einzuschlafen, und Salz Nr. 3 (*Ferrum phosphoricum*), gut durchzuschlafen. (10 Tabletten in eine Tasse geben, mit heißem Wasser aufgießen – keinen Löffel aus Metall verwenden, da sich sonst die Wirksamkeit des Mittels verändert, verwenden Sie einen Plastiklöffel! – und schluckweise trinken.)

## Bach-Blüten-Therapie für guten Schlaf

Bach-Blüten wirken sanfter als synthetische Schlafmittel, und sie müssen länger angewendet werden, bis sich ein Erfolg einstellt. Probieren Sie es bei Einschlafstörungen mit *White Chestnut* (Roßkastanie).

## Homöopathie für guten Schlaf

Bei Einschlaf- und Durchschlafschwierigkeiten helfen *Avena sativa* und *Passiflora*, jeweils in einer D2-Potenz. (Mischen Sie die beiden Mittel im Verhältnis 1:1, und nehmen Sie vor dem Zubettgehen 10 Tropfen in einem Glas Wasser, oder lösen Sie 10 Globuli in einem Glas Wasser auf – trinken Sie schluckweise.) Bei Einschlafschwierigkeiten hilft auch *Coffea* D12 (2mal täglich – morgens und abends – je 10 Tropfen in ein Glas Wasser geben, umrühren und schluckweise trinken).

*Notieren Sie Ihr Wohlfühl-Schlafprogramm in Stichpunkten:* ____

_____

_____

_____

_____

**BEI MÜDIGKEIT UND ERSCHÖPFUNG...**

Die Entspannung nach aufreibendem Sport oder die Müdigkeit nach schwerer Arbeit stimmen den Körper schlafbereit. Sie haben das Gefühl, besser schlafen zu können. Doch Erschöpfung ist für Menschen im dritten Lebensalter auf Dauer kein geeignetes Schlafmittel. Wer bei der Arbeit und beim Sport bis zur Erschöpfungsgrenze geht, verbraucht seine Energiereserven. Besonders der ältere Organismus lebt dann von der Substanz – er macht einen Altersschub, weil Abbauprodukte des Stoffwechsels, die bei anstrengenden körperlichen Tätigkeiten in besonders hohen Konzentrationen entstehen, an den Eiweißen der Zellen »nagen«. Sportarten, die mit Erschöpfungszuständen einhergehen, sind nichts für Sie. Selbst wenn Sie sich dazu in der Lage fühlen, können Sie sich und Ihrer Umwelt Ihre Leistungsfähigkeit auf andere Weise beweisen.

Erschöpfung schwächt vor allem das Immunsystem. Chronische Erschöpfung macht Sie daher anfälliger für eine Reihe tödlicher Gefahren, wie Krebs und Autoimmunerkrankungen.

## Tip

### *Wege aus der Erschöpfung*

- Wenn Sie sich absolut ausgelaugt fühlen, gewinnen Sie neue Kraft durch Düfte. Stellen Sie eine Duftlampe in Ihr Schlafzimmer (am besten auf die warme Heizung).
- Berücksichtigen Sie Ihren Biorhythmus.
- Denken Sie positiv.
- Neutralisieren Sie Ihre Erschöpfung und Ihren Streß mit Erotik und Zärtlichkeiten: In zärtlicher Umarmung mit einem geliebten Menschen denkt man nicht mehr an Flucht oder Kampf.
- Körperliche Betätigung wirkt dann entspannend, wenn sie so richtig guttut: Veredeln Sie Ihren Abendsport mit einem Entspannungsritual.

KURZURLAUB VOM ALLTAG

Auch wenn für Menschen im dritten Alter der Berufsstreß geringer wird oder bereits der Vergangenheit angehört und normalerweise auch keine schulpflichtigen Kinder mehr versorgt werden müssen, ist ihr Alltag alles andere als die reine Erholung. Alltag bleibt Alltag, auch wenn Sie für Ihr täglich Brot nicht mehr arbeiten gehen müssen. Oftmals fällt es sogar schwerer, vom Ruheständleralltag Urlaub zu machen als vom Alltag des Berufstätigen, weil der Beruf mit seinen Pflichten und Regeln bereits von sich aus Erholungszeiten vorgibt.

Die beste Vorbeugung gegen Streß im Alltag sind bewußte Auszeiten der Ruhe und Entspannung. Kurzurlaube vom Alltag zu nehmen, wo und wann Sie wollen, regeneriert, macht Freude, bringt Abwechslung ins Leben und schafft ein Wohlgefühl der besonderen Art.

## Tip

### Ein Tag Ferien vom Alltag

- Ändern Sie den gewohnten Tagesablauf: Stehen Sie an einem Tag in der Woche früher oder später auf. Gehen Sie neue Wege – wenn Sie spazierengehen, einkaufen …
- Reservieren Sie sich einen Abend, den Sie nur Ihrem Sport oder Ihrem Hobby widmen.
- Schaffen Sie Abwechslung durch Phantasie-Urlaube. Tauchen Sie ab in die Welt Ihrer Tagträume.
- Unternehmen Sie an Ihrem Wohnort etwas Außergewöhnliches. Besuchen Sie das Heimatmuseum oder den botanischen Garten. Machen Sie einen Spaziergang durch die örtlichen Kaufhäuser, Baumärkte, Gärtnereien, und schauen Sie sich die Auslagen an. Beenden Sie Ihren Miniurlaub mit einer gemütlichen Tasse Tee oder Kaffee und einem leckeren Imbiß.
- Auch Wasser- und Lufttage sind Kurzurlaube vom Alltag.
- Yoga- und Entspannungstechniken verschaffen Ihnen Ruhe und Stille in Ihrem Tagesablauf. Machen Sie einfach eine halbe Stunde Ihres Alltags zu Ihrem ganz persönlichen Ruhepol.

NATÜRLICHE RHYTHMEN

Wer seinen inneren Rhythmus kennt und respektiert, lebt gesünder und glücklicher. Früher war Ihr Tagesablauf geprägt von zahlreichen Pflichten in Beruf und Haushalt. Ihr Tag begann damit, daß Ihr Wecker läutete, und dann ging es meistens von Muß zu Muß, bis Sie abends müde und erschöpft in Ihr Bett fielen. Heute jedoch können Sie Ihren Tagesablauf mehr und mehr Ihrem ganz persönlichen Lebensrhythmus anpassen. Wenn Sie beispielsweise ein Morgenmuffel sind, dürfen Sie jetzt endlich länger schlafen. Kommen Sie erst abends so richtig in Schwung, so können Sie wichtige Aufgaben und angenehme Vorhaben in spätere Stunden verlegen, in eine Zeit, als Sie früher schon zu Bett gehen mußten. Auch einen Mittagsschlaf dürfen Sie sich jetzt gönnen, und danach einen Spaziergang im Wald. Wenn Ihr Rhythmus es erfordert, spricht nichts dagegen, um vier Uhr am Morgen aufzustehen, um bei Sonnenaufgang eine Radtour zu unternehmen.

Lernen Sie Ihre eigenen Lebensrhythmen kennen. Es gibt viele davon, die in Ihrem Körper und Geist aufeinander und miteinander wirken und über Ihr Wohlbefinden entscheiden. Nehmen Sie, soweit es geht, Rücksicht auf die Rhythmen Ihres Körpers. Das läßt ihn langsamer altern. Bringen Sie Ihre geistigen und körperlichen Rhythmen in Harmonie. Mit Ihren Rhythmen zu leben macht Ihr Dasein unbeschwert. Sie leben nicht nur gesünder, Sie kommen auch mit Ihrer Umwelt und mit sich selbst besser zurecht.

Es gibt zwei Zeittypen, die gegensätzlicher nicht sein könnten: den Frühaufsteher und den Nachtschwärmer. Welcher Zeittyp Sie sind, finden Sie heraus, wenn Sie für einige Tage ohne Uhr leben. Verschieben sich Ihre Aktivitäten von Tag zu Tag immer mehr in die Nacht, und können Sie morgens dafür länger schlafen? Dann sind Sie ein Nachtschwärmer. Sind Sie aber bei Sonnenuntergang bereits müde und wachen mit dem ernsten Hahnenschrei wieder auf, dann sind Sie ein Frühaufsteher. Frühaufsteher sind in den Vormittagsstunden am leistungsfähigsten. Manche Nachtschwärmer erreichen ihr Leistungshoch erst in den späten Nachmittagsstunden.

## Tips

### Der innere Rhythmus

Finden Sie heraus, wann für Sie die beste Zeit für Ihre Vorhaben ist, und gleichen Sie Zeiten der körperlichen Ruhe und Aktivität Ihrem natürlichen Rhythmus an. Wenn Sie Ihre Hoch- und Tiefzeiten in einen Wohlfühl-Kalender eintragen, werden Sie ein regelmäßiges Auf und Ab Ihrer Laune, Kraft, Liebes- und Lebensfreude feststellen. Nehmen Sie bei Ihren Unternehmungen darauf Rücksicht. Arbeiten Sie, wenn Sie wach und ausgeruht sind, und schlafen Sie, wenn Sie müde sind. Planen Sie keine wichtigen Entscheidungen oder Vorhaben für Zeiten, in denen Sie sich mitten in einem Tief befinden.

## Ihre Rhythmen wieder mit Ihrem Leben in Einklang bringen

- Finden Sie Ihren persönlichen Rhythmus heraus. Legen Sie ein Tagebuch an, in dem Sie alles aufschreiben: Beobachten Sie Ihre Gefühle, Ihre körperliche und geistige Leistungsfähigkeit, Ihre Laune, Ihre sexuelle Lust.
- Sie können sich Ihr Leben viel angenehmer gestalten, wenn Sie nicht nur Ihre eigenen Rhythmen, sondern auch die Ihrer Umwelt und Ihres Partners bzw. Ihrer Partnerin berücksichtigen.
- Auch wie sich das Wetter auf Ihre geistige und körperliche Leistungsbereitschaft auswirkt, können Sie in Ihrem Tagebuch aufschreiben.
- Ihre Rhythmen sollten Sie von nun an in Ihrem täglichen Leben berücksichtigen.
- Der Biorhythmus kann ebenfalls hinzugezogen werden.

## Der Einfluß des Mondes

Die Mondphasen beeinflussen unser Wohlbefinden gleichermaßen. Wenn Sie sich dafür interessieren, wie sich die Mondphasen auf Ihr Leben auswirken, dann lesen Sie ein »Mondbuch«.

## Yoga, Ayurveda, Meditation, Autosuggestion

und eine Reihe weiterer ganzheitlicher Methoden helfen Ihnen ebenso, Ihr Leben mit Ihren natürlichen Rhythmen in Einklang zu bringen.

## DAS WILL ICH TUN:

Ich werde meinem Körper von nun an alles geben und alles für ihn tun, was er braucht. Folgende Anregungen aus dem Teil »Der reife Körper« werde ich in mein tägliches Leben übernehmen. (Blättern Sie Teil 2 noch einmal durch, und lesen Sie Ihre Notizen.)

Haut: _____

Zähne: _____

Haare: _____

Augen: _____

Gehör: _____

Sport: _____

Ernährung: _____

Entspannung: _____

Wasser: _____

Schlaf: _____

Rhythmen: _____

_____ : _____

_____ : _____

_____ : _____

_____ : _____

**IHR PERSÖNLICHER GESUNDHEITS- UND FITNESS-TAGESPLAN**

Haben Sie Lust bekommen auf einen gesunden, attraktiven Körper voller Energie, mit jeder Menge Reserven? Dann nichts wie los! Die richtige Kombination von Körperpflege, Ausdauer- und Krafttraining, Ernährung und Erholung macht's! Stellen Sie sich Ihr eigenes Programm zusammen für einen gesunden und leistungsfähigen Wohlfühlkörper, der Sie Ihre schönsten Jahre in Gesundheit und Vitalität erleben läßt.

## Beispiel

- aufstehen um 7 Uhr, anschließend 10 Minuten Gymnastik, Kraftfrühstück mit Vitaminen, Körperpflege mit Ganzkörpermassage (Bürste)
- vormittags eine halbe Stunde joggen, bis Mittag eine Flasche Mineralwasser trinken
- zum Mittagessen frisches oder gekochtes Gemüse, eventuell Fisch oder Soja, als Nachtisch Obst (mit Vitaminen aufgepeppt), dann einen halbstündigen Mittagsschlaf
- nachmittags je nach Wetter Rad fahren, schwimmen oder im Garten arbeiten, während des Nachmittags nicht vergessen, eine Flasche Mineralwasser zu trinken
- abends ein leichtes Abendessen, eine Kanne Früchtetee, danach einen gemütlichen halbstündigen Spaziergang, Körperpflege, ein warmes Bad, eventuell ein Glas warme Milch mit Honig und dann ab ins kuschelige Wohlfühlbett zu den spannenden Träumen und Phantasien

*Die abendliche Wohlfühl-Körperpflege besteht aus*

- einem Bad oder einer Dusche
- der Körper wird danach mit einer feuchtigkeitspendenden Lotion liebevoll eingecremt
- die Zähne bzw. das Gebiß werden/wird gründlich gereinigt (siehe Seite 69 ff.)
- die Fuß- und Fingernägel werden gereinigt und eingecremt
- und die Haare gebürstet

Sie können den Tagesplan ruhig abwandeln. Bringen Sie sich in Einklang mit Ihren persönlichen Vorlieben und Bedürfnissen.

## Bücher und Adressen, die Ihnen weiterhelfen

Friebel, Volker: *Was tun bei Schlafstörungen? Das 7-Schritte-Programm.* Stuttgart 1997.

Hausen, Monika Helmke: *Das magische Wissen vom Mond. Entfalte deine ganz persönlichen Mondkräfte.* Freiburg 1998.

Kovács, Heike, und Preuk, Monika: *Jeder kann schlafen.* München 1998.

Leibold, Gerhard: *Ich kann nicht schlafen. Wie Sie Schlafstörungen wirkungsvoll überwinden.* München 1996.

Lesch, Matthias, und Förder, Gabriele: *Kinesiologie – Aus dem Streß in die Balance.* München 1995.

Löw, Heidemarie: *Zwölf Schritte zum gesunden Schlaf.* München 1999.

Paungger, Johanna, und Poppe, Thomas: *Aus eigener Kraft.* München 1996.

Paungger, Johanna, und Poppe, Thomas: *Alles erlaubt! Zum richtigen Zeitpunkt.* München 1998. Berücksichtigen wir unseren Körper und unser Sternzeichen, so finden wir für alles, was wir vorhaben, die richtigen Tage und Stunden.

Samel, Gerti: *Johanniskraut, Kava-Kava und Co.* München 1999.

Schlieske, Ingrid: *Japanisches Heilströmen.* Tutzing 1997.

Seitz, Rudolf: *Schöpferische Pausen.* München 1995. In jedem Alltag lassen sich kleine Pausen einlegen ... ein Buch, das die Augen für die Schönheit der Welt öffnet!

West, Peter: *Biorhythmus.* Köln 1999.

Sie können sich auch an Schlaf-Selbsthilfegruppen oder Schlaflabors wenden. Adressen erhalten Sie bei:

Deutsche Gesellschaft für Schlafforschung und Schlafmedizin
c/o Hephata-Klinik
Schimmelpfengstr. 2
D–34613 Schwalmstadt
(frankierten DIN-A4-Rückumschlag beilegen!)

Deutsche Narkolepsie-Gesellschaft
Postfach 1107
D–42755 Haan
Fax: 0 21 29 / 3 29 45

Im Internet finden Sie Schlaflaboradressen unter:

*www.uni-marburg.de/sleep/dgsm/ger/labors.htm*

# Teil 3

## Die innere Welt des reifen Menschen

### Den Geist klären und seelisches Gleichgewicht finden

Das dritte Lebensalter ist die Zeit für eine gründliche Rückschau und einen hoffnungsvollen Neubeginn; die Zeit, um schöne Erlebnisse der Vergangenheit zu bewahren und sich mit den schmerzhaften zu versöhnen; die Zeit, sich aus selbstgestellten Fallen zu befreien, sich anzunehmen, wie man ist, und das Beste daraus zu machen. Vor allem ist es die Zeit, um das Leben zu genießen.

Geistige Klarheit und seelische Frische sind Grundvoraussetzungen dafür, daß Sie diesen Teil Ihres Lebens in Wohlgefühl und Glück verbringen. Arbeiten Sie mit Freude an Ihrem inneren Wohlbefinden. Seien Sie kreativ. Zünden Sie ein Feuerwerk unkonventioneller Ideen!

# DEN GEIST FIT HALTEN

*Schon können Sie die geschmackvoll bemalte Fassade Ihrer kleinen Pension zwischen den windbewegten Apfelbäumen erkennen. Doch die Bank am Ufer des Wolfgangsees, direkt neben dem Radweg, lädt zum Ausruhen ein. Sie setzen sich auf das graue Holz, aus dem noch die Wärme der Mittagssonne strahlt, und genießen die Natur. Schwere Gewitterwolken versperren die Sicht auf die Berge. Windzerzauste Spaziergänger eilen nach Hause. Warme Böen kräuseln stoßweise die dunkle Fläche des Sees. Dunkel ist mittlerweile auch der Himmel – eine wogende Masse, aus der heraus es immer wieder flackernd blitzt. Der Wind wird stärker, wirbelt Staub, Grashalme und Kaugummipapier auf, trägt es an Ihnen vorbei und weiter den Bäumen des nahen Waldes entgegen, die im Aufruhr des nahenden Gewitters wie Marionetten tanzen. Eine schöne Stimmung, fast schon Kunst – das Gewitter im Rücken und die Ferienwohnung in greifbarer Nähe.*

*Vollkommen bewußt, um sich keinen Augenblick des dramaturgisch gelungenen Naturschauspiels entgehen zu lassen, setzen Sie sich auf Ihr Fahrrad und fahren langsam – vom Wind geschoben und vom Rauschen und Ächzen der Bäume begleitet – zu Ihrer Pension.*

Geistige Fitneß – gerade dafür haben Sie im dritten Lebensalter gute Karten! Obwohl sich das Gewicht des Gehirns von etwa 1300 Gramm in der Jugend auf durchschnittlich 1100 Gramm im Alter reduziert, kann der Geist in jedem Lebensalter leistungsfähiger werden, als er ist; er kann morgen schon besser sein als heute. Mit jedem Erlebnis nimmt unser Wissensschatz zu. Das bleibt nicht ohne Folgen. Gerade jetzt macht sich der Geist zu ungeahnten Höhenflügen auf. Viele brillante Werke der Weltliteratur wurden von Menschen jenseits der sechzig und siebzig verfaßt.

Die Leistung unseres Geistes besteht im Erinnern und Nachdenken. Ohne Erinnerung kein Denken. Daher lege ich in diesem Kapitel großen Wert auf die Schulung der Erinnerungsfähigkeit.

## VERSCHAFFEN SIE SICH KLARHEIT!

*Worum es geht*: Sie wollen die Leistungsfähigkeit Ihres Gedächtnisses richtig einschätzen.

*Wie Sie sich einstimmen*: Mischen Sie sich einen Fitneß-Drink. (Wie wäre es mit einem Orangen-Trauben-Drink?) Begeben Sie sich an einen Ihrer Wohlfühlorte, machen Sie es sich bequem, und entspannen Sie sich.

*Tun Sie das*: Gehen Sie in sich. Rufen Sie sich Situationen ins Bewußtsein, in denen Ihr Gedächtnis Sie im Stich ließ:

Wie äußerte sich das? _____

_____

_____

Worauf führe ich meine Erinnerungsschwierigkeiten zurück? _____

_____

_____

Was tue ich dagegen? _____

_____

_____

---

### Orangen-Trauben-Drink

*Zutaten*:

1 kleine Orange
roter Traubensaft aus dem Naturkostladen oder Reformhaus
Schwarztee
frische Pfefferminzblätter

*So wird's gemacht*: Orange halbieren und Saft auspressen. Zusammen mit 50 Milliliter rotem Traubensaft in ein Glas geben und mit abgekühltem schwarzem Tee aufgießen. Mit 2 Blättern frischer Pfefferminze garnieren.

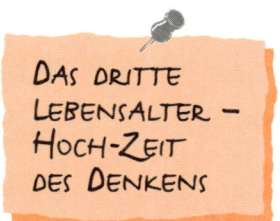

**DAS DRITTE LEBENSALTER – HOCH-ZEIT DES DENKENS**

Ein gutes Gedächtnis ist nicht allein Voraussetzung für geistige Beweglichkeit, sondern hebt darüber hinaus das Selbstbewußtsein. In Diskussionen schlagfertig sein, einem jüngeren Gesprächspartner aus der Fülle der Lebensweisheit vieler Jahrzehnte Paroli bieten, das ist Balsam für Ihr Selbst. Um derart leistungsfähig zu bleiben (oder zu werden) braucht unser Gehirn ein regelmäßiges Training. Ausgewogene geistige Betätigung läßt Ihr Gehirn schneller und besser werden. Mit Neuem und Ungewohntem regen Sie auch im dritten Lebensalter das Wachstum Ihrer Nervenzellen an. Auf Langeweile und Eintönigkeit dagegen reagiert Ihr Gehirn, indem es Fähigkeiten abbaut. Lernen trainiert Ihr Gehirn, egal, ob Sie eine neue Sprache erlernen oder ein Mathematikbuch durcharbeiten. Ohne Arbeit wird es schwach. Dem Training des Gedächtnisses gebührt in jedem Fall der gleiche Stellenwert wie der Gesunderhaltung des Körpers.

*Es gibt keinen einzelnen Gedanken oder ein Gefühl, eine einzelne Einstellung oder Annahme, die keine Auswirkung auf den Alterungsprozeß hätte, ganz gleich, ob direkt oder indirekt. Unsere Zellen belauschen ständig unsere Gedanken und verändern sich dementsprechend.*
Deepak Chopra, *Die Körperzeit*

## Tips

### Das reife Gedächtnis zu einem Jungbrunnen machen

- Sammeln Sie Erfahrungen auf Gebieten, die Ihnen bislang völlig unbekannt waren: Belegen Sie einen Volkshochschulkurs auf einem Gebiet, mit dem Sie bislang »nichts am Hut hatten«.
- Sprechen Sie mit Menschen, an denen Sie normalerweise achtlos vorübergehen würden.
- Fangen Sie mit einem Sport an, den Sie früher für snobistisch, unpassend oder zu exaltiert gehalten hätten. Gehen Sie z. B. Tanzen zu Latinomusik, belegen Sie einen Ballettkurs, machen Sie Aikido.
- Lernen Sie ein ausgefallenes Musikinstrument.

- Hinterfragen Sie die Selbstverständlichkeiten des Lebens. Gewöhnen Sie sich an, hinter die Erscheinungen der Alltagswelt zu blicken.

## In einem gesunden Körper …

Da das Gehirn mehr als jedes andere Organ auf eine reibungslose Blut- und Sauerstoffversorgung angewiesen ist, kann es wirksamer arbeiten, wenn auch der Kreislauf gut funktioniert. Bringen Sie Ihren Kreislauf in Schwung, wenn Ihnen die Ideen ausgehen.

## Mit anderen Menschen sprechen

Tauschen Sie Wissen mit anderen Menschen aus. Lassen Sie sich aufklären, und klären Sie auf. Sprechen Sie mit jungen Menschen. Das Gehirn einer älteren Person reagiert zwar etwas langsamer als das einer jungen, doch dieser Unterschied ist minimal. Und mit etwas Ehrgeiz und Übung sind Ihre geistigen Fähigkeiten nahezu unbegrenzt. Lassen Sie Ihre natürliche Neugier galoppieren. Interessieren Sie sich für jeden und alles.

Reden Sie über Gott und die Welt. Und sprechen Sie über sich selbst. Suchen Sie sich interessante Gesprächspartner, die mehr wissen als Sie. Dann wird jedes Gespräch zu einem Erlebnis. Interessante Gesprächspartner, die auf anderen Gebieten Experten sind als Sie, müssen nicht unbedingt immer Ihrer Meinung sein. In der Unterschiedlichkeit liegt die Würze!

## Lesen, zuhören und zusehen

Greifen Sie zurück auf das gewaltige öffentliche Wissensreservoir in Ihrer Umgebung: Bibliotheken, Buchhandlungen, Funk, Film, Fernsehen und das Internet.

## So macht Lernen Spaß!

- Neues Wissen wirkt interessanter, wenn es etwas zum Lachen gibt. Alles kann heiter dargestellt werden.
- Auch durch Tagträumen läßt es sich effektiv lernen. Stellen Sie sich vor, wie es wäre, jetzt Urlaub zu machen, ins Gebirge zu fahren oder in den warmen, salzigen Wellen der Karibik zu baden, und

lesen Sie die entsprechenden Bücher. So lernen Sie viel über Land und Leute.

- Beim Lernen das leibliche Wohl nicht vergessen! Experimentieren Sie beim Lernen ein bißchen mit den Freuden, die Sie sich selbst bereiten. Nehmen Sie Ihre Unterlagen mit an den Strand, ins Schwimmbad, auf die Lichtung im nebelverhangenen Wald, in die nach Kräuterextrakten duftende Badewanne. Kochen Sie sich zur Belohnung ein wundervolles Essen, das Ihren Geist beflügelt.

### Kreativität ist kein Privileg der Jugend

Bleiben Sie neuen Ideen gegenüber aufgeschlossen. Kreativität beruht auf der unüblichen und ausgefallenen Neuordnung vorhandenen Wissens. Setzen Sie Ihren reichhaltigen Erfahrungsschatz ein. Vergessen Sie aber nicht, auch nach neuem Wissen zu suchen.

### Mit Feng Shui zum optimalen Lernplatz

Feng Shui kommt aus dem Chinesischen und bedeutet wörtlich übersetzt »Wind und Wasser«. Diese beiden Naturkräfte symbolisieren die Energien, aus denen alles besteht, was existiert. Diese Energien wiederum lassen sich auch zum Lernen nutzen: durch die Wahl von Beleuchtung, Farbe und Standort. – Sorgen Sie also für eine gute Beleuchtung. Wenn Sie sich bereits beim Lesen anstrengen müssen, können Sie nicht viel behalten. Hellen Sie Ihr Gesichtsfeld auf. Warme Farben wie Rot, Gelb und Orange helfen beim Denken.

### Den grauen Zellen mit Bach-Blüten helfen

- Wenn es Ihnen schwerfällt, neues Wissen aufzunehmen, weil Sie sich nicht öffnen können, hilft Ihnen das Mittel *Rock Water*.
- Wenn Sie keine rechte Lust haben zu lernen, weil Sie keinen Sinn darin sehen, ist für Sie das Mittel *Agrimony* richtig.
- Wenn Sie das Gefühl haben, daß soviel Wissen gar nicht gut für Sie ist, empfiehlt sich das Mittel *Pine*.

### Musik für blendende Einfälle

Mit Musik geht vieles leichter, sogar das Denken. Leider gibt es keine Rezepte für Musikstücke, die bei allen Menschen zuverlässig das Denken stimulieren. Menschen sind eben sehr verschieden. Finden Sie heraus, welche Musik Sie besser denken läßt. Vergessen Sie die Musik der Natur nicht: Geräusche des Waldes, des Regens, des Baches ...

## *Geistig fit durch Yoga und Meditation*

Yoga und Meditationsübungen verbessern das Gedächtnis. Allein durch das gesteigerte Konzentrationsvermögen fällt es Ihnen leichter, störende Gedanken aus Ihrem Geist zu verbannen.

## *Das Konzentrationsvermögen durch Akupressur unterstützen*

Akupressur und Shiatsu sind alte chinesische Heilmethoden, die auf eine Harmonisierung der Lebensenergien zielen. Sie regen den Energiefluß an, der wiederum verstärkt die Durchblutung des Körpers und versorgt so die Zellen mit mehr Sauerstoff und Nährstoffen.

HILFE BEI VERGESSLICHKEIT

Vergeßlichkeit ist keine Erscheinung des Alters. Selbst bei Kindern und jungen Erwachsenen treten kleine Gedächtnislücken auf, sei es, daß ihnen ein Wort nicht mehr einfallen will, daß sie sich nicht mehr an einen Namen erinnern können oder daß sie von einem Augenblick auf den anderen nicht mehr wissen, was sie eigentlich tun wollten. Während jedoch die jüngeren Jahrgänge solche Aussetzer ihres Erinnerungsvermögens kaum beachten, werten ältere Menschen ihre eigene Vergeßlichkeit als Beginn eines generellen Nachlassens ihrer geistigen Leistung.

Vergeßlichkeit hat auch im höheren Alter selten hirnorganische Ursachen. Meist ist sie in mangelnder Konzentration, fehlendem Interesse, dem Brüten über Problemen oder dem Leben in der Erinnerung an vergangene Zeiten begründet.

## **Tips**

### *Ein gutes Gedächtnis bis ins hohe Alter*

- Nutzen Sie Ihr visuelles Gedächtnis. Versuchen Sie sich das, was Sie sich merken wollen, bildlich vorzustellen. Das Gedächtnis braucht

Bilder. Eine Erinnerung bleibt länger und deutlicher haften, je bildhafter und lebendiger sie dargeboten wird.

*Beispiel*: Sie wollen sich die internationale Vorwahl für Deutschland »0049« merken. Stellen Sie sich nun vor, daß Sie ins Ausland in Urlaub fliegen (denn da brauchen Sie die Vorwahlnummer). Das Flugzeug, in dem Sie sitzen, hat rechts eine Turbine und links eine Turbine. Turbinen sehen aus wie ein Kreis, also zweimal Null (00). Sie verreisen zu viert (4) und haben neun Gepäckstücke (9). Zusammen ergibt sich die Ziffernfolge: 0049.

- Auswendig lernen hält das Gedächtnis fit. Gelegenheiten zum Auswendiglernen gibt es viele: Einkaufszettel, die Namen der Gäste und die Sitzordnung bei der Geburtstagsfeier, die Namen und Ämter von Politikern.
- Voraussetzung für eine erfolgreiche Informationsaufnahme ist die ungeteilte Aufmerksamkeit. Vermeiden Sie störende Einflüsse von außen. Verbannen Sie Lärm und Unruhe.
- Eine gute Gliederung macht Erinnern leicht. Gliedern Sie alles, was Sie sich merken wollen. Schaffen Sie eine Rangfolge der Wichtigkeit, Größe und Bedeutung.
- Schaffen Sie sich Gedächtnisbrücken:

  Farben als Gedächtnisbrücke: Ordnen Sie den Informationen, die Sie sich merken wollen, unterschiedliche Farben zu.

  Die Methode des bekannten Weges: Bringen Sie das, was Sie sich merken wollen, in einen Zusammenhang mit einem Ihnen bekannten Weg (z. B. dem Weg zur Arbeit, Ihrem früheren Schulweg, Spazierwegen durch den Park oder Wald), und verknüpfen Sie die Inhalte Ihres Denkens mit den markanten Dingen auf diesem Weg. Erinnern Sie sich z. B. anhand der Geschäfte auf Ihrem Weg an Ihre Besorgungen, verbinden Sie die Bäume der Allee, durch die Sie fahren, mit den Namen Ihres/Ihrer neuen Bekannten …

## *Fragen Sie sich bei Vergeßlichkeit*

- Interessiert mich das, was ich so oft vergesse, überhaupt? Hinter einem schlechten Erinnerungsvermögen verbirgt sich oft fehlendes Interesse.

- Bin ich bewußt bei der Sache? Was hastig, unkonzentriert und nebenbei erledigt wird, kann sich nicht einprägen.
- Erledige ich immer eins nach dem anderen? Werden mehrere verschiedene Dinge nebeneinander erledigt, verliert man schnell den Überblick.
- Trinke ich zuviel Kaffee oder Alkohol? Reduzieren Sie Ihren Alkohol- und Kaffeekonsum. Drogen zerlöchern Ihre Erinnerung.
- Schlafe ich zuwenig? Ihr Gehirn braucht Ruhepausen, um die Eindrücke zu speichern. Wenn Sie ihm zuwenig Schlaf gönnen, wird Ihr Erinnerungsvermögen lückenhaft.

## Der Vergeßlichkeit ein Schnippchen schlagen

Hinterlassen Sie Nachrichten an sich selbst. Wenn Ihr Gedächtnis nicht immer gut funktioniert, dann helfen Erinnerungen in Ihrer unmittelbaren Umgebung: Erinnerungen können aus Nachrichten auf Haftnotizzetteln, in einem Notizbuch, auf Karteikarten oder dem Text auf einem Diktiergerät bestehen. Die Zettel gehören an Ihre Kühlschranktür, in die Ablage Ihres Autos und an Ihren Badezimmerspiegel. Verändern Sie Kleinigkeiten an Ihrer gewohnten Umgebung, wenn Sie sich an etwas erinnern wollen (der berühmte Knoten im Taschentuch).

## Heilsalze helfen dem Gedächtnis

Zur Stärkung des Gedächtnisses eignet sich auch das im Jahre 1873 von dem Arzt Dr. Schüßler entwickelte Heilverfahren, das auf den zwölf im Körper vorkommenden Lebenssalzen beruht. Für leichteres Lernen und ordnende Willenskraft empfiehlt Dr. Schüßler das Salz Nr. 2 (*Calcium phosphoricum*). (3mal täglich je 2 Tabletten im Mund zergehen lassen, bis sie sich aufgelöst haben.)

## Kräuter fürs perfekte Gedächtnis

Da die Merkfähigkeit von der Durchblutung des Gehirns abhängt, können Sie mit Gingko-Extrakten die Leistung Ihres Gedächtnisses verbessern. Gingko wird nicht als Tee verwendet. Man nutzt die Wirkstoffe in Form alkoholischer Auszüge.

## Homöopathie verbessert Erinnerungsfähigkeit und Konzentration

Beseitigen Sie Konzentrationsschwäche und innere Unruhe mit *Lycopodium*, *Barium carbonicum* und *Hyoscyamus niger*. Die idealen Potenzen liegen zwischen C12 und C15 (2mal täglich je 5 Globuli einnehmen, nämlich morgens und abends). Wenn es Ihnen schwerfällt, Ihre Gedanken zu ordnen oder wenn Sie eine innere Hast spüren, hilft *Alumina* (Aluminium oder Aluminiumoxid). (Dosierung: Die Potenzen für beide Mittel sollten über D24 und C12 liegen. Nehmen Sie je 10 Tropfen 2mal täglich.)

## Mit Aromatherapie das Gedächtnis auf Trab bringen

Mischen Sie die beiden Öle Rosmarin und Geranie zu gleichen Teilen, und inhalieren Sie. Rosmarin und Geranie stimulieren den Gehirnstoffwechsel. Geranie wirkt zudem stimmungsaufhellend. Mit Pfefferminzöl erzielen Sie den gleichen Effekt.

## DAS WILL ICH TUN:

Ich werde mein Gedächtnis fit halten.

Folgende Ratschläge will ich beherzigen (blättern Sie das Kapitel »Den Geist fit halten« noch einmal durch, und beachten Sie Ihre persönlichen Notizen): _____

_____

_____

_____

_____

_____

_____

_____

_____

_____

_____

## *Bücher, die Ihnen weiterhelfen*

Buzan, Tony: *Power Brain. Das Tony Buzan Training. Besser denken, mehr behalten, Neues leichter aufnehmen.* Landsberg 1999.

*Food and more. Food for Brain*, Rastatt 1999. Ein Kochbuch voller Rezepte mit Zutaten, die den Stoffwechsel im Gehirn einmal so richtig ankurbeln.

Oppolzer, Ursula: *Verflixt, das darf ich nicht vergessen! Gutes Gedächtnis bis ins hohe Alter*. München 1998.

# Die Seele
## von Ballast befreien

*Draußen ist das Gewitter in vollem Gange. Sie haben bereits geduscht und liegen, nur mit Ihrer Unterwäsche bekleidet, auf Ihrem sauberen, nach Sommer und Urlaub duftenden Bett. Schwere Regentropfen prasseln auf den hölzernen Balkon, zerstäuben zu einem feinen, nach den Abenteuern der Kinderzeit duftenden Nebel, der in Schwaden vom Gewitterwind durch das geöffnete Fenster zu Ihnen hereingetragen wird. Sie lieben es, Gewittern zu lauschen. Immer wieder erhellen Blitze Ihr gemütliches Zimmer, beleuchten in unregelmäßigen Abständen die rustikale Holzverkleidung der Wände, zucken über die in Braun- und Gelbtönen gehaltenen Deckenbalken und entreißen für Augenblicke den mit Trockenblumen geschmückten hölzernen Raumteiler zwischen dem Wohnbereich und dem Schlafbereich Ihres Zimmers der Finsternis.*

*Völlig entspannt liegen Sie auf dem Rücken und blicken mit halbgeschlossenen Augen zur hölzernen Zimmerdecke empor. Die Melodie des Donners und des Regens macht Sie müde. Bald nehmen Sie Ihre Umwelt nur noch wie aus weiter Ferne wahr. Und langsam, fast unmerklich beginnt ein unsichtbarer Teil des Regens durch Dach und Zimmerdecke hindurch bis in Ihre Seele zu tröpfeln und wäscht sie frei von dem Ballast, der sich in den Jahrzehnten Ihres Berufsalltags in Ihrem Denken angesammelt hat: ein warmer, angenehmer Schauer, der all die schlechten Gefühle, all die Schuld, Sorgen und Verhärtungen auflöst und fortspült.*

Jeder Mensch sammelt im Laufe seines Lebens nicht nur Besitz, sondern auch Gefühle und Wissen an. Oft sind Besitz, Gefühle und Wissen zu einer nur schwer entwirrbaren Einheit verschmolzen. Nehmen Sie etwa Ihre Wohnung: Für Sie ist sie Besitz, Sie verbinden mit Ihrer

Wohnung Gefühle wie Geborgenheit und Freude, und Sie kennen sie
in allen ihren Einzelheiten. Ähnlich verhält es sich auch mit Ihrem
Auto, Ihren Büchern, Ihren Zimmerpflanzen. Doch abgesehen von
all dem und vielen anderen nützlichen Dingen, hat sich in unserem
Leben eine große Menge an nutzlosem materiellem, seelischem und
geistigem Ballast angesammelt.

Ballast nimmt uns die Übersicht, raubt uns Kraft, macht uns Sorgen,
läßt uns nicht frei leben, verdirbt die Freude am dritten Lebensalter.
Von Zeit zu Zeit sollte man ihn entsorgen. Doch bevor man sich von
Überflüssigem trennt, muß Ordnung geschaffen werden: Ordnung in
materiellen Dingen, den Gedanken und Gefühlen, den Freundschaften,
Vereinsmitgliedschaften und Finanzen – kurzum: der gesamten persönlichen Lebenswelt. Erst wenn das Wichtige vom Unwichtigen getrennt
ist, kann man sich von letzterem lösen.

Befreien Sie sich von belastenden Gefühlen, unnützen Handlungen,
veralteten Denkmustern und nutzlosem Besitz. Leben Sie leicht, ohne
Sorgen, mit viel Kraft und Zeit für neue schöne Dinge.


## Verschaffen Sie sich Klarheit!

*Worum es geht*: Sie wollen sich darüber klarwerden, was Sie alles
an (körperlichem, seelischem, geistigem, zwischenmenschlichem,
sozialem …) Ballast mit sich herumtragen. Sie wollen herausfinden, von welchen dieser Lasten Sie sich trennen können, ohne
daß es Ihnen Nachteile bringt.

*Wie Sie sich einstimmen*: Brühen Sie sich einen wohlschmecken-
den Tee auf. (Wie wäre es mit »Ostfriesentee mit Kluntjes«?)
Begeben Sie sich an einen Ihrer Wohlfühlorte, und entspannen
Sie sich.

*Tun Sie das*: Fühlen Sie in sich hinein. Betrachten Sie im Geiste die
hinter Ihnen liegenden Wochen, Monate und Jahre. Fahnden Sie
nach allem, was Ihr Leben belastet (Menschen, Besitz, Geschehnisse, Gefühle, Träume, Phantasien …).

Schreiben Sie diese »Belastungen« auf: _____

_____

_____

_____

_____

Fragen Sie sich:

Warum fühle ich mich davon belastet? (Weil es mich Zeit kostet; weil es mir Kraft raubt; weil ich Angst habe; weil es mir leid tut; weil ich immer daran denken muß; weil mein Leben dadurch kompliziert wird …) _____

_____

_____

_____

Welche von diesen Belastungen *kann* ich in meinem derzeitigen Leben *nicht aufgeben*? (Menschen, Besitz, Geschehnisse, Gefühle, Träume und Phantasien, die Ihr Leben bereichern, ohne es übermäßig zu belasten, sollten Sie behalten. Es zu behalten bedeutet aber auch, daß man es pflegt und sich darum kümmert. Was Sie nicht aufgeben können, das sollten Sie tadellos in Schuß halten, ganz gleich, ob es sich um ein Fahrrad oder eine Beziehung zu einem lieben Menschen handelt.)

_____

_____

_____

Welche *möchte* ich *nicht aufgeben*? (Hierbei handelt es sich um Anteile Ihrer Lebenswelt, die Ihnen zwar keinen Nutzen mehr bringen, die für Sie aber einen Wert an sich haben und die Sie nur wenig belasten; etwa alte Photographien, die Sie alle Jubeljahre einmal hervorholen, oder die Mitgliedschaft im Heimatverein, die Sie nichts kostet und an dessen Treffen Sie nur selten teilnehmen.) _____

_____

_____

_____

Welche möchte ich *loswerden*? (Das sind all die Anteile Ihrer Lebenswelt, die ihren Sinn und Nutzen für Sie verloren haben. Anstatt Ihr Leben schöner, sinnvoller oder leichter zu machen, belasten Sie diese Dinge).

Machen Sie auf einem Blatt Papier drei Spalten. Schreiben Sie in die erste Spalte alles, was Sie nicht aufgeben können; in die zweite alle Dinge, die Sie nicht aufgeben möchten, und in die dritte alles, was Sie loswerden wollen. Heben Sie diese Liste auf (z. B. als Lesezeichen in diesem Buch), und aktualisieren Sie sie bei Bedarf.

---

### Ostfriesentee mit Kluntjes

1 Teelöffel Assamtee mit soviel kochendem Wasser übergießen, daß die Teeblätter gerade bedeckt sind (etwa 50 Milliliter), 3 Minuten ziehen lassen, 100 Milliliter kochendes Wasser zugießen und abseihen.

3 bis 5 Kluntjes (Kandiszucker) in eine Tasse geben, den Tee darüber gießen und 30 bis 50 Milliliter fettarme Kaffeesahne oder Milch vorsichtig über einen Löffelrücken in den Tee fließen lassen, so daß sich Tee und Kaffeesahne bzw. Milch möglichst wenig mischen. Jeder Schluck schmeckt anders und inspiriert zu neuen Ideen.

---

Die unmittelbare Welt, in der Sie leben, die Sie direkt angeht (also Sie selbst, Ihr Körper, Ihr Besitz, Ihre Kinder, Enkel, Eltern, Verwandten, Ihre Pläne, Wünsche und vieles mehr), ist die Konsequenz Ihres Lebens, seine Essenz, denn sie hat sich aus Ihrem Denken und Handeln heraus entwickelt.

ORDNUNG SCHAFFEN

Diese »Konsequenz Ihres Lebens« ist Ihr ganzes Kapital, das Sie haben, es ist Ihr wertvollster Schatz. Doch ohne jede Ordnung macht dieser Schatz Ihr Leben schwerfällig, kompliziert und unübersichtlich. Unübersichtlichkeit und Schwerfälligkeit äußern sich z. B. in Bergen liegengebliebener Arbeit und Stößen geplanter, aber noch nicht in die Tat umgesetzter Vorhaben: der Stapel unerledigter Korrespondenz auf dem Schreibtisch; der bereits seit Jahren nicht mehr aufgeräumte Keller; die den eigenen Kindern und Enkeln gegebenen und immer noch nicht eingehaltenen Versprechen. Von alledem fühlen Sie sich überrollt, gegängelt, gefangen, festgehalten. All das raubt Ihnen Motivation, Kraft und Zeit zum Leben. Das Gegenmittel heißt »aufräumen«.

*Gebraucht der Zeit, sie geht so schnell von hinnen! Doch Ordnung lehrt euch Zeit gewinnen.*

Johann Wolfgang von Goethe, *Faust I*

Der Sinn des Aufräumens besteht darin, Ihre ganz private Lebenswelt – die unmittelbare räumliche Umwelt, die Sie etwas angeht, für die Sie sich verantwortlich fühlen – überschaubar zu machen. Sie werden sehen, daß sich mit dem Aufräumen Ihrer Lebenswelt auch Ihr Geist klärt.

Aufräumen, Ordnung schaffen, das erfordert eine Menge Arbeit und sehr viel Mut. Doch jetzt haben Sie neben dem nötigen Wissen auch die Zeit und das Geld, um sich zu neuen Ufern aufzumachen. Jetzt können Sie in Ihrem Leben aufräumen. Kreativen Senioren eröffnet sich in einem übersichtlichen und aufgeräumten dritten Lebensabschnitt eine bunte Vielfalt neuer Perspektiven. Als Belohnung winkt eine innige Freude am Leben; das Leben wird leichter, freier und oft von einem völlig neuen Lebensgefühl bestimmt. Wenn erst einmal Ordnung geschaffen ist, fällt es Ihnen leichter zu entscheiden, wovon Sie sich trennen, was Sie behalten und wo Sie mit neuer Kraft voll einsteigen wollen.

## Tips

### Wo mit dem Ordnungschaffen beginnen?

Fangen Sie im Außen an, Ordnung zu schaffen, und gehen Sie von da nach innen. Schaffen Sie zunächst Ordnung in Ihrer Wohnung, Ihrem Keller, Ihrer Garage, Ihrem Auto. Suchen Sie Ihren Kleiderschrank durch. Hängen Sie z. B. Ihre neuen Kleider auf die rechte Seite des Kleiderschranks, die alten auf die linke, und sortieren Sie alle Kleidungsstücke aus, die Sie länger als zwei Jahre nicht mehr getragen haben. Als nächstes sind Ihre Schubladen, Schränke und Regale dran. Dann räumen Sie in Ihren Unterlagen auf, in Ihren Versicherungen, Finanzen und in Ihren Beziehungen. Schließlich schaffen Sie Ordnung in Ihrem Denken.

Meist kehrt auch in Ihrem Denken Ruhe und Ordnung ein, wenn Sie Ihre Lebenswelt ordnen. Sie können jedoch nachhelfen und in Ihrem

Denken ebenfalls danach Ausschau halten, was für Sie wichtig, was unwichtig und was überflüssig ist:

*Wichtig* ist Ihr aktuelles Wissen, z. B. Telefonnummern, Kontonummern, wann Ihr Flugzeug in den Süden abfliegt, die Vorlieben Ihrer/s Liebsten. *Unwichtig* ist Wissen, an das Sie sich zwar noch erinnern, das aber keine Rolle mehr in Ihrem Leben spielt, z. B. die Kennzeichen von Automobilen, die Sie einmal besaßen, oder das Wetter von vorgestern. *Überflüssig* ist Wissen, das Ihren aktuellen Lebensfluß stört, wie etwa Weltanschauungen und Moralvorstellungen, die sich überlebt haben, und alle Informationen, die sich gegen Ihren Willen Zutritt zu Ihrem Gedächtnis verschafft haben und Ihre Konzentration stören, z. B. Ohrwürmer, Sprüche aus der Werbung, banale Liedertexte.

Es ist nicht leicht, sich des störenden Wissens wieder zu entledigen. Bewußt vergessen, das geht nicht. Sie können aber überflüssiges Wissen langsam austrocknen, indem Sie es einfach nicht beachten.

## Die Kraft der Bach-Blüten

- Vertreiben Sie plötzliche Unsicherheit mit *Mimulus*, *Elm* und *Larch*.
- Beseitigen Sie nachlassendes Interesse mit *Wild Oat* und *Scleranthus*.
- Wehren Sie sich gegen aufkeimende Unordnung mit *Crab Apple*.

## Meditation, Yoga und Ayurveda

Lassen Sie sich beim Ordnen Ihres Lebens auch von anderen ganzheitlichen Methoden helfen. Besonders gut geeignet sind Meditation, Yoga und Ayurveda. Seien Sie sich jedoch im klaren, daß alternative Heilmethoden nicht bei allen Menschen in gleicher Weise helfen und daß es auch Methoden gibt, auf die Sie gar nicht reagieren. Ziehen Sie eventuell einen Fachmann zu Rate. Wenn die Besserung bei der einen Methode ausbleibt, dann probieren Sie einfach die nächste Methode aus. Sobald Sie eine Vorgehensweise gefunden haben, die Ihnen hilft, vertiefen Sie diese, und nehmen Sie sie in Ihren Lebensalltag auf.

BALLAST
ABWERFEN

*Mit einem letzten schwachen Donnern verabschiedet sich das Gewitter aus dem Tal des Wolfgangsees. Plätschernd, gurgelnd und tropfend beeilt sich das Naß, Dächer, Straßen und Bäume wieder zu verlassen. Die Natur ist erneut klar, sauber und einfach. Hinter den abziehenden Wolken wartet bereits die Spätsommersonne. Auch Sie wünschen sich Klarheit und Reinheit, Einfachheit und Übersicht für Ihr Leben. Ihren Geist wollen Sie entrümpeln – ganz fest haben Sie es sich vorgenommen. Sie stehen am Geländer Ihres Balkons und blicken hinaus auf den See. Drüben an den Hängen der Berge malt die Sonne schon wieder leuchtende, grüne Flecken in Wald und Wiesen.*

*Einfachheit steht für Freude und Glück. Und wo Freude und Glück ist, da fehlt nichts. Also weg mit all dem Ballast, der Ihren Geist zu Boden drückt! Sie wissen auch schon, was Sie alles weglassen werden, wovon Sie Ihre Seele entlasten wollen. Ein Thema nach dem anderen taucht vor Ihrem geistigen Auge auf – und wird von Ihnen über das Geländer des Balkons geworfen. Und plötzlich spüren Sie es wieder … dieses Gefühl von Freiheit und Leichtigkeit, von Glückseligkeit und Sorglosigkeit, das Sie seit Kindertagen so schmerzlich vermißt haben.*

Ein einfaches Leben ist ein leichtes Leben. Einfachheit hat nichts zu tun mit Primitivität und Armut. Überlegen Sie sich einmal, auf wie viele der Dinge, die Sie Zeit kosten, Ihnen Streß bereiten und Arbeit machen, Sie verzichten können, ohne daß Ihr Leben einen wirklichen Qualitätsverlust erleidet. Wie Hildegard Ressel in ihrem Buch *Was ich wirklich brauche* sehr schön ausführt, entspringen viele Probleme unseres Lebens, die mit einem Zuwenig an Zeit und einem Wirrwarr an Erledigungen zu tun haben, einer Mehr-ist-besser-Mentalität: »So füllen sich unsere Wohnungen, Schränke, Keller, Speicher und Garagen mit den Attributen dieser Einstellung. Schließlich verstopfen sie nicht nur unsere Umgebung, sondern auch unseren Lebensfluß. Jeder Besitz, der uns nicht dient und den wir nicht nutzen, behindert unsere Energie. Trotzdem fällt es den meisten sehr schwer, sich vom Überfluß zu trennen. Dahinter steht die tief verinnerlichte Befürchtung, daß jede Reduzierung zu einer Entbehrung, einem Mangel werden könnte.«[5]

Sie haben Ordnung in Ihre nähere Umwelt, Ihr Fühlen und Denken gebracht. Nun ist es an der Zeit, sich von Überflüssigem zu trennen, das eigene Leben zu entrümpeln. Nur wer alles, was ganz sicher nicht mehr zu gebrauchen ist, aus seinem Wirkkreis entfernt, wird sein Leben jetzt tatsächlich einfacher gestalten

*Die Basis einer gesunden Ordnung ist ein großer Papierkorb.*
Kurt Tucholsky

können. Bereits die ersten Aufräumaktionen belohnen mit mehr Einfachheit, Unbeschwertheit und Leichtigkeit. Allerdings müssen Entscheidungen getroffen werden. Es muß entschieden werden, wovon man sich trennen und was man behalten will. Das ist für viele Menschen gar nicht so leicht.

Ballast abwerfen werden Sie sowohl in Ihrer räumlichen Umgebung als auch in bezug auf Ihre Überzeugungen, Ihr Wissen, Ihre Beziehungen, Ihre finanziellen Verpflichtungen, Ihre Klub- und Vereinsmitgliedschaften. Ballast abwerfen heißt, was den Geist anbelangt, nur Wissen zu akzeptieren, das sicher ist. Es heißt auch, sich nicht von Vermutungen, Gerüchten und unbegründeten Befürchtungen den Blick auf seine wahren Möglichkeiten verstellen zu lassen. Für die Seele bedeutet »Ballast abwerfen«, den Ist-Zustand der Welt vorbehaltlos zu akzeptieren, nicht mehr zu betrauern, was nicht war oder nicht mehr zu ändern ist, und sich von Vorhaben abzuwenden, die nicht zu verwirklichen sind.

Entrümpelt man Geist und Seele, so schafft das eine neue Klarheit des Denkens und Fühlens. Doch Klarheit ist kein statischer Zustand. Diese Klarheit des Geistes und der Seele ist eine Entwicklung. So wie eine Wohnung immer wieder gereinigt werden muß, weil es staubig wird und sich Müll ansammelt, muß auch Einfachheit und Klarheit immer wieder aufs neue hergestellt werden. Jede Änderung im Leben führt automatisch zu neuem Ballast. Wo gehobelt wird, fallen Späne ... wo gelebt wird, sammelt sich Ballast an.

## Tips

### Ballast abwerfen heißt

- sich von Dingen trennen, die weder einen aktuellen noch einen absehbaren Nutzen für Sie haben und an denen auch Ihr Herz nicht hängt

- keinen Idealen mehr hinterherlaufen, die nicht einzuholen sind (»Ich bin zu klein, zu dick, zu alt …«). Schluß damit!
- aufhören, nach den Vorgaben anderer Menschen oder der Werbung zu leben. Machen Sie Schluß damit, vor anderen zu Kreuze zu kriechen. Geben Sie es auf, anderen Menschen alles hinterherzuräumen
- sich nicht über das ärgern, was ohnehin nicht mehr zu ändern ist. Nehmen Sie statt dessen die Realität ins Visier

## Im Alltag beginnen

Je mehr Unnützes Sie ablegen und aus Ihrem Leben verbannen, desto übersichtlicher wird Ihr Alltag, desto leichter wird es für Sie, wieder Freude an den einfachen Dingen des Lebens zu finden:

- Überfrachten Sie Ihr Gehirn nicht mit allen möglichen unzusammenhängenden Informationen. Schaffen Sie statt dessen Zusammenhänge. Suchen Sie nach den Mosaiksteinchen, die Ihr Lebenskunstwerk vervollständigen.
- Sie können nur dann Ordnung in Ihrem Leben schaffen, wenn Sie lernen, Unwichtiges von Wichtigem zu unterscheiden. Achten Sie also auf Überflüssiges.
- Verschaffen Sie sich einen Überblick über das, was Sie in den nächsten Stunden, Tagen, Wochen und Jahren vorhaben.

## In der Seele ausmisten

All die Sorgen über Mißstände, die Sie sowieso nicht ändern können – weg damit! All die Hoffnungen, die Sie mit Aufmerksamkeit und Liebe nährten und die immer wieder aufs neue enttäuscht wurden – vergessen Sie sie! All die erlernten Verhaltensregeln und überkommenen Moralvorstellungen, die sich überlebt haben und an die sich ohnehin niemand hält – in den Müll damit!

Räumen Sie in Ihrem Leben auf. Schaffen Sie sich Luft für Neues. Es ist schmerzlich und schwer, sich von Überzeugungen und Einstellungen zu trennen, die man ein Leben lang gepflegt hat und für die man argumentiert und gestritten hat. Wenn jedoch solche Überzeugungen nicht mehr in Ihr heutiges Leben passen, dann lassen Sie sie einfach los. Vielleicht lebt es sich so leichter.

Gehen Sie auf Abstand, wenn Ihnen beim Entrümpeln die Übersicht abhanden kommt:

- Gehen Sie im Wald spazieren.
- Packen Sie Ihre Koffer, und fliegen Sie Ihrem Ballast davon.
- Verleihen Sie Ihrer Phantasie Flügel, und segeln Sie in Ihr Traumparadies.

## Die Freude an einfachen Dingen

Freude an einfachen Dingen zu haben heißt, die Tasse Kaffee auf dem Balkon entspannt zu genießen; leichten Herzens durch die Straßen der Stadt zu spazieren; mit Freunden einen Radausflug zu machen; am Ufer des Sees zu sitzen und dem Spiel von Sonne und Wolken zuzusehen; sich abends zufrieden schlafen zu legen und am Morgen gesund, frisch, erholt und voller Tatendrang aufzuwachen.

## Jeder kann sich irren

Viele Menschen tragen in ihrer Seele eine ganz besonders kantige Last mit sich herum. Es ist das starke Bedürfnis, immer recht haben zu müssen. Immer recht haben zu müssen bringt Ihnen nie, was Sie eigentlich suchen. Immer recht haben zu müssen macht Ihr Leben kompliziert, macht Sie steif und unbeweglich. Werfen Sie diesen Ballast über Bord! Sie werden überrascht sein, wie leicht es sich lebt ohne das tonnenschwere Bündel an Pseudokompetenz auf dem Rücken.

Auch in diesem Alter dürfen Sie sich irren. Jeder irrt sich, und keiner ist unfehlbar. Oft läßt sich ein und dieselbe Situation auf viele verschiedene Weisen beurteilen, und jede ist auf ihre Art richtig. Gehen Sie, wenn Sie sich geirrt haben, auf die Menschen zu. Wenn nötig, entschuldigen Sie sich; gewinnen Sie so neue Freunde und eine neue Sicht der Dinge.

Gerade diese Lebensphase zeichnet sich dadurch aus, daß wir vieles nicht mehr müssen: wir müssen nicht mehr jung aussehen; wir müssen nicht immer und ewig schön sein; wir müssen keine Kinder von der Schule abholen; wir müssen nicht mehr immer und überall unseren Mann oder unsere Frau stehen.

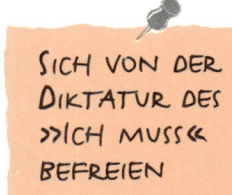

SICH VON DER DIKTATUR DES »ICH MUSS« BEFREIEN

Statt dessen eröffnen sich uns wieder neue Bereiche, in denen wir die Möglichkeit haben, etwas dann zu tun, wenn wir es wollen: wir *können* uns wieder Zeit für die Erfüllung unserer Wünsche nehmen; wir *können* uns wieder um unseren Körper und unsere Seele kümmern; wir *können* wieder auf unsere Partner zugehen, ohne die Last des Müssens im Hintergrund zu spüren; wir *können* unsere Trauer und Wut zugeben, wenn unser Leben nicht so gelaufen ist, wie wir es uns im Alter von siebzehn Jahren vorgestellt haben. Wir dürfen wieder Freude und Mut spüren, wenn wir von Zeiten sprechen, die vor uns liegen.

Unsere Lebenszeit ist endlich. Je weniger wir davon haben, desto wertvoller wird sie. Wir sollten aufhören, unsere kostbare Lebenszeit mit all dem »Müssen« zu füllen. Denn das löst keine Probleme...

## Tips

### *»Ich muß« ist oft nur Gewohnheit*

Werden Sie sich klar, daß hinter den meisten Dingen, die Sie tun »müssen«, kein Zwang, sondern Gewohnheit oder Bequemlichkeit steht. Sie haben das Gefühl, etwas tun zu müssen, weil Sie es so gewohnt sind oder weil Sie sich unangenehme Folgen ausrechnen, wenn Sie es unterlassen. Das einzige, was Sie wirklich einmal müssen, ist sterben. Alles andere hängt davon ab, wie wichtig es Ihnen ist, und das ergibt sich aus Ihren Lebensumständen und Ihren Erfahrungen. Vieles, von dem Sie glauben, daß Sie es tun »müssen«, ist in Wirklichkeit weder dringend noch drängend. Oft sind es nur Vorstellungen, die Ihnen anerzogen wurden – und die lassen sich ändern.

### *Vom »Ich muß« zum »Ich will«*

»Ich muß« ist problemorientiert. Es führt in die Erklärungen für Probleme hinein, aber nicht aus den Problemen heraus: »Ich muß ..., weil ...« »Ich will ...« ist dagegen zielorientiert: »Ich will ..., um zu ...« Jedes »Ich will« bringt Sie einem Ziel näher, in dem das zugrundeliegende Problem gelöst ist. »Ich will« trägt daher die Vorfreude auf das Ziel bereits in sich. Das gibt Energie und Auftrieb, die bei »Ich muß« fehlen. Nicht der Ärger über den Druck des Müssens oder Nicht-

Dürfens, sondern die Freude darüber, daß Sie ein Ziel erreichen, weil Sie es wollen, soll Ihr Leben bestimmen. Jedes »Ich muß« tyrannisiert Sie. Jedes »Ich will« bringt Sie voran, Ihrem Ziel ein Stück näher. Werden Sie sich über diesen gewaltigen Unterschied klar, führen Sie ihn sich deutlich vor Augen. Durch eine einfache Änderung Ihrer Perspektive befreien Sie Ihr Leben von einem Großteil des gewohnten Verdrusses und Stresses und machen Ihre Zeit lebenswerter und froher.

Ordnen Sie Ihre »Ich muß« in die drei Bereiche: *wichtig, erwünscht* und *unwichtig*. Was weder wichtig noch erwünscht ist, sollten Sie aus Ihrem Leben streichen. Wichtige und erwünschte »Ich muß« formen Sie um in »Ich will«.

*Beispiele*: Aus »Ich muß pünktlich sein, weil ich sonst den Beginn der Theatervorstellung versäume« wird »Ich will pünktlich sein, weil ich das ganze Theaterstück sehen möchte und dabei nicht unter Druck geraten möchte«. Oder aus »Ich muß um halb sieben aufstehen, weil ich im Wald joggen muß« wird »Ich will um halb sieben aufstehen, weil Joggen im morgendlichen Wald gesund ist und mir großen Spaß macht«. Oder aus »Ich muß meine Katze füttern« wird »Ich will mich um meine Katze kümmern, weil ich für sie verantwortlich bin und ihre Gegenwart mir Freude bereitet«.

### »Ich darf nicht«

Fallen Sie nicht auf »Ich darf nicht« herein! »Ich darf nicht« ist der kleine Bruder von »Ich muß«. Machen Sie Ihr »Ich darf nicht« zu einem »Ich will«!

Während er heranwächst, lernt der Mensch, selbständig zu werden und sich um seine eigenen Angelegenheiten zu kümmern. Je nach Anlage und Erfahrung entwickelt ein Mensch mehr oder weniger Eigeninitiative. Selbständigkeit ist zu einem erheblichen Teil anerzogen. Doch wie steht es mit dem Gegenteil von Selbständigkeit? Kann auch Unselbständigkeit anerzogen sein? Dieser Frage ging der amerikanische Psychologe Seligmann bei seinen Versuchen zur »erlernten Hilflosigkeit« nach.[6] Als Versuchstiere benutzte er Hunde. An ihnen

RAUS AUS DER FALLE DER ERLERNTEN HILFLOSIGKEIT!

wollte Seligmann herausfinden, ob sich Selbständigkeit und Unselbständigkeit anerziehen lassen.

Hier sein Ergebnis in Kürze: Menschen reagieren in bestimmten Situationen so, wie sie es in früheren Situationen der gleichen Art gelernt haben. Wurden Menschen zur Unselbständigkeit erzogen, dann suchen sie selbst in Problemsituationen, die für sie lösbar gewesen wären, nicht nach Lösungen. Statt ihr Gehirn einzuschalten, kramen sie lieber nach Ausreden. Es ist klar, daß sie dann mit der vermeintlich unlösbaren Situation nicht zurechtkommen. Ein Teufelskreis beginnt.

Sie sitzen in der Falle der erlernten Hilflosigkeit,

- wenn Sie an einer Situation scheitern, die von anderen Menschen mit vergleichbaren Voraussetzungen bereits ohne nennenswerte Probleme bewältigt wurde
- wenn Ihnen im nachhinein klar wird, wie einfach die Lösung für eine problematische Situation gewesen wäre

## Tips

### Selbständig bleiben, so lange es geht

Oft werden alte Menschen von der Gesellschaft für schwach, krank und unfähig erklärt. Alter wird mit Unselbständigkeit gleichgesetzt. Hilflosigkeit wird erwartet. Machen Sie sich dieses Zerrbild des dritten Lebensalters nicht zu eigen. Vermeiden Sie es, hilflos zu sein. Sorgen Sie, so lange es geht, für sich selbst. Selbständigkeit erhält gesund und geistig fit.

### Dem Käfig erlernter Hilflosigkeit entfliehen

Sie sollten jedes Scheitern zum Anlaß nehmen, von nun an genauer auf Anzeichen der erlernten Hilflosigkeit zu achten. Sobald sich bei Ihnen Gedanken wie »Ach, das kann ich ja sowieso nicht!«, »Wie soll ich das nur schaffen?« oder »… in meinem Alter?« einschleichen, merken Sie, daß die Falle der erlernten Hilflosigkeit gerade zugeschnappt ist. Dennoch:

- Jedes Problem trägt den Ansatz seiner Lösung bereits in sich. Suchen Sie auch da noch nach Lösungen, wo es zunächst aussichtslos erscheint.
- Tilgen Sie aus Ihrem Wortschatz Sätze wie: »Ich kann nicht«, »Es geht nicht«, »Dafür bin ich zu unbegabt« oder »Dafür bin ich schon zu alt«.
- Wenn es Ihnen selbst mit der Weisheit Ihrer Jahre nicht gelingt, das Problem zu lösen, dann umgehen Sie es.

## Hafer für einen klaren Kopf

Das pflanzliche Heilmittel *Avena sativa* N1 (Hafer) hilft nicht nur gestreßten Managern, ihre Firmen und Angestellten in den Griff zu bekommen, und Schülern bei ihren Prüfungsvorbereitungen, sondern auch Ihnen, wenn es darum geht, im Leben den Überblick zu behalten. Nehmen Sie von der Tinktur mehrmals täglich 5 bis 10 Tropfen. Auch ein Haferstroh-Bad beruhigt und schafft einen klaren Kopf.

---

### Haferstroh-Bad

100 Gramm gehäckseltes Haferstroh in 3 Litern Wasser 20 bis 30 Minuten kochen, abseihen und dem Badewasser zugeben.

---

## DAS WILL ICH TUN:

Ich werde meine Seele von Ballast befreien (blättern Sie das Kapitel »Die Seele von Ballast befreien« noch einmal durch, und beachten Sie Ihre persönlichen Notizen).

Themenbereiche, die ich ordnen werde: _____
_____
_____
_____

Ballast, den ich loswerden will: _____
_____
_____
_____

»Ich muß«, die ich in »Ich will« umwandele: _____

_____

_____

»Ich muß«, die ich ganz ablege: _____

_____

_____

Situationen der erlernten Hilflosigkeit in meinem Leben: _____

_____

_____

Wie ich diese Situationen überwinde: _____

_____

_____

_____


## *Bücher, die Ihnen weiterhelfen*

Ackermann, Rita: *Ab heute tu ich, was ich will. Mit Mentaltraining das Leben bewußt gestalten.* München 1997.
Lautner, Helmut: *Nimm dir einfach mehr vom Leben.* Stuttgart 1998.
Ressel, Hildegard: *Was ich wirklich brauche. Inneren und äußeren Ballast abwerfen und wieder unbeschwert leben.* Bern/München/Wien 1998.
Vanzant, Iyanla: *Zwischenzeit. Die Liebe, die du suchst, ist in dir.* München 1999.

# MIT SICH INS REINE KOMMEN

*Das Gewitter ist weitergezogen. Und die Sonne scheint wieder, strahlt durch die regennassen Bäume, läßt den Boden dampfen. Die Stimmung der Natur lädt zum Laufen ein. In Jogging-Anzug und Laufschuhen gehen Sie hinaus an die noch regenfeuchte Luft, eilen durch den Garten an den tropfenden Apfelbäumen vorbei und stehen am Wolfgangsee. Leicht wie eine Feder fühlen Sie sich. Ihre Seele ist seit langer Zeit wieder frei von quälenden Sorgen. In Ihrem Bauch kribbelt es wie in Kindertagen, als ein warmer Sommerregen noch etwas ganz Besonderes war und Sie sich schon die ganze Woche auf Papas Lagerfeuer im Garten freuten. Verstohlen blicken Sie sich um, ziehen Ihre Laufschuhe aus, nehmen sie in die Hand und gehen barfuß am See entlang. Feuchter Sand unter Ihren Füßen, ab und zu Schlamm vom Ufer, dann wieder eine säubernde Pfütze, nasses Gras. Es sind diese einfachen Gefühle der Verbundenheit mit dem Boden, auf dem Sie laufen, gehen und stehen, die Sie so lange vermißt haben. Sie ruhen ganz in sich selbst ... und zugleich in der Welt, im Leben. Sie lächeln, während Sie unter Ihren Fußsohlen die ganze Welt spüren. Und die Heiterkeit scheint sich auf alle Gegenstände, Pflanzen und Tiere in Ihrer Nähe zu übertragen. Auch auf das kleine schwarzbraune Hündchen, das Sie schwanzwedelnd überholt.*

*Anscheinend nutzen auch noch andere Urlauber die vom Gewitter gereinigte Luft zu einem Spaziergang. Der kleine Hund läuft zurück zu einer Dame mit sportlicher Figur und elegantem Laufanzug. Ihr Alter läßt sich schwer schätzen. Da, ein erhobener Arm und der Ruf: »He Strebie!« Für einen Moment glauben Sie, die sportliche Dame könnte Sie gemeint haben. Doch schon biegt sie im schnellen Lauf in einen Waldweg ein, gefolgt von ihrem Hündchen ...*

Ihr drittes Alter ist wie geschaffen dafür, Ihr bisheriges Leben noch einmal Revue passieren zu lassen. Jetzt sind Sie reich an Erfahrung. Ihr Wissensschatz wartet darauf, in einem Veredelungsprozeß zu einem sinnhaften Ganzen, zu Weisheit, geformt zu werden.

## VERSCHAFFEN SIE SICH KLARHEIT!

*Worum es geht*: Sie wollen Ihr bisheriges Leben betrachten.
*Wie Sie sich einstimmen*: Machen Sie sich fit mit einem köstlichen Yogi-Tee. (Wie wäre es mit »Arizona's Desert auf Honig«?) Begeben Sie sich an einen Ihrer Wohlfühlorte, machen Sie es sich bequem, und entspannen Sie sich.
*Tun Sie das*: Fragen Sie sich:

Wer bin ich? Wie würde ich mich selbst beschreiben? _____

_____

_____

_____

_____

Wie bin ich zu dem geworden, was ich bin? _____

_____

_____

_____

_____

Unter welchem Oberbegriff kann ich meine persönliche Vergangenheit zusammenfassen? _____

_____

_____

_____

---

### Arizona's Desert auf Honig

**Zutaten:**

1 ½ TL »Arizona's Desert«- (oder
»Kashmir Khali-Kahwa«-) Teemischung
1 TL Honig
150 ml fettarme Kaffeesahne oder Milch
Ingwerpulver

*So wird's gemacht:* Übergießen Sie den Tee mit 300 Milliliter kochendem Wasser, lassen Sie ihn 2 Minuten ziehen, geben Sie den Honig unter Rühren hinzu, bis er sich aufgelöst hat, und seihen Sie das Ganze in ein Glas ab. Mit fettarmer Kaffeesahne oder Milch auffüllen und mit 1 Messerspitze Ingwerpulver bestreuen.

---

Bilanz aus dem bisherigen Leben ziehen bedeutet, eigene Stärken und Schwächen klar zu erkennen, zuzugeben und zu bewerten. Es bedeutet auch, seine langfristigen Lebensstrategien zu entdecken, die Richtung der eigenen Entwicklung zu begreifen, Sinnbezüge herzustellen zwischen gestern und heute, zwischen Träumen und Realität, zwischen den eigenen Ansprüchen und denen anderer Menschen. Bilanz aus Ihrem Leben ziehen heißt vor allem, Ihr Leben genau zu betrachten. Und das ist eine sehr private Angelegenheit. Da Sie als Person nur vor sich selbst Rechenschaft ablegen und vor niemandem sonst, kommt es vor allem auf Ihre Meinung über sich selbst an. Der Kassensturz Ihres Lebens geht nur Sie etwas an. Sie sind Ihr eigener Kritiker und Richter, denn es ist sonst niemand da, der Ihnen so nahe ist, der all Ihre Motive und Beweggründe so gut kennt und versteht wie Sie selbst. Vor allem aber müssen *Sie* allein mit den Konsequenzen Ihres inneren Kassensturzes leben.

**BILANZ ZIEHEN**

Was es Ihnen bringt, wenn Sie Bilanz aus Ihrem Leben ziehen:

- Sie werden Ihre Schwächen und Stärken klar erkennen.
- Sie gewinnen an Selbstsicherheit.
- Fesseln und Blockaden in Ihrer Selbstentfaltung schwinden.
- Ihr Leben wird unkomplizierter.
- Sie werden glücklicher.

# *Tips*

## *So ziehen Sie Bilanz*

Lassen Sie Ihr Leben Revue passieren. Arbeiten Sie die Hauptbereiche heraus: Ihre Gesundheit, Ihre Arbeit, Ihre Familie, Ihre seelische und geistige Weiterentwicklung … Orientieren Sie sich an der Übung »Verschaffen Sie sich Klarheit« (siehe Seite 180). Auch die Übung »Das geistige Tagebuch« (siehe Seite 138f.) ist hier hilfreich. Nehmen Sie alte Tagebücher, Liebesbriefe und Zeugnisse zu Hilfe. Vergessen Sie Ihre Träume nicht … und auch nicht Ihre Hoffnungen und Pläne. Lassen Sie Ihr Leben noch einmal vorüberziehen. Betrachten Sie es.

Fragen Sie sich unvoreingenommen, wie Ihr Heute entstanden ist. Ist es aus Ihrem Handeln erwachsen? Beruht es auf Zufall? Welche Folgen früherer Handlungen waren wirklich beabsichtigt? Betrachten Sie die Ursache-Wirkungs-Zusammenhänge Ihres Schicksals ohne Schuldzuweisungen. Die Summe Ihrer Vergangenheit, das sind Sie. Bilanz zu ziehen heißt, sich selbst so richtig kennenzulernen, ganz gleich, was dabei herauskommt.

## *Die Gefühle nicht vergessen*

Bilanz zu ziehen fordert nicht nur Ihr Denken, sondern auch Ihr Fühlen. Nicht alles läßt sich in Worte fassen.

## *Objektiv bleiben*

*Sie* betrachten Ihr Leben und niemand sonst. Daher haben Sie allein es in der Hand, wie Ihre Bilanz ausfällt. Gestalten Sie Ihre Lebensbilanz objektiv, seien Sie milde zu sich selbst. Erinnerungen sind nicht dazu da, um uns weh zu tun, sondern um uns zu helfen, es in Zukunft besser zu machen.

## *Die Vergangenheit akzeptieren*

Ihre Vergangenheit können Sie nicht ändern. Aus Ihrem persönlichen Schicksal können Sie nicht heraustreten wie aus einem Zimmer oder austreten wie aus einem Verein. Ihr persönliches Schicksal, das sind Sie! Akzeptieren Sie daher Ihre persönliche Lebensgeschichte, aber setzen

Sie all Ihre Kräfte ein, um daraus eine schöne Gegenwart und eine noch schönere Zukunft zu gestalten.

## Bilanzen für Vergangenes – Pläne für die Zukunft

Während die Vergangenheit fest geformt ist, läßt sich die Zukunft trotz eindeutig erkennbarer Tendenzen noch ändern. Bilanzen können sich daher nie auf die Zukunft beziehen (etwa in dem Sinne »Ich habe sowieso keine Chance bei ...«).

## Heilsalze helfen bei Angst

Wenn Sie Angst vor den Tiefen der eigenen Seele haben, kann Ihnen das Schüßler-Salz *Kalium Sulfuricum* in der Potenz D6 helfen. (Lassen Sie 3mal täglich 2 Tabletten im Mund zergehen, bis sie sich aufgelöst haben.)

## Bach-Blüten als Orientierungshilfe

Lassen Sie sich von Bach-Blüten helfen, wenn Sie bei der Reise in Ihre Vergangenheit nicht mehr weiterkommen.

- Wenn Sie zu starker Selbstkritik neigen, relativieren *Pine* und *Beech*.
- Wenn Ihnen die Erinnerung an früher schlechte Laune macht, stärkt *Mustard*.
- Wenn Sie Angst haben, sich für Vergangenes verantwortlich zu fühlen, bringen *Elm*, *Cerato* und *Mimulus* Mut und Kraft.

## Weitere Methoden

Lassen Sie sich vom indischen Ayurveda-Heilwissen helfen, wenn die Vergangenheit blockiert ist oder die Erinnerung Angst macht. Umschiffen Sie mit Meditation die Klippen der Trägheit, Lustlosigkeit und Gleichgültigkeit. Unterstützen Sie sich selbst mit Autosuggestion, wenn Sie beim Bilanz-Ziehen steckengeblieben sind.

Es steckt ein wertvoller Schatz in Ihnen. Er strahlt durch Ihre Blicke und offenbart sich in Ihren Worten. Ihr wahrer Reichtum ist die Summe Ihrer Erfahrungen: das Wissen aus vielen Jahrzehnten gelebten Lebens.

Stellt man die lebenslange Entwicklung von Körper und Geist als Linien in einem Diagramm dar, dann geht die Linie des Körpers mit den Jahren immer weiter nach unten, während die Linie des Geistes immer mehr zu ihrem Optimum ansteigt. Je älter Sie werden, desto mehr nimmt Ihr körperliches Aktionsfeld ab, während sich Ihr geistiges Aktionsfeld vergrößert. Das heißt, mit zunehmendem Alter dürfen Sie mehr und mehr aus Ihrer Seele leben. Wenn in Ihrem Geist die Sonne scheint, dann mag der Herbst des Körpers ruhig kommen. Wenn Sie dagegen Ihr Selbstbewußtsein zu stark am Zustand Ihres Körpers orientieren, wird es mit den Jahren immer schlechter um Sie bestellt sein.

## Tips

### Sich den inneren Reichtum bewußtmachen

Ihr innerer Reichtum setzt sich zusammen aus Ihren ganz besonderen Fähigkeiten, Ihrer Erfahrung, Ihrem Wissen, besonderen Talenten, Mut, Güte und Weisheit. All das macht Sie zu dem unverwechselbar einzigartigen Menschen, der Sie heute sind – mit all seinen Stärken und Schwächen, Schattierungen und Kanten.

- Denken Sie über Ihre inneren Werte nach. Welche fallen Ihnen ein?
- Erfinden Sie positive Charaktereigenschaften, und versuchen Sie sich darin wiederzuerkennen.
- Blicken Sie zurück auf die vergangenen Tage und Jahre Ihres Lebens. Filtern Sie Ihre Siege und berauschenden Erfolge, Ihre Klarheit, Heiterkeit, Liebenswürdigkeit und Güte heraus. Stellen Sie mit Nachdruck fest, *daß* diese positiven Eigenschaften auch jetzt noch in Ihnen sind.

## Hilfe in der Natur

Vielen Menschen fällt es leichter, ihren inneren Reichtum richtig ein-
zuschätzen, wenn sie in den Wald gehen, in den Park oder in den botanischen Garten. Warum sprechen Sie nicht mit den Bäumen über Ihre
positiven Eigenschaften? Stellen Sie Fragen, und erlauschen Sie mit
aufmerksamer Seele die Antwort.

## Hilfe durch Bach-Blüten-Therapie

Wenn Sie Schwierigkeiten haben, Ihre inneren Werte zu finden, so
liegt das möglicherweise an negativen Gefühlen, die Sie sich selbst
gegenüber haben. Hier hilft *Crab Apple*.

## Mit Affirmationen Fähigkeiten fördern

Wiederholen Sie immer wieder Formeln, so lassen sich schwach aus-
gebildete Fähigkeiten fördern: »Ich bin intelligent«, »Ich bin mutig«,
»Mein Körper ist voller Kraft« …

Wollen Sie sich ein Selbstbild schaffen, das Ihnen entspricht, setzt das voraus, daß Sie Ihre Stärken und
Schwächen kennen, daß Sie in der Vergangenheit be-
gangene Fehler zur Kenntnis genommen und vor sich
zugegeben und daß Sie erfahrenes Leid akzeptiert haben.
Jetzt geht es darum, Ordnung in das Bild zu bringen, das Sie von sich
und Ihrem bisherigen Leben haben.

EIN HARMO-
NISCHES SELBST-
BILD SCHAFFEN

Doch wie steht es eigentlich mit dem Bild, das Menschen im Hochsommer ihres Lebens von sich selbst haben? Das Selbstbild von Menschen im dritten Lebensalter wird geprägt von zwei negativen Rollenklischees, die sich leider im Denken der Gesellschaft eingebürgert
haben: Auf der einen Seite steht das Ideal der körperlichen Blüte, der
Kult des ewigen Jungseins, und auf der anderen Seite finden sich die
vielen negativen Altersklischees: Alter wird mit Krankheit, Schwäche
und Verfall gleichgesetzt.

Wenn Menschen das Ideal des ewigen Jungseins zum Maßstab ihres
Selbstbildes wählen, lassen sie sich auf einen Vergleich ein, in dem sie

auf die Dauer nicht bestehen können. Jugendlichen Rollenklischees nachzulaufen ist töricht, denn der Begriff »jung« hat viele Facetten, und nur eine davon beschreibt die Zahl der gelebten Jahre. Die anderen bedeuten: Elan, Anpassungsfähigkeit, Freude am Leben. All das können Sie auch mit einer hohen Zahl an Jahren Ihr eigen nennen. Das Jungsein an Lebensjahren allerdings ist für ältere Menschen unerreichbar und wohl auch nicht erstrebenswert. Negative Klischees über das Alter entsprechen nicht der Realität älterer Menschen. Zwar nehmen Krankheiten und Behinderungen mit zunehmendem Alter zu, jedoch ist Alter nicht identisch mit Krankheit, Schwäche und Verfall. Es gibt auch kraftlose, kranke und gebrechliche junge Menschen. Im übrigen sind Altersklischees Gift für Ihr Selbstbild!

Wie steht es mit Ihrem Selbstbild? Womit können Sie sich identifizieren? Selbstbilder sind sehr stabil. Wer sich für erfolgreich, klug und überzeugend hält, behält diese Meinung meist ein Leben lang bei. So haben die beiden Sozialwissenschaftler Brandstätter und Greve bei einer Stichprobe mit über 1200 Versuchspersonen im Alter von 54 bis 78 Jahren keine Hinweise auf altersabhängige Veränderungen des Selbstbildes gefunden.[7] Jedoch läßt sich das Selbstbild bewußt neu gestalten. Jede Veränderung des Selbstbildes nennt man »Entwicklung«.

Daß die Fähigkeit, das Selbstbild zu verändern, eine Schlüsselrolle im »erfolgreichen« Altern spielt, ist inzwischen eine anerkannte Tatsache. Ein in sich stimmiges Selbstbild macht aus Ihrer Vergangenheit das Fundament für neues Erleben. Sie (und nur Sie!) haben es in der Hand, Ihre Persönlichkeit zu gestalten: Sie deuten die Erlebnisse Ihrer Vergangenheit, und Sie bestimmen die Ereignisse, auf die Sie die Hauptlinien Ihres Lebens zurückführen, denn Sie kennen sich am besten.

## Tips

### Ein in sich stimmiges Selbstbild schaffen

Rufen Sie sich die Gedanken der letzten beiden Abschnitte »Bilanz ziehen« und »Sich den inneren Reichtum bewußtmachen« noch einmal ins Gedächtnis. Im Unterschied zu diesen Abschnitten geht es jetzt nicht mehr darum, Ihr Leben Revue passieren zu lassen. Jetzt wollen wir es zu einem harmonischen Ganzen formen:

- Erschaffen Sie Erklärungen: Schauen Sie zurück. Holen Sie all Ihre Stärken und Schwächen hervor, breiten Sie sie vor sich aus, und machen Sie sich klar, wie es dazu gekommen ist. Es genügt, wenn die Erklärungen *Ihnen* einleuchten.
- Schaffen Sie Zusammenhänge und Übergänge: Vergegenwärtigen Sie sich, wie sich Entwicklungen in einem Lebensbereich (z. B. in Ihrem Beruf, Ihrer Gesundheit…) auf andere Lebensbereiche ausgewirkt haben (z. B. auf Ihre Familie, Ihr Einkommen, Ihre Lebensfreude…).
- Arbeiten Sie die vorhandenen Grundtendenzen Ihres Lebens heraus: Nehmen Sie sowohl Ihre tatsächliche Lebensgeschichte zur Vorlage als auch Ihre Wünsche und Vorhaben. Wenn Sie z. B. gerne Landschaftsmaler geworden wären, Ihr Berufsleben aber als Lehrer verbracht haben, dann darf sich ein Teil Ihres Wesens ruhig als Künstler fühlen.

## Die Übung »Das geistige Tagebuch« nutzen

Wenn Sie ein in sich stimmiges Selbstbild schaffen wollen, eignet sich dazu hervorragend die Übung »Das geistige Tagebuch« (Seite 138 f.). Allabendlich vor dem Einschlafen gemacht, kreiert sie aus Ihrer Lebensgeschichte einen bewußten Teil Ihrer Gegenwart.

## Sich entspannen

Alles, was Ihrem Körper hilft, sich zu entspannen, eignet sich als unterstützende Therapie, wenn Sie ein in sich harmonisches Selbstbild schaffen wollen. Entspannen Sie sich an Ihren Wohlfühlorten. Gehen Sie in den Wald, und suchen Sie Schutz bei Ihrem Lieblingsbaum. Praktizieren Sie ein Training zur Muskelentspannung, oder gehen Sie schwimmen.

## Ein wundervolles Duftölbad

- Entspannend wirken Mischungen aus Rosenholz, Rose und Ylang-Ylang.
- Neue Energie schöpfen Sie mit Wacholder, Pinie und Lavendel.
- Ihre Kreativität fördern Sie mit Zypresse, Lemongras und Rosmarin.

### Ein harmonisches Selbstbild durch Yoga

Yoga ist eine jahrtausendealte Methode, die Ihnen zu innerer und äußerer Harmonie verhilft. Sie kann Ihnen den Weg zu einem klaren Selbstbild bereiten. Mögliche Blockaden werden durch die Vielzahl an Elementen, die der Weg des Yoga umfaßt, gelöst. Wenn Ihnen Yoga interessant erscheint, dann melden Sie sich für einen Kurs in einer Yogaschule an. (Auch Volkshochschulen und Krankenkassen haben Yoga im Kursangebot.)

ZU SICH SELBST STEHEN

Nicht immer wird Ihnen der Blick in den Spiegel Ihres Lebens nur Schönes zeigen. Oft stoßen Sie auf Verletzungen und Narben der Seele: Wunden, die Ihnen von anderen Menschen zugefügt worden sind, und Wunden, die Sie sich selbst zugefügt haben. Narben, die von Verletzungen der Seele zurückgeblieben sind, gehören zu Ihnen. Es ist gut, daß Wunden heilen, aber es ist auch gut, daß Narben bleiben. Ließen sich seelische Narben vollständig beseitigen, dann würde man die ganze Erfahrung gleich mit löschen. So etwas ist aber weder möglich, noch ist es wünschenswert. Jede Erfahrung, die Sie im Laufe Ihres Lebens gemacht haben, ist *Ihre* Erfahrung, hat Sie geprägt, hat die eine unverwechselbare Person geschaffen, die Sie jetzt sind.

Erfahrungen sind dazu da, um verarbeitet zu werden – nicht, um gelöscht zu werden. Jede nicht verarbeitete oder verdrängte Erfahrung birgt die Gefahr in sich, daß man sie wiederholt. Sie sind über den Berg, wenn Sie – ohne Schmerzen in der Seele zu spüren – Ihre Erfahrung Revue passieren lassen können … genauso, wie Sie mit der Hand über die alte Narbe am Knie streichen können, ohne daß es Ihnen weh tut.

### Tips

*So stehen Sie zu sich selbst*

- Wertschätzen Sie Ihre persönliche Vergangenheit. Sie ist die Grundlage Ihrer Gegenwart.

- Nehmen Sie die Signale Ihres Körpers ernst. Was Ihnen Ihr Körper sagt, ist für Sie immer bedeutungsvoll. Gehen Sie liebevoll mit ihm um. Er ist Ihr wichtigstes Instrument auf dieser Welt.
- Auch was Ihre Seele, Ihre aktuellen Gefühle, Ihre Träume Ihnen sagen, ist wichtig. Verdrängen Sie keine unangenehmen Gefühle. Gehen Sie ihnen auf den Grund. Fragen Sie sich: »Was will mir dieses Gefühl sagen?«; »Wann und wo hatte ich dieses Gefühl schon einmal?«
- Gewöhnen Sie sich eine positive Ausdrucksweise an. Sprechen und denken Sie von sich selbst und Ihren Fähigkeiten nicht in negativen Formulierungen.

## Eigene Schwächen offen zugeben

Zerren Sie all Ihre Schwächen an das Licht Ihres Bewußtseins, und führen Sie sie einer Lösung oder einer Verarbeitung zu. Lassen Sie keine Monster in den Zimmern Ihrer Seele zurück.

## Versäumnisse eingestehen

Vergessen Sie nicht all die Versäumnisse, all die ungenutzten Gelegenheiten, die Ihnen das Leben geboten hat und die Sie ausgeschlagen haben: eine ernstgemeinte Liebeserklärung; das Angebot Ihrer Firma, für zwei Jahre in den USA zu arbeiten; die Bitte Ihrer Großeltern, mit ihnen zu verreisen.

## Sich akzeptieren

Akzeptieren Sie sich als der Mensch, der Sie heute sind, und Ihre persönliche Geschichte als das, was Sie zu dem gemacht hat, der Sie heute sind. Stehen Sie zu sich, was Ihr Verhalten, Ihr Denken, Ihre Kleidung, Ihre Musik und die Einrichtung Ihrer Wohnung anbelangt. Stehen Sie zu Ihrer Umwelt und zu den Menschen, mit denen Sie gern zusammen sind. Trauen Sie sich, Sie selbst zu sein!

## Mit den Schatten der Vergangenheit umgehen

Wenn es in Ihrer Vergangenheit Menschen, Dinge oder Situationen gibt, mit denen Sie Angst oder Schuld verbinden, dann machen Sie daraus den Stoff für Tagträume. Lassen Sie den Lehrer, der Ihnen zu Ihrer

Schulzeit so böse mitgespielt hat und der bereits seit langem gestorben ist, wieder auferstehen, und entwerfen Sie eine Liebesgeschichte, die Sie alles verzeihen läßt. Oder denken Sie sich ein Märchen aus, in dem Sie gemeinsam mit der fraglichen Person in die turbulentesten Erlebnisse verwickelt werden und schließlich feststellen, daß auch dieser Mensch einen guten Kern hat und im Grunde völlig harmlos ist. Sie als Autorin oder Autor Ihrer Tagträume bestimmen, welche Richtung die Handlung nimmt.

Sie können die Gespenster Ihrer Vergangenheit aber auch als Bilder oder Skulpturen in Ihrer Wohnung aufstellen. Sprechen Sie mit den Bildern und Skulpturen. Sagen Sie ihnen ordentlich die Meinung, stellen Sie Ihren Standpunkt in den Vordergrund, versöhnen Sie sich mit ihnen.

### Den Atem nutzen, um sich bewußt anzunehmen

Der Atem ist die Grundlage unserer körperlichen und seelischen Gesundheit. Zugleich verrät die Atmung viel über die innere Haltung des Menschen: Deprimierte, erschöpfte, verzweifelte Menschen atmen flach und nicht in den Bauch hinein. Gesunde Menschen, die mit sich und ihrem Schicksal eins sind, atmen tief, kräftig und ruhig.

Lassen Sie Ihren Atem fließen, so kommen Körper und Geist zur Ruhe, Verspannungen lösen sich, und ein geistiger Weg nach innen eröffnet sich. Im Atem erfahren Sie sich selbst und stehen zu sich. Der Atem ist der Gradmesser Ihrer Befindlichkeit.

Wenn Sie Ihren Atem schulen wollen, um ihn zur Selbstfindung zu nutzen, dann wenden Sie sich an einen Atemtherapeuten (am besten lassen Sie sich einen empfehlen), oder belegen Sie ein Atemseminar (auch an Volkshochschulen oder von Krankenkassen werden solche Seminare hin und wieder angeboten).

### Bach-Blüten helfen, zu sich zu stehen

- Wenn Sie sich apathisch fühlen, stärkt Sie *Wild Rose*.
- Wenn Sie von Grund auf pessimistisch sind, holen *Gentian* und *Gorse* Ihren Lebensmut wieder hervor.
- Wenn Sie voller Minderwertigkeitsgefühle sind, stehen Ihnen *Larch*, *Cherry Plum* und *Agrimony* zur Seite.

Sie haben Bilanz gezogen; sind sich Ihrer Stärken, Schwächen, Reichtümer und Fähigkeiten bewußt geworden; haben die Wunden und Narben Ihrer Seele studiert und schließlich daraus ein aktuelles Selbstbild entworfen. Auch über Ihre Vergangenheit haben Sie in allen Einzelheiten nachgedacht; wissen, was Freude und Glück in Ihr

DIE LEBENS-
GESCHICHTE
NEU SCHREIBEN

Leben gebracht hat und noch immer bringt. Jetzt ist es an der Zeit, Glanz in die Geschichte Ihres Lebens zu bringen. So wie ein Edelsteinschleifer einen unscheinbaren Rohling in einen funkelnden Diamanten verwandelt, werden Sie aus Ihrer Lebensgeschichte das spannendste Abenteuer, die hinreißendste Liebesgeschichte und die interessanteste Biographie machen, die Sie kennen.

In jeder Lebensgeschichte gibt es graue Zonen, Episoden, über die nur wenig bekannt ist; allerhand Zufälle und Entwicklungen, über deren Ursachen es nur Mutmaßungen gibt; Entscheidungen, deren Gründe Ihnen schon längst entfallen sind; Gerüchte und Halbwahrheiten. Jetzt ist es an der Zeit, diese grauen Bereiche zu füllen. Indem Sie Ihre Lebensgeschichte neu schreiben, geben Sie sich den Schliff, der Ihnen zusteht.

## Tips

### So schreiben Sie Ihre Lebensgeschichte neu

- Verbinden Sie sich mit goldenen Zeiten in der Vergangenheit. Suchen Sie nach Vorfahren, in deren Handeln Sie sich wiedererkennen. Überlegen Sie sich Gemeinsamkeiten mit diesen Vorfahren. Oder schaffen Sie ein »Märchen Ihrer Herkunft«. Wenn Sie an Wiedergeburt glauben, steht Ihnen da eine breite Palette an Möglichkeiten offen.
- Lassen Sie Ihr Leben nicht nur aus seinen Ergebnissen, sondern auch aus Ihren Träumen und Wünschen bestehen. Weben Sie den Glanz Ihrer Ideale in Ihr Leben ein. Verzaubern Sie Ihren Lebensweg: durch die Jahre der Schulzeit und der Berufstätigkeit hindurch, vorüber an Ihren Partnerschaften, Ihren Berufskollegen, Ihren Niederlagen und Siegen.

● Füllen Sie Grauzonen und Leerstellen mit Phantasie. Malen Sie sich z. B. aus, welchen verborgenen Nutzen Ihr Leben für die Menschen auf der ganzen Welt gebracht hat, was wohl mit dem Liebesbrief geschehen ist, den Sie vor Jahren abgeschickt haben und von dem Sie nie mehr etwas gehört haben, wie viele Nachkommen wohl das Eichhörnchen inzwischen haben mag, das Sie vor langer Zeit gerettet haben.

## Mit Bach-Blüten die Phantasie ankurbeln

Die eigene Lebensgeschichte neu schreiben, das erfordert eine gehörige Portion Phantasie. Holen Sie sich diese Phantasie aus der Kraft der Blüten. Besonders gut tun Ihrer Phantasie *Chestnut Bud*, *Clematis* und *Aspen*.

## Die Glückseligkeit liegt in Ihnen

Erinnern Sie sich an Momente, in denen Sie einfach nur glücklich waren, und lassen Sie diese Erlebnisse auf die ganze Geschichte Ihres Lebens ausstrahlen. Machen Sie diese zu Ihren persönlichen Idealzuständen, zu Ihrem eigentlichen Sollwert im Hintergrund Ihres Denkens. Scheuen Sie sich auch nicht, diesen Zustand früherer Glückseligkeit als Ihr ureigenes Paradies zu betrachten, in das Sie dereinst wieder zurückkehren werden. Glückseligkeit kann nur aus Ihren eigenen Tiefen kommen. Ihr wollen Sie sich schon jetzt Stück für Stück nähern. Die Reife dieses dritten Lebensabschnitts bietet Ihnen die besten Voraussetzungen dafür.

### DAS WILL ICH TUN:

Ich werde mit mir ins reine kommen (blättern Sie das ganze Kapitel »Mit sich ins reine kommen« noch einmal durch, und achten Sie dabei besonders auf Ihre persönlichen Notizen).

Meine Vergangenheit in Stichpunkten: ＿＿＿＿＿＿＿＿＿＿＿

＿＿＿＿＿＿＿＿＿＿＿＿＿＿＿＿＿＿＿＿＿＿＿＿＿＿＿＿＿＿＿

＿＿＿＿＿＿＿＿＿＿＿＿＿＿＿＿＿＿＿＿＿＿＿＿＿＿＿＿＿＿＿

＿＿＿＿＿＿＿＿＿＿＿＿＿＿＿＿＿＿＿＿＿＿＿＿＿＿＿＿＿＿＿

＿＿＿＿＿＿＿＿＿＿＿＿＿＿＿＿＿＿＿＿＿＿＿＿＿＿＿＿＿＿＿

Meine Schwächen: _____
_____
_____
_____
_____

Meine Stärken: _____
_____
_____
_____
_____

Das bin ich: _____
_____
_____
_____
_____

## *Bücher, die Ihnen weiterhelfen*

Hesse, Hermann: *Mit der Reife wird man immer jünger*. Frankfurt am Main 1990.
Morrow Lindberg, Anne: *Muscheln in meiner Hand. Eine Antwort auf die Konflikte unseres Daseins*. München 1998. Die Autorin bietet in ihrem Buch Hilfe an für alle, die auf der Suche nach dem Sinn des Lebens sind.

# DIE SEELE VOR NEUEN VERLETZUNGEN SCHÜTZEN

*Später auf Ihrem Zimmer, nach dem leckeren Bauernvesper, liegen Sie wieder rücklings auf Ihrem Bett, beobachten, wie sich der Mond und die Straßenlaternen an Decke und Wänden spiegeln. Sie fühlen sich wohl. Die Ruhe tut gut. Langsam tauchen Bruchstücke der Erinnerung auf, gruppieren sich zu keinen Szenen, verschwinden wieder, werden ersetzt durch neue Erinnerungen. Ehe Sie sich versehen, sind Sie fünfundvierzig Jahre zurück in die Vergangenheit gefallen. Ihre Ideale tauchen vor Ihnen auf, all die Wünsche und Ziele, die Sie hatten, als Sie fünf, achtzehn, dreißig Jahre alt waren. Vieles haben Sie erreicht, obwohl Sie sich aus jetziger Sicht nicht mehr so sicher sind, ob es überhaupt sinnvoll war, solchen Zielen nachzujagen. Anderes haben Sie nicht erreicht. Schmerzhaft war es, einen lieben Menschen zu verlieren oder auf ein Studium verzichten zu müssen. Jetzt, in diesen wundervollen Spätsommertagen am See, laufen Sie keinen Idealen mehr nach. Sie unterwerfen sich keinen Ansprüchen, sondern liegen nur da und erinnern sich und spüren ein zunehmendes Wohlgefühl, so wie damals, mit sieben oder acht Jahren ... kurz vor den großen Ferien. Sie müssen heute nicht mehr dem Gestern nachweinen, denn Sie haben Ihr Heute gefunden. Sie sind aus der Tretmühle des Lebens ausgestiegen. Sie wissen, daß Sie Ihre Arbeit getan haben, und so, wie sie war, war sie gut. Endlich gestatten Sie sich, sich selbst zu verzeihen. Nun brauchen Sie sich nicht mehr vom Leben abzulenken.*

*Ein neues Bild taucht vor Ihren Augen auf: Ihre alte Schule, der Eingang zum Pausenhof, die Sporthalle ... Ein Mädchen winkt und ruft: »He Strebie!« Plötzlich wird das Bild der Schule von einer neueren Erinnerung verdrängt, von dem noch frischen Nachhall des gerade vergangenen Tages: Wer ist diese Frau mit dem Hündchen? Während Sie wieder und wieder das Mäd-*

chen auf dem Pausenhof Ihrer alten Schule mit der eleganten sportlichen Dame von heute Nachmittag vergleichen, schlafen Sie friedlich ein.

Wenn Sie Bilanz gezogen haben, Ihre Stärken, Schwächen und Werte kennen und Ihre Lebensgeschichte auf Hochglanz gebracht haben, befinden Sie sich in einem angenehm leichten Zustand, den Sie sich möglichst erhalten sollten. Zwar wird es auch weiterhin unangenehme Erlebnisse in Ihrem Leben geben, Dinge, die Sie verletzen und Ihnen Schmerzen bereiten. Doch mit der richtigen Einstellung können Sie Ihre neu gewonnene innere Freiheit und Leichtigkeit auch in schweren Zeiten erhalten und genießen.

## VERSCHAFFEN SIE SICH KLARHEIT!

*Worum es geht*: Sie wollen sich klar darüber werden, was Ihre Seele verletzt und wie Sie sich bisher vor Verletzungen Ihrer Seele geschützt haben.

*Wie Sie sich einstimmen*: Mixen Sie sich einen erfrischenden Fitneß-Drink. (Wie wäre es mit Honigmelonen-Orangen-Tee?) Ziehen Sie sich an einen Ihrer Wohlfühlorte zurück. Machen Sie es sich bequem, und entspannen Sie sich.

*Tun Sie das*: Betrachten Sie die hinter Ihnen liegenden Stunden, Tage und Jahre, und fragen Sie sich:

Welches waren die schlimmsten seelischen Wunden, die mir zugefügt wurden? _____

_____

_____

_____

Was habe ich dagegen getan? _____

_____

_____

_____

Gibt es Verletzungen, die mit bis heute immer wieder zugefügt werden? _____

_____

_____

_____

_____

In welchen Situationen bin ich besonders verletzbar? _____

_____

_____

_____

_____

Welche Menschen können mir besonders leicht weh tun? _____

_____

_____

_____

_____

Wie schütze ich mich vor solchen Verletzungen? _____

_____

_____

_____

_____

---

## Honigmelonen-Orangen-Tee

*Zutaten*:

1 TL Darjeeling-Grüntee
200 g reife Honigmelone
1 kleine Orange
frische Pfefferminzblätter

*So wird's gemacht*: 1 Teelöffel Darjeeling-Grüntee mit 1/4 Liter kochendem Wasser übergießen, 2 Minuten ziehen und abkühlen lassen. 200 Gramm reife Honigmelone in Stücke schneiden und ohne Kerne im abgekühlten Tee pürieren. 1 kleine Orange auspressen und den Saft über die Mischung geben. Mit Pfefferminzblättern garnieren. Langsam und mit Genuß trinken.

Wir werden tagtäglich mit Situationen konfrontiert, die den eigenen Anschauungen widersprechen, die weh tun und Wunden hinterlassen – so lange wir leben. Die Welt um uns herum können wir nicht ändern. Aber unsere Widerstandskraft gegen solche Erlebnisse können wir sehr wohl erhöhen. Wir brauchen dazu nicht nur eine stabile innere Ordnung, sondern auch eine robuste Hülle für unsere Seele.

SICH SELBST SCHÜTZEN

Werden wir dann doch verletzt, sollten all die kleinen und großen Wunden des Tages vor dem Zubettgehen versorgt sein. Auch wenn sich manche Probleme nicht lösen lassen, so können sie doch am Ende des Tages in einen Zustand gehoben werden, mit dem sich gut schlafen läßt.

## Tips

### Die Seele vor Schaden bewahren

- Leben Sie ohne Masken, das vermittelt Ehrlichkeit und entbindet Sie davon, eine Rolle spielen zu müssen, die Sie nur Energie kostet. Zeigen Sie sich so, wie Sie sind. Nur wer Sie so akzeptiert, wie Sie sind, tut Ihnen gut.
- Halten Sie keinen Ärger zurück. Sagen Sie, was Ihnen an anderen Menschen nicht paßt. Machen Sie anderen Menschen unmißverständlich klar, wenn Sie sich verletzt fühlen. Sie brauchen anderen kein Wohlverhalten vorzuspielen. Sie haben es nicht nötig, zu Kreuze zu kriechen. Wer sich nicht auch um Sie bemüht, tut Ihnen nicht gut.
- Sie müssen nicht von vornherein der oder die Größte sein. Wenn Sie unrecht hatten oder einen Fehler gemacht haben, dann übernehmen Sie die Verantwortung dafür. Machen Sie sich nicht besser, als Sie sind, sonst ist ein Absturz vorprogrammiert.
- Lassen Sie Ihre Seele nicht hungern. Holen Sie sich Ihre Streicheleinheiten da, wo Sie sie bekommen. Laufen Sie Zuwendung nicht hinterher. Das haben Sie in Ihrem reifen Alter nicht mehr nötig!
- Konzentrieren Sie Ihre Energie und Liebe auf Menschen, denen Sie auch wichtig sind. Als Faustregel gilt: Wenn auf Ihren zweiten Kontaktversuch (Angebot wegzugehen, Einladung zum Essen, Angebot

des »Du«) keine positive Reaktion erfolgt, sollten Sie von weiteren Annäherungen absehen.

● Kalkulieren Sie Enttäuschungen von vornherein ein. Wenn Sie Enttäuschungen für möglich halten, sind Sie nicht mehr überrascht, wenn es soweit ist.

### Sich ein dickes Fell zulegen

Lassen Sie nicht alles Leid der Welt in Ihre Seele. Sie gelten nicht als oberflächlich, wenn Sie sich nicht für alle Probleme der Welt interessieren. Im dritten Teil Ihres Lebens sind Sie nun nicht länger für alle Ungerechtigkeiten auf Erden zuständig. Lassen Sie Jüngere ran! Konzentrieren Sie sich auf Ihre Probleme. Beschäftigen Sie sich vorrangig mit Schwierigkeiten, die Sie unmittelbar betreffen und die Sie mit Ihren Mitteln in absehbarer Zeit lösen oder bessern können.

### Von der Bestätigung anderer unabhängig bleiben

Machen Sie sich nicht vom Beifall anderer Menschen abhängig. Möglicherweise ist der Beifall nur gespielt. Beifall macht Sie manipulierbar. Passen Sie auf, daß Sie nicht unverhofft Ihr Leben nach den Vorstellungen anderer Menschen leben. Es wäre schade um die verschenkte Lebenszeit. Prüfen Sie sich: Was tun Sie, nur um anderen zu gefallen? Was unterlassen Sie, damit andere nicht schlecht über Sie denken?

### Die Nerven mit Bach-Blüten stärken

Wenn Ihnen bereits Kleinigkeiten auf die Nerven gehen und Sie leicht explodieren, helfen die Bach-Blüten *Chestnut Bud*, *Larch* und *Aspen*.

### Ein Schutzschild aus Musik

Nehmen Sie sich mehrmals täglich Zeit für entspannende Musik. Stellen Sie sich vor, wie sich durch die Klänge und Schwingungen alle schadhaften Stellen in Ihrer seelischen Abwehr schließen.

### Salze helfen, wenn die Schale weich wird

Wenn Sie leicht reizbar, nervös und unruhig sind, hilft das Schüßler-Salz *Kalium sulfuricum* D6. (Lassen Sie 3mal täglich je 2 Tabletten im Mund zergehen, bis sie sich aufgelöst haben.)

## Seelenbeistand aus dem Kräutergarten

Wenn Ihnen die Welt zu sehr zusetzt, dann legen Sie sich ein dickes Fell zu mit Lavendelblüten-Katzenminze-Tee. Lavendelblüte beruhigt strapazierte Nerven, und Katzenminze entspannt.

---

### Lavendelblüten-Katzenminze-Tee

Überbrühen Sie eine Mischung aus Lavendelblüten und Katzenminze, lassen Sie das Ganze 3 Minuten ziehen, seihen Sie den Sud ab, und lassen Sie ihn abkühlen. Trinken Sie über den Tag verteilt jeweils 1 Tasse ungesüßt, eventuell mit Milch.

---

Auch eine geordnete innere Welt benötigt neues Erleben. Wenn die äußere Welt von der sicheren Warte einer inneren Ordnung aus betrachtet werden kann, macht Erleben Spaß und Sinn. Doch oft stürmt soviel Neues auf uns ein, daß wir es nicht sofort verarbeiten können. Vielfach erfolgt die Verarbeitung sogar erst im Schlaf. Andere Erlebnisse werden gar nicht in den Bestand an persönlichem Wissen eingeordnet und führen ein Schattendasein im Unterbewußtsein. Hier heißt es, bewußt zu leben und der Seele Zeit zu geben, sich an Neues zu gewöhnen.

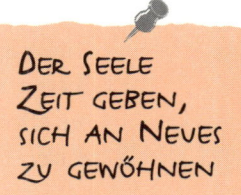

DER SEELE ZEIT GEBEN, SICH AN NEUES ZU GEWÖHNEN

## Tips

### Öfter eine Pause machen

In diesem Lebensabschnitt sollten Sie sich die Zeit für Pausen gönnen. Lassen Sie die Erlebnisse der letzten Minuten und Stunden noch einmal an sich vorüberziehen. Lassen Sie merkwürdige Begebenheiten noch einmal in einem Tagtraum Revue passieren. Reservieren Sie sich jeden Tag einige Minuten ganz für sich allein.

### Die Übung »Das geistige Tagebuch« genießen

Setzen oder legen Sie sich bequem hin, und lassen Sie Ihre Erinnerung schweifen. Beginnen Sie mit dem Augenblick, der gerade verflossen ist, also dem Beginn dieser Übung, dann denken Sie an den Augenblick davor, dann an die Stunden davor. Die Übung »Das geistige Tagebuch« finden Sie auf Seite 138 f.

### Der Seele Zeit geben, sich an Neues zu gewöhnen

Bauen Sie Inseln der Ruhe in den Tagesablauf ein, so daß Ihre Seele »nachkommen« kann.

### Im »Notfall«

- Rufen Sie eine Freundin oder einen Freund an, und sprechen Sie sich Ihren Kummer von der Seele.
- Bitten Sie einen Pfarrer um ein spirituelles Gespräch. Moderne Pfarrer aller Konfessionen bieten solche Betreuungen an. Die Gesprächszeiten finden Sie als Aushang am Schwarzen Brett (meist im Gotteshaus nahe dem Eingang).

### Die Vorstellungskraft nutzen

Es gibt Erlebnisse, die Ihnen immer wieder durch den Kopf gehen und Ihnen keine Ruhe lassen. Hier können Sie Ihre Vorstellungskraft einsetzen. Spielen Sie solche Erlebnisse in Tagträumen immer und immer wieder durch: mit jedem Mal werden sie leichter … bis Sie sie schließlich gar nicht mehr spüren.

### Hydrotherapie unterstützt geistiges Verarbeiten

Ein wohltuendes Bad mit einem entspannenden Öl hilft Ihrer Seele, die Erlebnisse des Tages zu verarbeiten. Füllen Sie soviel Wasser in die Badewanne, daß möglichst viel von Ihrer Körperoberfläche bedeckt ist. Das Wassers sollte so temperiert sein, daß es sich angenehm anfühlt. Als Badezusatz können Sie ein Extrakt oder einen Sud aus Lavendel oder Lindenblüten verwenden.

Ihre persönliche Vergangenheit – all die Dinge, die Sie erlebt haben – ist die Grundlage Ihres Heute, ist der Ozean, der Ihr Lebensschiff trägt. Ihr Leben mit all dem Geben und Nehmen findet jedoch allein im Jetzt statt – und das immer wieder aufs neue.

Der Rest Ihres Leben beginnt jetzt! Eine gute Gelegenheit, um sich endgültig frei und glücklich zu denken. Im dritten Teil Ihres Lebens haben Sie hierfür die besten Voraussetzungen. Jeder Mensch kann kreativ sein. Doch Kreativität allein bringt Sie Ihrem Ziel noch nicht näher. Handeln, das ist die Devise. Sie müssen Ihre Kreativität in Ihrem Alltag umsetzen, damit sich an Ihrem Leben etwas ändert. Sie haben sich von Ihren Problemen verabschiedet. Jetzt wollen Sie Herr Ihres Lebens sein.

Handeln Sie *jetzt*. Lassen Sie nicht das Leben oder den Zufall darüber entscheiden, was weiter geschieht. Wenn Sie Ihr Leben dem Zufall überlassen, wird es bestenfalls so bleiben, wie es ist, mit all seinen Nachteilen und Unannehmlichkeiten, die Sie von den ersten beiden Lebensabschnitten her kennen. Nehmen Sie Ihr Leben *jetzt* in die Hand. Sie haben nicht nur das Recht, sondern auch die Pflicht dazu!

## Tip

### Sie selbst sind der Schöpfer Ihres Lebens!

Identifizieren Sie sich nicht mit den Inhalten Ihrer Erlebnisse. Erkennen Sie vielmehr, daß das, was all diese Erlebnisse verbindet, Sie sind. Sie selbst sind der gemeinsame Nenner all Ihrer Erlebnisse, und Sie allein bewerten diese; ohne Sie gäbe es diese Erlebnisse gar nicht!

Sie erkennen sich selbst als den gemeinsamen Nenner Ihrer Erlebnisse, wenn Sie versuchen, von dem Strom Ihres Erlebens ein klein wenig Abstand zu nehmen. Sich von dem Inhalt seiner Erlebnisse zu distanzieren ist etwa so, als wären Sie mitten in der Kinovorstellung nicht mehr allein auf die Handlung des Films fixiert ... Sie sehen vielmehr eine Leinwand vor sich und darauf einen Film mit einer bestimmten Handlung.

## DAS WILL ICH TUN:

Ich werde meine Seele vor Verletzungen schützen.

Auf Situationen, in denen ich mich unwohl fühle, werde ich besonders achten, denn meine Seele könnte verletzt werden (z. B. durch aggressive Stimmungen, Konkurrenzsituationen, Leid, Haß, Neid …):

_____

_____

_____

_____

_____

_____

Das werde ich bei Eintritt dieser Situationen tun (z. B. mich nicht provozieren lassen; meinem Ärger Luft machen; mich nicht von Beifall ködern lassen …): _____

_____

_____

_____

_____

_____

So werde ich meine Seele wieder heilen (z. B.: mich mit einem lieben Freund aussprechen; mir Streicheleinheiten für die Seele holen, wo ich sie bekommen kann; mir ein Kräuter-Wohlfühlbad gönnen; kreativ sein; malen …): _____

_____

_____

_____

_____

_____

Orientieren Sie sich am folgenden Beispiel, und ändern Sie den Tagesplan nach Ihren eigenen Bedürfnissen.

IHR PERSÖNLICHER TAGESPLAN ZUR GESUNDERHALTUNG VON GEIST UND SEELE

- Morgens nach dem Aufwachen
  Rufen Sie sich die Träume der gerade vergangenen Nacht noch einmal ins Bewußtsein. Gibt es Zusammenhänge mit Ihrem Lebensalltag?
  Denken Sie darüber nach, was Sie am heutigen Tag vorhaben. Wo liegen Ihre Freuden? Planen Sie Wohlbefinden ein.
- Während des Tages
  Gestatten Sie sich immer wieder Zeiten der Ruhe, in denen Sie Ihre Seele nachkommen lassen.
  Suchen Sie das Glücksgefühl. Jeder Tagesablauf sollte von Momenten der Freude und des Glücks durchsetzt sein.
- Am Abend
  Lassen Sie den Tag harmonisch ausklingen.
  Führen Sie die Übung »Das geistige Tagebuch« (siehe Seite 138f.) durch.
  Stimmen Sie sich ein auf einen erholsamen Schlaf.

## Bücher, die Ihnen weiterhelfen

Rogoll, Rüdiger: *Nimm dich, wie du bist. Eine Einführung in die Transaktionsanalyse.* Freiburg 1997.

Watzlawick, Paul: *Anleitung zum Unglücklichsein.* München 2000.

Westmeier, Arline: *Auch tief verletzte Seelen können heilen. Belastende Bindungen lösen, Leben entfalten.* Wuppertal 1994.

# TEIL 4

## MENSCHEN ZUM WOHLFÜHLEN

# Gemeinsam alt werden

*Der neue Morgen in der spätsommerlichen Ferienidylle am Wolfgangsee emp-
fängt Sie mit Vogelgesang und den plätschernden Geräuschen eines zeitigen
Schwimmers. Warmes Licht der gerade aufgegangenen Sonne erhellt Ihr
Zimmer und verkündet den Beginn eines wundervollen Tages. Von draußen
lockt der Duft von frischen Brötchen und Kaffee. Das Frühstück wird auf der
Terrasse serviert – und die liegt unter Ihrem Balkon.*

*Eine halbe Stunde später sitzen auch Sie unten und blicken auf den noch
dunstigen See hinaus. Frische Brötchen werden Ihnen serviert und Mar-
melade, dann ein Kännchen Kaffee, eine Tasse – und noch eine Tasse. Etwas
Feuchtes berührt Ihre Ferse: der kleine schwarzbraune Hund von gestern
Nachmittag. Verwundert sehen sie sich um und blicken geradewegs in zwei
strahlende, von Lachfältchen umrahmte Augen. »He Strebie, kennst du mich
noch?« Die Joggerin – und zugleich das Mädchen vom Pausenhof Ihrer Schulzeit, an das Sie so oft vor dem Einschlafen denken mußten. Sie wollen aufstehen, ihr den freien Platz an Ihrer Seite anbieten, doch da sitzt sie schon
längst. »Nun setz dich doch auch wieder, Strebie!« Auch Sie nehmen wieder
Platz, und Ihnen wird klar, wie unkompliziert das Leben sein kann.*

Wohlbefinden im Alter ist, worum es in diesem Buch geht. Umfassen-
des Wohlbefinden gründet auf einer guten körperlichen und geistigen
Verfassung, einem schönes Zuhause und einem sinnerfüllten, glück-
lichen Leben. Von entscheidender Bedeutung für unser Wohlbefinden
im dritten Lebensabschnitt sind jedoch Menschen, die uns nahestehen.
Jede Veränderung in unserer Lebenswelt ertragen wir leichter, wenn
wir einen liebevollen Menschen an unserer Seite haben. Doch auch
vor den Menschen, mit denen wir unser Leben teilen, macht die Zeit

nicht halt: Manche Menschen werden mit uns alt, andere verlassen unser Leben, neue Menschen stoßen zu uns.

## VERSCHAFFEN SIE SICH KLARHEIT!

*Worum es geht*: Sie wollen sich klar darüber werden, welche Rolle andere Menschen in Ihrem Leben spielen.

*Wie Sie sich einstimmen*: Mixen Sie sich einen erfrischenden Energiedrink. (Wie wäre es mit einem Nektarinen-Mandel-Cocktail?) Begeben Sie sich an einen Ihrer Wohlfühlorte, und machen Sie es sich bequem. Entspannen Sie sich.

*Tun Sie das*: Denken Sie über folgende Fragen einfach nur nach (Sie müssen sich nichts notieren. Wenn Sie es dennoch tun, dann benutzen Sie für Namen lebender Personen Kürzel oder Symbole):

Fühle ich mich geliebt? _____

_____

*Erhalte* ich genug Liebe? _____

_____

*Gebe* ich genug Liebe? _____

_____

Gibt es Menschen, ohne die ich nicht leben könnte? _____

_____

_____

Wie stelle ich mir eine erfüllende Partnerschaft vor? _____

_____

_____

Was würde ich verlieren, wenn es meinen Partner oder andere Menschen, die mir nahestehen, plötzlich nicht mehr gäbe? _____

_____

_____

*Nektarinen-Mandel-Cocktail*

Zutaten:

1 Nektarine
2 TL Mandelmus
100 ml Orangensaft
50 ml Birnensaft
50 ml Grapefruitsaft

*So wird's gemacht*: Die Nektarine waschen, Haut ablösen, halbieren, Stein herauslösen und zusammen mit dem Mandelmus, Orangen-, Birnen- und Grapefruitsaft 2 Minuten pürieren. Den Rand eines Trinkglases anfeuchten und in Puderzucker drücken. Den Cocktail in das Glas füllen und mit Freude genießen.

Allein zu leben kann wunderbar sein: Wir haben eine ganze Wohnung für uns, können uns herrlich breit machen. Wir können tun, was wir wollen, müssen auf niemanden und nichts Rücksicht nehmen und können uns regelrecht gehenlassen. Alleinsein darf jedoch nie zur Einsamkeit führen. Einsamkeit ist etwas anderes als Alleinsein. Wenn Sie einsam sind, werden alle Vorzüge des Alleinseins zur Qual. Sie stehen vor einem tiefen Abgrund.

MIT EINSAMKEIT UMGEHEN

Um wirklich glücklich zu sein, um uns im dritten Lebensalter so richtig wohl fühlen zu können, brauchen wir Menschen, mit denen wir uns austauschen, in denen wir uns spiegeln, die sich für uns interessieren, uns wohlgesonnen sind und uns, wenn möglich, lieben. Tiefes Glück, Wonne und Glückseligkeit hat immer mit anderen Menschen zu tun.

## Tips

### Alleinsein und Einsamkeit unterscheiden

- Alleinsein: Sie brauchen hin und wieder die Abwesenheit anderer Menschen, um nachdenken zu können. Sie genießen es, einige Stunden die Wohnung für sich zu haben.
- Einsamkeit: Sie fühlen sich leer und verloren, wenn Sie keine Menschen um sich haben. Sie langweilen sich, wenn niemand Sie in Ihrer Wohnung besucht und niemand Sie anruft.

## Mit Phantasie gegen Einsamkeit

Halten Sie Zeiten der Einsamkeit kurz. Wenn sich längere Zeiten der Einsamkeit nicht vermeiden lassen, dann gehen Sie auf Traumreise. Machen Sie es sich gemütlich, und stellen Sie sich vor, wie schön es wäre, gerade jetzt den geliebten Menschen in den Armen zu halten. Unterstützen Sie dieses Gefühl mit einem schönen Mahl, das Sie sich kochen, oder mit einem wohltuenden Entspannungsbad (z. B. mit Lavendelöl).

## Mit Kräutern den Schmerz lindern

Verringern Sie den Schmerz der Einsamkeit mit der Kraft der Natur. Brühen Sie sich einen wohltuenden Tee auf, der Ihnen die Zeit der Einsamkeit erträglicher macht.

> ### Wohltuender Tee
>
> Zu je gleichen Teilen Lavendel, Melisse, Johanniskraut und echten Ziest mit kochendem Wasser übergießen, 2 Minuten ziehen lassen, abseihen und mit gleicher Menge Milch mischen. Mit einem Teelöffel Honig süßen und langsam und mit Genuß schlürfen.

## Die Einsamkeit verscheuchen

Hören Sie Ihre Lieblingsmusik. Wählen Sie Musik, die Ihnen Kraft gibt. Hängen Sie ein Windspiel in die Nähe des Fensters oder über die Heizung. Vergessen Sie die Klänge der Natur nicht. Ein Gespräch, das Sie in Gedanken mit einem im Wind rauschenden Baum führen, kann mehr Nähe geben als ein rund um die Uhr eingeschalteter Fernseher.

## Die Einsamkeit bunt anmalen

Einsamkeit geht einher mit Stillstand, Bedrückung und seelischer Verhärtung. Der Betroffene gerät in einen Teufelskreis, der ihn in seiner Einsamkeit gefangenhält. Hier können Sie sich mit Farben helfen. Farben wirken heilsam auf Körper und Seele. Sie vertiefen unsere Selbsterkenntnis, lassen uns wieder heil werden und verbessern damit unser Lebensgefühl.

- Malen Sie: Sprengen Sie den Panzer aus Stillstand, Bedrückung und Verhärtung mit der heilenden Kraft der Farben. Malen Sie sich Ihren eigenen Weg aus der Einsamkeit heraus.
- Farben lassen sich auch visualisieren: Stellen Sie sich die Farbe, die Ihnen guttut, vor Ihrem inneren Auge so deutlich wie möglich vor, und schwelgen Sie in ihrer heilenden Kraft. Wenn es Ihnen schwerfällt, sich Farben vorzustellen, dann schauen Sie einen farbigen Gegenstand genau an, schließen die Augen und konzentrieren sich nur auf den Farbeindruck. Frische Blumen oder bunte Bilder von Blumen eignen sich für diese Übung am besten.

## Mit Bach-Blüten ins Leben zurückfinden

Bach-Blüten beruhigen seelische Turbulenzen.

- Bei Zweifeln an den Mitmenschen helfen *Gentian*, *Willow* und *Aspen*.
- Wenn das Leben keine Freude mehr macht, trösten *Willow*, *Wild Rose* und *Gorse*.
- Wenn man eine Trennung überwinden will, versöhnen *Wild Oat* und *Scleranthus*.
- Wenn man ohne Hoffnung ist, kommt neuer Mut von *Gorse*, *Star of Bethlehem*, *Chestnut Bud* und *Honeysuckle*.
- Wenn man Angst vor menschlicher Nähe hat, verzaubern *Water Violet* und *Mimulus*.
- Wenn man momentan den Glauben an ein Ende der Einsamkeit verloren hat, stärken *Gorse*, *Star of Bethlehem* und *Mustard*.

## Tiere und Zimmerpflanzen

Sie können sich auch mit Tieren und Zimmerpflanzen Ihre Einsamkeit erträglich machen. Für manche älteren Menschen ist der eigene Hund, die schmusige Katze oder der stets lustig trällernde Kanarienvogel ein lieber Begleiter. Es ist nachgewiesen, daß Menschen, die mit Tieren leben, deutlich weniger oft zum Arzt gehen als ihre allein lebenden Zeitgenossen. Der beste Weg aus der Einsamkeit ist jedoch ein liebevoller Partner.

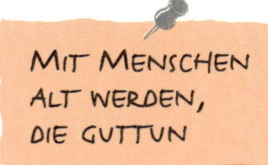

MIT MENSCHEN
ALT WERDEN,
DIE GUTTUN

Selbst wenn Ihnen bei der Übung »Verschaffen Sie sich Klarheit« auf Seite 208 keine Namen eingefallen sind, wenn Sie keinen Menschen haben, der Ihnen Freude, Glück, Zärtlichkeit und Liebe schenkt, steht Ihnen die Tür zu einem erfüllten Leben an der Seite des Menschen Ihrer Träume nach wie vor offen. Gerade im dritten Lebensalter werden die Karten der Partnerschaft neu gemischt. Frau und Mann gehen mit neuen Vorstellungen auf Partnersuche. Die Devise heißt jetzt: *Mensch zum Wohlfühlen gesucht.*

Freunde und Lebenspartner sollten Menschen sein, die Ihnen Kraft geben; Menschen, die Ihr Selbst mit Energie aufladen; Menschen, mit denen Sie sich lebendig, erholt und glücklich fühlen; Menschen, die Sie ohne Wenn und Aber akzeptieren und lieben.

## Tips

### Menschen, die Kraft schenken

Stillen Sie Ihren Hunger nach Nähe und Intimität mit Menschen, die Ihrem Leben Energie geben. Sie erkennen solche Menschen daran, wie sich ein Zusammensein mit ihnen auf Ihr Wohlbefinden auswirkt: Fühlen Sie sich danach beschwingt, reicher, voller Kraft? Dann suchen Sie die Nähe dieses Menschen. Menschen, die Ihnen Kraft geben, sollten Sie sich auf alle Fälle bewahren, sie nicht einfach gehen lassen, ohne sie jedoch gefangenzunehmen.

### Menschen, die Kraft rauben

Umgeben Sie sich nicht mit Menschen, die an Ihren Kräften zehren. Ob Ihnen eine Person Kraft raubt, können Sie spüren: Fühlen Sie sich ausgebrannt und leer nach einem Zusammensein? Dann sollten Sie diesen Menschen auf Distanz halten.

*»Strebie«, ja, Sie erinnern sich. Das war Ihr Spitzname an der Schule, weil Sie immer versucht haben, Ihren Lernstoff mehr als perfekt zu beherrschen, dem Lehrer Löcher in den Bauch gefragt haben, gern zusätzliche Arbeiten übernommen haben ... ganz einfach furchtbar strebsam waren. Und jetzt fällt Ihnen auch der Name dieses Mädchens vom Pausenhof ein: »Hallo Anna!« Sie lächelt und gießt Kaffee in Ihre Tasse.*

*Anna war damals überall. Auf dem Pausenhof, vor dem Cola-Automaten, in der Schulküche und vor allem in Ihren Träumen. Später aber war sie nur noch in Ihren Träumen. Wurde sozusagen zu einer festen Einrichtung Ihrer inneren Welt, so eine Art innere Stimme, mit der Sie sprechen konnten, der Sie all Ihre Geheimnisse anvertrauten. Und jetzt sitzt Anna vor Ihnen. Sie können es nicht fassen! Zwei Augen lächeln Sie an: »Nun iß schon, und trink, dein Kaffee wird kalt.«*

> **PARTNERSCHAFT IM DRITTEN LEBENSALTER**

Gemeinsamkeiten wachsen, wenn sich die Interessen, Ansichten und Wertvorstellungen der beteiligten Personen decken. Gemeinsame Erlebnisse oder gar eine lange Zeit gemeinsamer Lebensgeschichte verstärken ein Gefühl der Zusammengehörigkeit. Doch Menschen entwickeln sich, und Entwicklung bringt Änderung. Dadurch kommt es zu einer Auseinanderentwicklung von Wünschen, Werten und Zielen. Die Vorstellungen der Partner passen nicht mehr zusammen.

Manchmal führen Mißverständnisse zu Auseinandersetzungen, die verletzen, viel Energie verschlingen und wertvolle Lebenszeit vernichten. Streit und Beschimpfungen sind einer liebevollen reifen Partnerschaft unwürdig! Auseinandersetzungen zwischen reifen Menschen sollten ein Hauptziel haben: sich kreativ mit dem Partner zu beschäftigen; ihn besser kennenzulernen, um die Partnerschaft wieder ins Lot zu bringen.

## Tips

### Kleines Abc für Ihre Wohlfühl-Beziehung

- Geben Sie Liebe, fordern Sie sie nicht. Gewöhnlich kommt mehr Liebe zurück, als Sie gegeben haben. Liebe zu geben (ohne Anspruch auf Rückzahlung) erfordert ein stabiles Selbstbewußtsein.

- Enttäuschen Sie das Vertrauen, welches Ihnen entgegengebracht wird, nicht.
- Vertrauen Sie Ihrem Partner, so verpflichtet das mehr als jede Schuldzuweisung und jedes Nörgeln. Setzen Sie Vertrauen in Ihren Partner. Er wird Sie dafür belohnen.
- Schuldzuweisungen haben keinen Sinn! Sie zementieren bestehende Konflikte. Lernen Sie am Leben! Suchen Sie die Verantwortung auch bei sich, und ziehen Sie daraus die Konsequenzen. Das für Sie bitterste Eingeständnis wäre, daß Sie sich mit dem falschen Partner eingelassen haben. In diesem Fall sollten Sie die Konsequenz daraus ziehen und sich von diesem Partner trennen.
- Respektieren Sie die Individualität Ihres Partners. Er ist ein eigenständiger Mensch … genau wie Sie. Auch der Mensch, den Sie lieben, hat Eigenarten. Wenn sie Ihnen nicht absolut gegen den Strich gehen, dann tolerieren Sie die Eigenarten Ihres Partners. Bevor Sie eine Eigenart kritisieren, überlegen Sie, welche Nachteile Sie dadurch überhaupt haben. Seien Sie tolerant gegenüber kleineren Merkwürdigkeiten.

## Das sollten Sie vermeiden

Gehen Sie dem Menschen, den Sie lieben, nicht mit Ihrer Zuneigung auf die Nerven. Halten Sie sich mit Liebesdiensten, die nicht erwünscht sind, zurück. Akzeptieren Sie, wenn Ihr Partner nicht alles hinterhergeräumt bekommen will; wenn er/sie keine Lust hat, zur festgelegten Stunde zu essen; wenn er/sie einfach einmal nur seine Ruhe haben will. Nehmen Sie den Menschen, den Sie lieben, so, wie er ist.

## Wenn es zum Streit kommt

- Vermeiden Sie es, Ihren Partner absichtlich zu verletzen, selbst wenn Sie noch so wütend sind.
- Sagen Sie klar Ihre Meinung. Zeigen Sie auf, was Sie verletzt hat und warum es Sie verletzt hat.
- Finden Sie gemeinsam heraus, was die Ursache für den Streit war. Sprechen Sie darüber. Machen Sie Vorschläge zur Besserung.
- Zu einem Streit gehören immer zwei! Suchen Sie die Schuld nicht ausschließlich bei Ihrem Partner.

- Ärger und Schmerz brauchen Raum. Ziehen Sie sich für eine Weile von Ihrem geliebten Menschen zurück.
- Wenn Sie den Menschen, den Sie lieben, für einige Zeit verlassen, dann nehmen Sie richtig Abschied. Versuchen Sie im Guten zu gehen.
- Freude wirkt Kummer entgegen. Gönnen Sie sich beide etwas Schönes – zusammen oder auch mal jeder ganz für sich allein: einen Stadtbummel, ein leckeres Eis, einen Besuch im Kino, bei alten Freunden.

## In die Haut des Partners schlüpfen

- Versuchen Sie Ihren Partner und die Welt um ihn herum mit seinen Augen zu sehen. Erfühlen Sie, wie er von Ihnen behandelt werden möchte.
- Versuchen Sie auch einmal, sich selbst mit den Augen Ihres Partners zu sehen.

Lebewohl zu sagen und loszulassen ist Teil unseres Lebens, wie der Wechsel der Jahreszeiten, wie unser Atem, wie Ebbe und Flut. Im Verlauf unseres Daseins müssen wir immer wieder mit Verlusten fertig

WENN EIN LIEBER MENSCH GEHT...

werden. Mit jedem Abschied geht auch ein Teil von uns. Obwohl wir mit zunehmendem Alter vielen Freunden und Weggefährten für immer adieu sagen müssen, haben unsere Verluste nicht nur mit dem Tod eines geliebten Menschen zu tun. Wir erleiden auch einen Verlust, wenn die Kinder ihre eigenen Wege gehen und wir uns plötzlich in einem leeren Nest wiederfinden, nach einer Scheidung oder wenn ein Zukunftstraum geplatzt ist. Jeder Verlust ist begleitet von einer Reihe unangenehmer Gefühle: Trauer, Leid, Mitleid, Selbstmitleid, Zukunftsangst. Negative Gefühle können den Alltag in eine Hölle verwandeln.

Vor allem die Trauer um einen geliebten Menschen ist ein sehr starkes Gefühl, das sich nicht einsperren oder abwehren läßt. Menschen, die um eine geliebte Person trauern, können oft vor Schmerz keine Freude mehr im Leben entdecken. Doch ob-

*Die meisten Menschen können ebensowenig trauern, wie sie lieben können … Trauer und Liebe erfordern beide ein Erlebnis der inneren Kraft, der inneren Lebendigkeit, sonst bleibt man letzten Endes stumm und stumpf.*
Erich Fromm

wohl der Verlust eines geliebten Menschen alle Erlebnisse grau färbt, ist die Welt nicht wirklich grau. Es gibt einige Bereiche, die weiterhin ihre Farbe und Strahlkraft behalten. Die Sonne geht weiterhin auf, es wird wieder Sommer, und das Leben geht weiter seinen gewohnten Gang.

## Tips

### Trauer überwinden

- Besuchen Sie Orte, an denen Sie mit dem geliebten Menschen zusammen waren. Denken Sie an Ihre gemeinsamen Erlebnisse, und betrachten Sie Ihre Erinnerungen als wertvollen Schatz.
- Für die Verarbeitung aufwühlender Erinnerungen eignet sich ein Tagebuch, in das Sie die schönsten Erlebnisse mit dem geliebten Menschen hineinschreiben.
- In Tagträumen können Sie der geliebten Person immer nahe sein.
- Warum sprechen Sie nicht mit dem verstorbenen Menschen so, als ob er anwesend wäre? Betrachten Sie dabei ein Photo. Erzählen Sie ihm alles, was Sie ihm noch erzählen wollten. Teilen Sie ihm Ihre Sorgen mit. Geben Sie ihm Zeit zu antworten. (Halten Sie Ihren geistigen Kontakt mit der verstorbenen Person am besten geheim. Man könnte Sie sonst für überspannt oder verwirrt erklären.)
- Wenden Sie sich mit Ihrer Trauer an Freunde, die den geliebten Menschen auch kannten.
- Professionelle Trauerbegleitung finden Sie in kirchlichen Einrichtungen.
- Sie können dem verstorbenen Menschen einen Brief schreiben. Verbrennen Sie den Brief. Stellen sich vor, wie sein Inhalt mit dem Rauch zu ihm fliegt. Streuen Sie die Asche auf das Grab. Oder vergraben Sie den Brief an einem Ihrer gemeinsamen Lieblingsorte.

### Nicht gegen Trauer ankämpfen

- Trauer ist eine ganz natürliche Reaktion auf einen Verlust. Versuchen Sie nicht, Trauer und Verlassensein zu verdrängen oder dagegen anzukämpfen, denn gerade dann laden Sie sich noch mehr negative Gefühle auf. Geben Sie diesen Gefühlen Raum in Ihren Gedanken und in Ihrem Herzen. Lassen Sie die negativen Gefühle zu.

- Gegen die Trauer um einen geliebten Menschen ist jeder Widerstand zwecklos. Die schmerzlichen Gefühle des Kummers, der Melancholie, der Betrübnis und der Düsterkeit sind auf alle Fälle stärker, als Sie selbst jemals sein können. Lassen Sie die dunkle Nacht der Trauer ruhig kommen. Ein neuer Tag wird folgen, selbst wenn es zunächst so aussieht, als ob die Zeit der Finsternis ewig währen würde.

## Die Wunden der Seele verheilen lassen

Wunden, die der Verlust einer geliebten Person reißt, werden nie ganz verschwinden. Sie bleiben, solange Sie leben. Sorgen Sie dafür, daß Ihre Seelenwunden wenigstens richtig heilen können.

## Eine Liste der Verluste

Was ging Ihnen mit dem Verlust des geliebten Menschen alles verloren? – Erstellen Sie sich eine Liste mit allem, das Ihnen vor dem Schicksalsschlag Freude, Wohlbefinden, Lust und Glückseligkeit bereitet hat.

- Dann streichen Sie alles weg, was Ihnen jetzt keinen Spaß mehr macht, weil der geliebte Mensch nicht mehr da ist. – Haben Sie noch Stichpunkte auf Ihrer Liste, die nicht durch-

*Niemand ist fort, den man liebt. Liebe ist ewige Gegenwart.*
Stefan Zweig

gestrichen sind? Wenn ja, schreiben Sie diese in einen großen Kreis. Wenn nein, ziehen Sie unter die durchgestrichenen Stichpunkte einen dicken Strich.
- Jetzt überlegen Sie sich, was Ihnen Spaß gemacht hat, bevor Sie den geliebten Menschen, den Sie verloren haben, kennenlernten. Erinnern Sie sich, was Ihnen in Ihrer Kindheit oder Jugend Freude bereitete. Was würde Ihnen jetzt immer noch Spaß machen?
- Oder erinnern Sie sich an Zeiten, die Sie ohne den geliebten verstorbenen Menschen verbracht haben. Einen Urlaub etwa? Oder die Zeit, als Sie ein Praktikum in einer anderen Stadt machten? Erinnern Sie sich an Freuden, die Sie ohne den verstorbenen Men-

schen erleben durften. Welche davon würden Sie gerne wieder erleben?

- Schreiben Sie all das, was Ihnen jetzt noch Freude und Wohlgefühl bereiten könnte, in den Kreis (siehe oben) oder unter den dicken Strich (siehe oben).
- Planen Sie anhand Ihrer Stichpunkte, was Sie tun könnten, um zurück ins Leben zu gelangen, um wieder Freude und Licht in Ihre Tage und Nächte zu bringen. Beginnen Sie ganz vorsichtig und ohne schlechtes Gewissen wieder zu leben. Denken Sie aber nach wie vor mit Liebe an den Menschen, den Sie verloren haben.

## Lebenslanges Gedenken, aber keine ewige Trauer

Je mehr von Ihrer Lebenszeit vergeht, desto wertvoller wird sie. Sie sind es dem Menschen, den Sie verloren haben, schuldig, daß Sie sich wieder am Leben erfreuen. Zuviel Trauer vernichtet Lebensfreude, macht verzweifelt, gibt ein schlechtes Gefühl, das Sie unbewußt dem verlorengegangenen Menschen anlasten könnten. Das hat er nicht verdient! Behalten Sie ihn in Ihrem Herzen als erlesenen Schatz – und leben Sie!

## Unangenehme Gefühle akzeptieren wie das Wetter

Die amerikanische Autorin Carol Orsborn empfiehlt, zu unangenehmen Gefühlen wie Trennungsschmerz und Trauer um einen geliebten Menschen eine Einstellung zu entwickeln wie zum Wetter: Das Wetter läßt sich nicht beeinflussen. Wenn uns kaltes Wetter zuwider ist, bleiben wir in unserer gemütlichen Wohnung und kuscheln uns an den Kamin. Wenn wir nach draußen gehen, kleiden wir uns so, daß uns die Kälte nichts anhaben kann.[8]

Warum verhalten Sie sich bei Gefühlen wie Trauer und Trennung nicht ebenso? Die Gefühle von Trauer und Einsamkeit können Sie so wenig aufhalten wie eine mächtige Kaltfront, die auf Sie zukommt, Sie einhüllt und alles grau in grau erscheinen läßt. Jedoch können Sie die Kaltfront überstehen, vorausgesetzt, daß sie einmal zu Ende sein wird. Wenn Sie wissen, daß nach dem Gefühlstief wieder die Sonne der guten Gefühle aufgeht, können Sie auch Trauer, Trennung und Einsamkeit überstehen.

## Neue Entwicklungsmöglichkeiten

Der Tod eines lieben Menschen, mit dem Sie ein langes Stück des Weges gegangen sind, läßt Sie vielleicht an eine Zeit denken, als Sie mit diesem Menschen noch nicht zusammen waren. Versuchen Sie im Verlust eines geliebten Menschen auch eine Chance zu sehen, sich noch einmal ein Stück weiterzuentwickeln, eine Möglichkeit, im dritten Alter noch ein bißchen reifer und weiser zu werden.

## Aromatherapie bei Trauer

Das traditionelle Mittel gegen Trauer und Stimmungstiefs ist Majoran. Geben Sie ein paar Tropfen Majoranöl in ein Wasserschälchen, und stellen Sie es auf die Heizung. Ein entspannendes Vollbad mit Majoransud befreit Leib und Seele.

## Mit Homöopathie den Trauerschock mildern

Gegen starke Trauer über den Verlust eines geliebten Menschen hilft die auf den Philippinen beheimatete Ignatusbohne (*Ignatia amara*). (Nehmen Sie *Ignatia amara* in Potenzierungen ab C24 2mal täglich jeweils 10 Tropfen.)

## Der Trauer davonlaufen

Wahrscheinlich fällt es Ihnen bei akuter Trauer schwer, sich überhaupt zu einer sportlichen Betätigung aufzuraffen. Doch gerade jetzt wirkt Sport Wunder. Leichtes Lauftraining, Radfahren, Wandern – alle Sportarten, die den Kreislauf anregen, aber den Körper nicht allzusehr fordern, lassen die Trauer schmelzen. Trauer ist Schwerstarbeit für die Seele. Möglicherweise hilft Sport, weil er für eine bessere Durchblutung des Gehirns sorgt.

## Bach-Blüten lassen die Sonne wieder aufgehen

Besänftigen Sie Ihren Seelenschmerz mit der Sonnenkraft heilender Blüten.

- Sagen Sie ja zum Leben mit *Wild Rose*.
- Bringen Sie Licht in Ihre Seele mit *Mustard*.

- Lösen Sie sich von der Vergangenheit, und leben Sie wieder in der Gegenwart mit *Honeysuckle*.
- Nehmen Sie Ihr Leben wieder selbst in die Hand mit *Willow*.
- Fassen Sie Mut, um einen neuen Lebensabschnitt zu beginnen, mit *Gentian*.
- Gewinnen Sie neues Selbstvertrauen mit *Larch* und *Cerato*.
- Besänftigen Sie Ihren Seelenschmerz mit *Star of Bethlehem*.

## Die Vorstellungskraft aktivieren

Sich gegen das Gefühl der Trauer zu sperren oder dagegen anzukämpfen ist sinnlos. Sie können jedoch die in der Trauer steckende Kraft nutzen(!), um ein neues Leben zu beginnen. Entwickeln Sie sich weiter, und zwar so, daß der verstorbene Mensch stolz auf Sie sein könnte, wenn er Sie sehen würde. Stellen Sie sich vor, daß der bzw. die Verstorbene Ihnen gut zuredet.

## Mit Entspannung, Meditation und Affirmationen die Trauer schmelzen lassen

Trauer ist meist mit einer enormen Daueranspannung verbunden. Das ist schlecht für Ihren Körper, insbesondere für das Immunsystem. Die Folge ist eine erhöhte Infektionsanfälligkeit. Entspannen Sie sich. Lesen Sie noch einmal die Entspannungsmethoden auf Seite 131 ff. Wenn Ihnen vor lauter Trauer eine aktive Entspannung nicht möglich ist, lassen Sie in den Strom aus schmerzlichen Gedanken und Gefühlen einfache Affirmationen des Trostes und der Zuversicht einfließen: »Ich lebe«; »Ich bin leicht«; »Ich bin gesund und habe Kraft«; »Ich habe viele neue Möglichkeiten«; »Neue schöne Erlebnisse warten auf mich« …

NEUE FREUNDE GEWINNEN

Ältere Menschen, die in einem dichten Netz freundschaftlicher Beziehungen leben, sind im allgemeinen gesünder, lebensfroher und erreichen ein höheres Alter als Menschen ohne sozialen Rückhalt. Ein Leben in Einsamkeit bedeutet erwiesenermaßen eine kürzere Lebenserwartung, geringere Lebensfreude, fehlenden Optimismus, mangelnde Leistungsfähigkeit und unzureichende Gesundheit. Es gibt zwar alleinstehende Frauen, die sehr alt werden. Doch gerade diese Frauen hatten Zeit ihres Lebens reichhaltige menschliche Kontakte, von denen sie im Alter zehren.

## Tips

### Freundschaften aufbauen

- Überlegen Sie sich, was Sie bislang allein unternommen haben und was davon Sie gern mit anderen Menschen gemeinsam tun würden.
- Suchen Sie Gleichgesinnte, die auch Freude an dieser Tätigkeit haben. Für fast jede Aktivität gibt es Vereine und Interessengemeinschaften, in denen Menschen im dritten Alter schnell Anschluß finden können.
- Ein leichter Weg, um Kontakte zu knüpfen, ist die Wiederbelebung abgekühlter Freundschaften. Stellen Sie sich aber darauf ein, daß die Gründe, die einst zum Abkühlen der Beziehung geführt haben, wahrscheinlich immer noch bestehen. Enttäuschungen und Verletzungen könnten die Folge sein. Oft haben ganz neue Freundschaften mehr Zukunft.
- Machen Sie langjährige Bekannte zu Ihren Freunden. Sprechen Sie doch die Dame oder den Herrn, die bzw. den Sie jede Woche an der Bushaltestelle treffen, einmal an. Rufen Sie alte Arbeitskollegen oder ehemalige Nachbarn an, und laden Sie sie ein.

### Gemeinsame Interessen

Nutzen Sie Kontaktanzeigen im Radio, in Zeitungen und am Schwarzen Brett ... Vielen Menschen im dritten Alter geht es zunächst nur um gemeinsame Interessen. Doch oft sind gemeinsame Interessen ein erster Schritt zu einer guten Freundschaft – und vielleicht auch zu mehr.

### Gemeinsame Aktionen

An den Volkshochschulen und von einer Reihe von Vereinen werden die unterschiedlichsten Kurse angeboten. Von Koch-, Bastel- und Sprachkursen bis hin zu gemeinsamen Ausflügen und Wanderungen haben Sie eine reichhaltige Palette an Tätigkeiten zur Auswahl. Hier finden Sie Gleichgesinnte, mit denen Ihnen angenehme Gespräche nicht schwerfallen. Belegen Sie Kurse, die sich mit Ihren Aktivitäten und Interessen decken.

### Ein guter Zuhörer sein

Viele Menschen suchen verzweifelt nach einem Gesprächspartner oder einem Zuhörer. Besonders Singles erzählen gern, wenn sie die Gelegenheit dazu bekommen. Sie können einem Menschen eine große Freude bereiten, wenn Sie sich ihm voll und ganz widmen. Hören Sie Ihrem Gegenüber aufmerksam zu. Zeigen Sie, daß Sie die Probleme Ihres Gegenübers ernst nehmen.

### Verständnis für andere Menschen

Es kommt nicht so sehr darauf an, daß andere Menschen Sie verstehen, sondern daß Sie andere Menschen verstehen.

### Wo Sie im dritten Lebensdrittel Freunde finden

- in Volkshochschul- und Fitneßkursen – viele geistig junggebliebene Menschen im dritten Lebensabschnitt pflegen ihren Körper und ihren Geist
- in Clubs und Vereinen – überdurchschnittlich viele Menschen über fünfzig sind Mitglieder von Tanzklubs und Sportvereinen
- auf Reisen – besonders Gruppenreisen in Autobussen sind bei Menschen im besten Alter sehr beliebt
- in Cafés und Restaurants

### Computer-Kontakte

Warum versuchen Sie es nicht einmal mit einem Internet-Kontakt. Wenn Sie einen Computer mit Internetanschluß besitzen, ist es nicht schwer, auf diesem Wege mit Gleichgesinnten Kontakt aufzunehmen.

## DAS WILL ICH TUN:

Ich werde die Nähe von Menschen suchen, deren Gegenwart mich beflügelt, mich innerlich reich macht und Glück in mein Leben bringt. Kenne ich bereits solche Menschen? _____

_____

_____

_____

_____

Ich werde mir Menschen vom Leib halten, die mir meine Kraft rauben, die mir das Gefühl geben, ich sei ihr Diener oder Sklave, die mir keine Liebe schenken und in denen ich mich nicht spiegeln kann:

_____

_____

_____

_____

(Schreiben Sie keine Namen auf. Benutzen Sie Kürzel oder Symbole, die nur Sie kennen.)

## *Bücher, die Ihnen weiterhelfen*

Jaeggi, Eva: *Viel zu jung, um alt zu sein. Das neue Lebensgefühl ab sechzig.* Reinbeck 1998.

Müller, Monika, und Schnegg, Matthias: *Unwiderbringlich – Vom Sinn der Trauer.* Freiburg 1998. Dieses Buch gibt nicht nur Hilfe bei Verlust und Tod, sondern zeigt auch anschaulich, was im Prozeß der Trauer mit dem Trauernden geschieht, wie Angehörige und Freunde helfen können und was Trauernden guttut.

Smith, Page: *Das Alter ist ein anderes Land. Ein Reisebericht.* München 1997. Eine Reise in die Innenwelt des Alters.

*Was tun, wenn jemand stirbt?* (zu bestellen bei: Verbraucherzentrale Nordrhein-Westfalen, Adlerstr. 78, 40215 Düsseldorf)

# Zärtlichkeit, das Elixier des Lebens

*Die folgenden Tage sind bestimmt von Annas Gegenwart: Anna beim Frühstück auf der Morgensonnenterrasse; Anna im Supermarkt; Anna in Not auf einem Tretboot mitten auf dem See; Anna voll Freude, aber total geschafft neben dem Gipfelkreuz; Anna beim Picknick auf dem Moos im Wald; Anna mit nassem Haar am Badesteg; Anna, Anna, Anna ...*

*Tief in Ihrer Seele fühlen Sie sich in Ihre Jugend zurückversetzt. Nur daß keine Drohung mehr in der Luft liegt wie: »Warte nur, wenn du erwachsen bist« oder »Leiste erst einmal etwas, dann kannst du leben und lieben.« Jetzt leben Sie unmittelbar. Aus der Reife Ihrer Jahre heraus tut es gut, wieder Kind zu sein. Keiner muß es wissen, nur Sie beide ... Anna und Sie. Wenn Seelen glückliche Kinder sein dürfen, ist Glückseligkeit nicht weit. Die Jahresringe bleiben, aber die Leichtigkeit und Freude, das Glück und die Liebe der Jugend sind wieder da. Glückliches Alter. Doch alt fühlen Sie sich noch lange nicht ...*

## Verschaffen Sie sich Klarheit!

*Worum es geht*: Sie wollen sich bewußtmachen, wie wichtig Ihnen Zärtlichkeit und Liebe sind.

*Wie Sie sich einstimmen*: Genießen Sie einen stimulierenden Hafertee. Begeben Sie sich an einen Ihrer Wohlfühlorte, und machen Sie es sich bequem. Entspannen Sie sich.

*Tun Sie das*: Fragen Sie sich:

Was verstehe ich unter Zärtlichkeiten? _____

Welchen Stellenwert hat Zärtlichkeit für mich? _____

_____

_____

Was verstehe ich unter Liebe? _____

_____

_____

Welche Bedeutung hat Liebe für mich? _____

_____

_____

---

## Hafertee

2 Teelöffel Grünen Hafer (die kurz vor der Vollblüte geernteten und schnell getrockneten Ähren der Haferpflanze) mit 300 Milliliter heißem Wasser übergießen, 5 Minuten ziehen lassen, abseihen, 1 Teelöffel Honig zugeben und mit 50 Milliliter fettarmer Kaffeesahne oder Milch auffüllen.

---

Kann sich ein Mensch im dritten Lebensalter überhaupt noch verlieben? Sind Liebe, Zärtlichkeit und Erotik mit fünfzig anders als mit dreißig, sind sie mit siebzig anders als mit fünfzig? Zahlreiche Berichte von Menschen, die in dieser Lebensphase ihren Partner fürs Leben und Lieben gefunden haben, sind ein Beweis dafür, daß auch jenseits der fünfzig Amors Pfeile noch treffen, daß Menschen in Ihr Leben treten können, deren Anblick Ihr Herz höher schlagen läßt und deren Berührung Bauchkribbeln hervorruft.

Gerade ältere Menschen sind oft unfreiwillig ohne Partner, sei es, daß sie ihn durch Krankheit oder Unfall verloren oder sich von ihm getrennt haben. Was fehlt, ist ein Mensch, der voll und ganz zu einem steht, mit dem man rundherum glücklich und zufrieden sein kann. Wir alle brauchen dieses wunderbare Gefühl, geborgen und geliebt zu sein. Sich im Alter verlieben ist etwas Wunderbares. Und die Wahrscheinlichkeit, daß gerade jetzt eine Reise mitten ins Glück beginnt, ist

*Seid verliebt, und ihr werdet glücklich sein.*
Paul Gauguin

recht groß. Im Vergleich zur Jugend haben Sie als älteres Liebespaar eine Reihe von Vorteilen: Sie erleben Ihre Liebe bewußter, weil Ihnen Ihre Zeit wertvoller ist. Sie sind kein unbeschriebenes Blatt mehr, sondern ein gereiftes Wesen. Auch Ihr Partner ist inzwischen eine voll ausgereifte Persönlichkeit. Genießen Sie Ihre Reife. Späte Liebe ist Freude pur!

Marlise Schori beschreibt diesen Umstand in *Verliebt mir fünfzig* sehr schön: »Mir scheint, daß bei einer späten Liebe die Gefühle intensiver sind, man erlebt eine Liebe viel bewußter, weil man näher am Lebensende ist. Man versucht nicht, den anderen zu ändern, sondern akzeptiert ihn, wie er ist. Man muß nicht mehr alles zusammen machen, sondern läßt dem anderen seinen Lebensstil. Man ist reifer und kann besser geben.«[9]

## Tips

### »Liebe« und Feng Shui

Mit Feng Shui, der alten asiatischen Wohn- und Lebenskunst, können Sie nicht nur Ihre Wohnung energetisch aufmöbeln, sondern auch Ihr Liebesleben auf Vordermann bringen. Nach dem Verständnis von Feng Shui prägt unsere Wohnumgebung unser Schicksal. Wenn Sie Ihren Alltag auf eine neue Liebe vorbereiten, erhöhen Sie auch die Wahrscheinlichkeit, daß ein lieber Mensch Einzug in Ihr Leben hält.

Schaffen Sie also Raum in Ihrem Leben für einen lieben Menschen an Ihrer Seite: machen Sie Platz in Ihrem Kleiderschrank; stellen Sie einen Stuhl mehr an den Eßtisch; tauschen Sie den Fernsehsessel gegen eine kleine Couch aus. Und räumen Sie auf, denn das schafft Platz für Neues, eventuell auch für einen neuen Menschen an Ihrer Seite.

### Zärtliche Berührung hält gesund

Berührung ist die ursprünglichste Form der Heilbehandlung. Bereits seit Menschengedenken heilten Ägypter, Chinesen und Inder Krankheiten durch Handauflegen und Massage. Jeder zärtliche Berührung reduziert nachweislich die Menge an Streßhormonen im Blut. Wenn Ihnen die Berührung durch andere Menschen ungewohnt oder auch unangenehm ist, dann probieren Sie es zunächst einmal mit einer Massage. Lassen Sie sich massieren, und massieren Sie. Wenn niemand da ist, der Sie massiert, wenden Sie sich an eine/n professionellen Masseur/in, besonders zu empfehlen ist u. a. die rhythmische (anthroposophische) Massage.

Jede zärtliche Berührung beruhigt und stärkt das Immunsystem. Lassen Sie Ihre Phantasie spielen, wenn Sie hungrig nach Zärtlichkeiten sind. Seien Sie zärtlich zu sich selbst.

## Liebeszauber

Liebe keimt oft schon bei einem Lächeln und den richtigen Worten. Wem das nicht reicht, der kann nachhelfen mit Düften, Farben, Musik und einem verführerischen Essen.

Gerade Menschen im dritten Lebensalter haben einen gewaltigen Hunger nach Intimität. Intimität zwischen Menschen sollte jedoch nicht mit körperlicher Intimität oder Sexualität gleichgesetzt werden. Intimität bezeichnet eine sehr enge Beziehung zwischen Menschen, die keinen Bereich der Persönlichkeit ausgrenzt. Menschen, die miteinander intim sind, sollten keine Geheimnisse voreinander haben.

Intimität ist ein Prozeß, der sich langsam auf der Grundlage einer tiefen Sympathie entwickelt: zwischen Liebenden oder durch familiäre Bindungen (etwa zwischen Eltern und Kindern oder zwischen Geschwistern). Intimität kann aber auch enden, wenn beispielsweise das Vertrauen zerstört wurde. Sie entwickelt sich *mit* den beteiligten Personen. Sie hält die Personen in der Bindung und ist zugleich die Folge und die Frucht des Zusammenseins. Intimität läßt sich nicht erzwingen. Sie ist ein Geschenk, das zwei Menschen einander machen, das Zeit braucht zum Reifen und das nie leichtfertig aufs Spiel gesetzt werden sollte. Intimität kann allein dadurch wachsen, daß zwei Menschen zusammen sind, die in Liebe offen sind füreinander.

*Intimität beginnt wie mit einem Zeh im Wasser. Wenn wir jemanden zum ersten Mal treffen, zu dem wir uns hingezogen fühlen, nähern wir uns normalerweise sehr vorsichtig und mit großen Erwartungen, wir gehen wie auf Eierschalen.*
Leider/Shapiro

## *Tips*

### *Vollkommene Offenheit*

Überlegen Sie sich, was Sie wirklich mit den Menschen, die Sie lieben, verbindet. Behandeln Sie Ihre engen Beziehungen nicht wie ein Taschentuch, das Sie wegstecken, wenn Sie sich die Tränen von Ihren Wangen gewischt haben. Intimität ist dazu da, um am Leben erhalten zu werden und um Leben zu geben. Intimität soll heißen, daß Sie ihrem Partner alles erzählen können, ohne davon den geringsten Nachteil zu haben.

### *Offenheit und Intimität*

Vollkommene Offenheit ist noch lange keine Intimität. Offenheit ohne gewachsene Liebe, ohne Respekt, führt leicht in die Geringschätzung des Partners.

### *Ausgefallene Gemeinsamkeiten*

Gemeinsame Erlebnisse, gemeinsame Pläne, gemeinsame Geheimnisse fördern die Intimität. Solche Gemeinsamkeiten lassen sich schaffen und ausbauen. Sie wirken intensiver, je besser Sie zuhören können und je mehr Sie von sich selbst erzählen. Gemeinsamkeiten erschaffen ein starkes Wir-Gefühl.

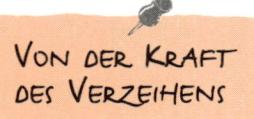

**VON DER KRAFT DES VERZEIHENS**

Einen Menschen lieben heißt, diesen Menschen ganz zu lieben, mit all seinen Fehlern und Schwächen, mit all seinen Krankheiten und Alterserscheinungen. Gerade in langjährigen Partnerschaften treten die Fehler der Partner immer deutlicher zutage. Versäumnisse summieren sich, ebenso Kränkungen und Zurückweisungen.

Hinzu kommen die Wünsche, Hoffnungen und Ansprüche, von denen unsere zwischenmenschlichen Beziehungen geprägt sind. Wir beurteilen unsere Mitmenschen anhand unserer eigenen Erfahrungen und Erwartungen. Es ist kaum möglich, einen Mitmenschen, so zu sehen, wie er wirklich ist. Und ebensowenig erleben wir die Welt, wie die andere Person sie erlebt. Da es unsere eigenen Lebenserfahrungen sind, die unsere Realität prägen, können wir unsere Mitmenschen gar nicht objektiv bewerten. Am schmerzlichsten wird uns dies bewußt, wenn wir von Menschen, die wir lieben, enttäuscht werden. Wenn wir unsere Liebe auf Erwartungen bauen, die der andere nicht teilt, kommt es zu Frustrationen und Mißverständnissen.

Hier heißt die Zauberformel »verzeihen«. Verzeihen macht zwar Fehler nicht ungeschehen, bereitet jedoch den Boden für das Fortbestehen der Liebe. Dagegen läßt eine lebenslange Buße keine wahre Liebe mehr wachsen. Zum Verzeihen gehört es, den Partner in seinem Wesen zu akzeptieren. Eine Liebe, in der eine Person ständig versucht, die andere umzuformen, ist von vornherein zum Scheitern verurteilt.

> *Wir wollen immer verzeihen,*
> *dem Reuigen um seinetwillen,*
> *dem Reuelosen um unsretwillen.*
> Marie von Ebner-Eschenbach

## Tips

### Mit dem Partner sprechen

Fast immer steht vor dem Verzeihen die gründliche Aussprache. Hier sollten Sie Ihre Gefühle offenlegen. Sie können Ihren Schmerz und Ihre Befürchtungen zur Sprache bringen, ohne den anderen anzuklagen.

- Beharren Sie nicht auf Ihrem Recht, sondern erklären Sie Ihrem Partner, wie Sie zu Ihrer Meinung kommen, und hören Sie zu, wenn Ihr Partner seine Sichtweise schildert.
- Gehen Sie davon aus, daß Sie den anderen nicht überzeugen können, daß Sie sein Wissen lediglich um Ihren Standpunkt bereichern.
- Schildern Sie Ihre Sicht und Ihre Stimmung humorvoll, aber entschieden.
- Versuchen Sie, Mißverständnisse gleich anzusprechen, statt Ärger in sich »hineinzufressen«.
- Sprechen Sie über sich, ohne dem anderen Vorwürfe zu machen.
- Verzeihen bedeutet nie, einen anderen Menschen zu verändern. Verzeihen fängt immer bei einem selbst an.

### Leben und leben lassen

Versuchen Sie Ihre Beziehung einfach und gut zu gestalten. Genießen Sie die positiven Eigenschaften des geliebten Menschen, und verzeihen

Sie ihm großzügig seine Fehler. Sie sprechen sich damit auch von der Aufgabe (oder gar dem Zwang) frei, ihn oder sie ständig auf Fehler hinweisen zu müssen. Leben Sie, und lassen Sie leben.

Wenn Ihr Partner so wie Sie im dritten Lebensalter steht, dann können Sie ihn ohnehin nicht mehr ändern! Außerdem haben Sie gar keine Chance, jemanden zu verändern, der das nicht selbst möchte! Im Gegenteil. Ständiges Nörgeln und Besserwissen kann eine ansonsten fruchtbare Partnerschaft auf Dauer aushöhlen. Verschleißen Sie sich nicht in einer aussichtslosen unfruchtbaren Sisyphosarbeit. Üben Sie statt dessen Nachsicht mit Ihrem Partner – und mit sich selbst. Wirkliche Liebe bedeutet nicht, daß man den anderen nach dem eigenen Bild formt, sondern daß man ihm auf seinem Weg hilft.

### Jede Nachsicht endet, wo eigenes Leid entsteht

Jedes Verzeihen ist sinnlos, wenn der Partner es als Freibrief für rücksichtloses Verhalten auffaßt. Sie können nicht auf Dauer mit einem Menschen glücklich sein, wenn Sie leiden. Zu verzeihen bedeutet nicht, sich auf Dauer mit einer entwürdigenden oder erniedrigenden Situation zufriedenzugeben.

### Weitere Hilfen

Gemeinsame Meditationen, gemeinsame Yogaübungen, Partnermassagen, eine Partnerschaftsberatung und vieles mehr können Ihnen außerdem weiterhelfen.

### Wie wäre es mit einem gemeinsamen Bad?

Als versöhnlich stimmende und erotisierend wirkende Badezusätze gelten Kalmus, Muskatblüte, Rosmarin und Schafgarbe.[10]

---

### Badezusatz

Stellen Sie etwa 2 bis 3 Liter Sud her, mischen Sie diese mit 1 Becher Sahne, und geben Sie die Mischung ins Badewasser.

## DAS WILL ICH TUN:

Ich werde mir die Zärtlichkeit, die ich brauche, von meinen Mitmenschen holen.

Von folgenden Menschen wünsche ich mir mehr Zärtlichkeit: _____

_____

_____

_____

_____

Folgenden Menschen will ich mehr Zärtlichkeit geben: _____

_____

_____

_____

_____


## *Bücher, die Ihnen weiterhelfen*

Jellouschek, Hans: *Wie Partnerschaft gelingt – Spielregeln der Liebe*. Freiburg 1998.
Jong, Erica: *Keine Angst vor fünfzig*. München 1996.
Kreppold-Gröger, Gabriele, und Kreppold, Josef: *Der Weg zu zweit. Als Paar zueinander finden, ohne sich selbst aufzugeben*: Freiburg 1998.
Schall, Traugott Ulrich: *Wenn alte Liebe neu erblüht. Von Ehe und Partnerschaft*: München 1998.

# Erotik und Sexualität

*Sterben vor Liebe? Wenn es in diesem wundervollen Urlaub ein Gefühl gibt, das schmerzt, dann ist es das Bedauern, Anna nicht früher wiedergesehen zu haben. So schade! Sie hätten Kinder haben können, viele Urlaube im Sommer, all die kleinen und großen Sorgen, die eine richtige Liebe wachsen lassen. Alles vorbei, ohne je begonnen zu haben … Grenzenloses Bedauern breitet sich in Ihrer Seele aus, als Sie im Schummerlicht Ihrer Nachttischlampe entkleidet auf Ihrem Bett liegen und den Geräuschen des Wassers, die aus Ihrer Dusche zu hören sind, lauschen. Das Leben hätte so schön werden können!*

*Sie schalten Ihre Nachttischlampe aus, damit sie, die gerade aus dem Bad kommt, Ihre Tränen nicht sieht. Zu spät. Sie spüren warme zarte Haut. »Brauchst nicht traurig sein. Wir holen alles nach. Alles!« Ein Strudel von Gefühlen reißt Sie mit sich fort. Worte der Liebe, Küsse überall, Wohlgerüche, zärtliche Berührungen, ein Ozean der Ruhe. Wie ein Durstender, der tausend Jahre durch die Wüste geirrt ist und endlich eine Oase gefunden hat, so fühlen Sie sich.*

## Verschaffen Sie sich Klarheit!

*Worum es geht*: Sie wollen sich über die Rolle klarwerden, die Erotik und Sexualität in Ihrem Leben spielen.

*Wie Sie sich einstimmen*: Mixen Sie sich einen anregenden Gemüse-Drink (Wie wäre es mit einem Paprika-Petersilien-Tomatensaft-Drink?) Begeben Sie sich an einen Ihrer Wohlfühlorte, und entspannen Sie sich.

*Tun Sie das*: Finden Sie heraus, welchen Stellenwert Erotik und Sexualität in Ihrem Leben einnehmen. Fragen Sie sich:

Sehne ich mich nach mehr Erotik? _____

Habe ich genug davon? _____

Bin ich ihrer gar überdrüssig? _____

Zu welchem Menschen würde ich gerne eine kuschelig-erotische Beziehung aufbauen? _____

Welche Charakterzüge schätze ich an mir selbst am meisten? _____

_____

Welche Charakterzüge schätze ich an einem Sexualpartner? Die gleichen? Oder völlig andere? _____

_____

Wem würde ich meine tiefsten Geheimnisse anvertrauen, an wen würde ich mich wenden, wenn ich etwas Beschämendes eingestehen müßte? An einen Fremden (z.B. an eine zufällige Bekanntschaft im Lift oder im Flugzeug)? An einen langjährigen Freund? An den Menschen, mit dem mich Intimität verbindet? _____

_____

Gibt es jemanden, mit dem ich gern den Rest meines Lebens verbringen würde? _____

_____

Gibt es etwas, das ich mit diesem Menschen nicht teilen würde? _____

_____

---

*Paprika-Petersilien-Tomatensaft-Drink*

*Zutaten:*
$1/2$ rote Paprikaschote
$1/2$ Bund frische Petersilie
100 ml Gemüsebrühe
100 ml Tomatensaft
Salz, Pfeffer, Tabasco

*So wird's gemacht*: Paprikaschote halbieren, entkernen, waschen und eine Hälfte in Stücke schneiden. Petersilie waschen, trockentupfen, kleinschneiden und dann zusammen mit dem Paprika pürieren. Gemüsebrühe und Tomatensaft dazugeben, mit Salz, Pfeffer und Tabasco abschmecken und in ein Glas füllen. Mit frischer Petersilie garnieren.

**EROTIK HÄLT JUNG!**

Es gibt keinen Grund, warum sich Sexualität nur auf die jungen Jahre beschränken sollte. Es gibt keinen organischen Grund, der gegen körperliche Liebe in späteren Jahren spricht – keinen geistigen, seelischen, moralischen, rechtlichen … und auch keinen anderen. Auch im dritten Lebensalter löst jede liebevolle Berührung angenehme Gefühle aus. Zärtliche körperliche Liebe tut gut und ist gut. Die Fähigkeit zu körperlicher Liebe und die Lust auf Sexualität bleibt bei Frau und Mann bis ins hohe Alter erhalten. Es heißt sogar, ein Mangel ließe den ganzen Menschen schneller altern. Betrachten Sie zärtliche körperliche Liebe als Ihren wertvollsten Jungbrunnen. Erotik bedeutet Erleben mit allen Sinnen!

Wahre Liebe wird nicht alt, sondern reif, und Reife ist für eine erfüllende erotische Partnerschaft mindestens genauso wichtig wie körperliche Fitneß. Daher ist die körperliche Liebe reifer Menschen mehr als nur Geschlechtsverkehr. In ihr pulsiert das Glück, mit jeder innigen Umarmung einen ganzen Kosmos voller Lebenserfahrung in den Armen zu halten. Auch bejahrte Körper sind attraktiv. Sie zeigen die Spuren von Entwicklung und Leben. Zärtliche Liebe zwischen älteren Menschen ist wie ein sonniger Urlaub im Spätsommer.

*Junge Liebe ist von der Erde, späte Liebe ist vom Himmel.*
Türkisches Sprichwort

Ein Recht auf erfüllende erotische Liebe haben Sie ohnehin, denn erst jetzt wird Ihre Sexualität erwachsen. Je älter wir werden, desto geübter sind wir. Wir kennen uns vor allem in unserer »Selbstliebe« besser aus. Dem Körper genügen feinere Berührungen; möglicherweise liegt das daran, daß wir immer sensibler werden.

Reife Liebe ist gefühlvoll und liebevoll. Die Gelassenheit nimmt zu. Etwas zu erwarten, ohne etwas Spezielles zu erwarten; Hoffnungen zu haben, ohne etwas Besonderes zu wollen; den Weg festzulegen, aber nicht das genaue Ziel – das führt zu Schmetterlingen im Bauch!

## Tips

### Essen für die Liebe

Essen und Liebe stehen in einer ganz besonderen Beziehung. Davon zeugen auch die vielen mit der Nahrungsaufnahme zusammenhängenden Beschreibungen für Liebe und Zuneigung: der Mund der Geliebten wird mit einer Erdbeere verglichen, ihre Haut mit der Oberfläche eines Pfirsichs; man möchte jemanden »vernaschen« oder hat den Liebsten bzw. die Liebste »zum Fressen gern«.

Wie wäre es, wenn Sie sich zu zweit ein erotisches Liebesmahl zubereiteten? Stimmen Sie sich ein auf das, was nach dem Essen noch kommen mag. Ein Liebesmahl aus Avocados, Spargel, Feigen, Austern und anderen Meeresfrüchten, denen eine anregende Wirkung zugeschrieben wird, hat schon manch glimmende Liebe zu einer lodernden Flamme entfacht.

## Ein Liebesmahl

»Zunächst als Appetitanreger ein Glas eines Aperitifs oder ein Glas Fruchtsaft; sodann eine Bouillabaisse oder Selleriesuppe; eventuell ein Krabbencocktail; als Hauptgericht ein Fisch- oder Fleischgericht mit wenig Kartoffeln oder Reis; dazu ein oder zwei Glas des passenden Weins; Kopf- oder Endiviensalat, angemacht mit saurem Rahm und kleingeschnittenem Ei; als Kompott Kirschen oder Pflaumen; zum Schluß eine Tasse Mokka.«[11]

## Erotische Gymnastik

Bringen Sie sich mit Übungen in Schwung, die man nur zu zweit machen kann. Stellen Sie sich z. B. Rücken an Rücken, lassen Sie Ihre Arme baumeln, und legen Sie Ihre Handflächen aneinander. Wenn möglich, halten Sie sich gegenseitig an den Händen und bewegen nun zusammen Ihre Arme in einem Halbkreis nach oben und nach unten. Gehen Sie in die Hocke, dehnen Sie sich, immer Rücken an Rücken und Handflächen an Handflächen. Nun lösen Sie Ihre Hände; drehen sich einander zu; stehen so, daß Sie einander gerade berühren; legen die Handflächen aneinander (bei zu beiden Seiten ausgestreckten Armen) und kreisen mit dem Oberkörper, dehnen und strecken sich. Die ganze Übung dauert 7 bis 8 Minuten.

Als erotische Gymnastik eignen sich alle Übungen, bei denen Sie sich aneinander festhalten können und müssen. Die Kleidung sollte leicht und angenehm sein. Wenn möglich, begleitet Sie Ihre gemeinsame Lieblingsmusik. Zum Abschluß der Übungen massieren Sie sich gegenseitig.

## Zärtlich sein ist Trumpf

Sexualität im Alter ist mehr als Glied, Vagina und Orgasmus. Sie brauchen beide mehr Zärtlichkeiten als früher, um in Stimmung zu kommen. Sexualität im Alter bedeutet, den ganzen Menschen an Körper und Seele ausgiebig kennenzulernen. Steigern Sie Ihre Lust, und lassen Sie einfach geschehen, was passiert. Widmen Sie sich zärtlich-sanften Vorspielen. Wagen Sie ausgefallenere Experimente. Stillen Sie Ihren Hunger nach zärtlicher Berührung, ohne daß es zu einem Eindringen kommen muß. Erleben Sie jede weitere Sprosse auf der Leiter der Erotik als ein Geschenk, das Sie sich gegenseitig geben.

## Mit Leidenschaft dabeisein

Zeigen Sie Ihre Begeisterung für Ihren Partner und für Ihre gemeinsamen Stunden. Begeisterung aus Leidenschaft wirkt ansteckend. Sie überträgt sich auf Ihren Partner und kehrt doppelt wieder zurück.

## Einige Sprossen auf der Leiter in den Himmel der Liebe

- Nur wenn Sie Ihren Partner mit Leib und Seele lieben, können Sie sich Ihrer beider Lust voll und ganz hingeben. Sagen Sie Ihrem Partner, daß Sie ihn lieben.
- Machen Sie aus Ihrem Liebesakt etwas ganz etwas Besonderes: Verabreden Sie sich zu einem tollen Essen, zu einem wohlig warmen Bad, zu einem Besuch im Theater und Kino. Schaffen Sie ein erotisches Ambiente in den eigenen vier Wänden. Tauschen Sie Zärtlichkeiten aus unter der Dusche und in der Badewanne. Flirten Sie am Strand, oder bringen Sie sich im Wald in Stimmung. Seien Sie erfinderisch: Liebesspiele, ein erotisches Bad, Frühstück im Bett … gehören in jede tiefe Partnerschaft reifer Menschen.
- Eine gemeinsame Sprache für Ihre Sexualität schafft ein Gefühl von Vertrautheit und Zusammengehörigkeit, das Ihnen hilft, sich zu entspannen. Denken Sie sich Kosenamen füreinander aus. Streicheln Sie die intimen Körperteile Ihrer Partnerin oder Ihres Partners mit Worten der Liebe und Heiterkeit. Beschreiben Sie Ihre Gefühle in vielen zärtlichen Schattierungen.
- Die Haut des ganzen Körpers will gestreichelt werden. Beschränken

Sie sich nicht auf bestimmte Teile des Körpers. Spielen Sie miteinander, und beziehen Sie alle Ihre Sinne ein.

- Entwickeln Sie Ihr Gespür für Ihre *gemeinsame* Lust wieder. Entdecken Sie sich neu in einem Kurzurlaub von zwei Tagen, in einer Stunde in der warmen, nach Kräutern duftenden Badewanne oder …

### Quellen der erotischen Lust

Es gibt unendlich viele Quellen erotischer Lust. Nutzen Sie sie alle! Bauen Sie Lust auf durch zärtliche Worte, Streicheln, Küssen, Massieren, durch Düfte, Musik, Essen oder durch behütendes In-den-Arm-Nehmen. Seien Sie phantasievoll. Teilen Sie Ihre sexuellen Phantasien mit Ihrem Partner. Warum nicht auch mechanische erotische Hilfsmittel einsetzen?

### Homöopathie für die Lust

Als luststeigernd gilt das Mittel *Barium carbonicum* in D4- bis D6-Potenzen.

### Mit erotischen Gedanken und Gefühlen zaubern

Öffnen Sie Ihre inneren Pforten für die Liebe. Stellen Sie sich vor, wie schön es sein wird, Liebe zu empfangen und Liebe zu geben. Erzeugen Sie positive Vorstellungen in Ihrem Geist und erotische Gefühle in Ihrer Seele. Erst wenn Sie in Ihrem Geist und Ihrer Seele erfüllende Liebe und berauschende Sexualität zulassen, wird auch in Ihr Leben das Glück sinnlichen Zusammenseins Einzug halten.

Liebende möchten einander möglichst nah sein: Haut an Haut ist ihr größtes Glück. Doch im Alter sind die Gelenke und die Wirbelsäule nicht mehr so belastbar, die Beweglichkeit läßt nach, und der Körper wird schmerzempfindlicher. So haben viele Männer bei ungünstigen Stellungen Schmerzen in der Magengegend oder spüren ihre Leber. Frauen werden oft generell im Bauchraum schmerzempfindlicher. Doch es gibt genug Liebesstellungen für unvergeßliche erotische Stunden, die trotzdem Spaß machen.

LANGSAM UND BEQUEM ZUR GLÜCKSELIGKEIT

## Tips

### Die Lust nicht von Schmerzen kaputtmachen lassen

Schmerzen beim Liebesakt – oder auch nur die Angst davor – sind Stimmungstöter. Sie lassen keine Freude an der Liebe und schon gar keine Lust aufkommen. Suchen Sie sich Stellungen, die Ihre Körper nicht zu sehr belasten.

### Es geht auch ohne Akrobatik!

Machen Sie keinen Leistungssport aus der Liebe. Wählen Sie eine Stellung für Ihren Liebesakt, in der Sie stundenlang genießen könnten, ohne daß Ihnen etwas weh tut und ohne daß Sie sich dabei anstrengen müssen.

### Stellungen für reife Paare

Gut für die Gelenke sind alle Stellungen, bei denen die Frau auf dem Rücken liegt und der Mann auf der Seite. Legt die Frau nun ein Bein über die Hüfte des Mannes, kann der Mann gut eindringen, ohne daß Gelenke oder Organe zu sehr belastet werden. Insbesondere die Wirbelsäule wird auf diese Weise geschont, und beide Partner haben Ihre Hände frei für Zärtlichkeiten. Nachteil dieser Stellung: Sie können sich beide nur sehr wenig bewegen und benötigen ein relativ großes Bett.

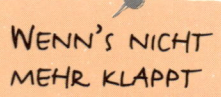

**WENN'S NICHT MEHR KLAPPT**

Frauen erreichen ihr sexuelles Hoch etwa mit dreißig, Männer mit zwanzig Jahren. Danach schaltet der Körper in vielen Bereichen auf eine gemächlichere Gangart um. Doch die Lust bleibt ein Leben lang. Allerdings nimmt die Häufigkeit des Geschlechtsverkehrs kontinuierlich ab. Während mit dreißig einmal pro Woche die Regel ist, sinkt sie mit siebzig auf einmal pro Monat. Der niedrigere Hormonspiegel bei der Frau *und* beim Mann verlängert die Erregungsphase. So dauert es jenseits der fünfzig nicht nur länger, bis sich die Frau erregt fühlt. Durch den sinkenden Östrogenspiegel wird auch die Vaginalschleimhaut trockener. Sex erfordert nun ein intensiveres Vorspiel. Die Reize müssen länger anhalten, um zum Bauchkribbeln der Vorfreude zu führen.

Bei den Männern schleichen sich mit dem Älterwerden immer mehr Potenzprobleme ein. Während mit vierzig etwa 5 Prozent unter Erektionsstörungen leiden, sind es mit siebzig schon 25 Prozent. Und während mit dreißig innerhalb von wenigen Sekunden eine volle Erektion erreicht werden konnte, dauert es mit siebzig einige Minuten. Zudem ist die Erektion nicht mehr so stark wie früher. Hier sind einfühlsame Zärtlichkeiten der Partnerin gefragt.

Trotz aller hormoneller Umstellungen und verzögerter Reaktionen – eines sollte klar sein: Wenn Sie gar keine Lust auf körperliche Liebe und Sex verspüren, dann hat das in der Mehrzahl der Fälle nicht mit Ihnen, sondern mit Ihrer Partnerschaft zu tun.

## Tips

### Der Unlust aus dem Weg gehen

Lusthemmend wirken

- das Verbergen sexueller Regungen
- Partnerschaften, die zu einseitig auf Gewöhnung, Freundschaft und Nähe ausgerichtet sind (sogenannte »Kumpel-Ehen«)
- unglückliche Partnerschaften. Wenn sich die Partner nicht mehr verstehen, aber aus finanziellen Gründen oder um den Schein einer heilen Ehe zu wahren zusammenbleiben
- Phantasielosigkeit, Routine, Langeweile
- mangelndes Eingehen auf den Partner, mangelnde Zärtlichkeit, Ungeduld
- Dauerstreß, Rauchen, hoher Alkoholkonsum
- Beruhigungsmittel; Medikamente gegen Depressionen, Bluthochdruck, Magengeschwüre, Herzschwäche und Schlaflosigkeit

### Wenn Sorgen die Liebe stören

Liebende besprechen am besten ihre Sorgen, *bevor* sie miteinander unter die Decke schlüpfen. Sorgen sollten nicht mit in den Liebesakt genommen werden. Sie sind jedoch Teil des Alltags sich liebender Menschen. Besonders zärtlicher Trost, verbunden mit liebevollen Berührungen, nimmt den meisten Sorgen ihre Schärfe. Wenn Ihnen Alltagssorgen allzusehr auf der Seele lasten, dann versuchen Sie doch einmal, mit Ihren Kleidern auch Ihre Sorgen auszuziehen. Oder schreiben Sie Ihre Sorgen auf einen Zettel, legen Sie den Zettel auf Ihre Kleider, und vergessen Sie all Ihre Probleme, denn Sie wissen, daß Sie sie beim Ankleiden wiederfinden werden.

### Erotische Wünsche offen ansprechen

Wenn es Ihnen schwerfällt, mit Ihrem Partner über Ihre tiefsten erotischen Wünsche zu sprechen, denken Sie sich eine Kurzgeschichte aus. Verpacken Sie Ihre sexuellen Phantasien in eine ansprechende Handlung, und schreiben Sie sie auf. Lesen Sie die Geschichte Ihrem Partner vor, oder lassen Sie sie von Ihrem Partner vorlesen.

### Gespräche über sexuelle Probleme

Besprechen Sie Ihre sexuellen Probleme nicht vor oder während des zärtlichen Beisammenseins. Das wirkt lusttötend. Erörtern Sie Themen sexuellen Inhalts bei einem Spaziergang oder bei einem Essen. Auch Diskussionen über die Vorzüge und Nachteile früherer Partner gehören auf gar keinen Fall in das zärtliche Beisammensein.

### Vorwürfe schaden

Beschreiben Sie dem Partner oder der Partnerin Ihre Wünsche positiv und offen. Falsch ist es, dem anderen Vorwürfe zu machen: »Du streichelst mich viel zu kurz.« Sprechen Sie Ihre Wünsche lieber anerkennend aus: »Es tut mir sehr gut, wenn du mich lange und ausgiebig streichelst.« Zärtlichkeit schafft Lebensfreude. Und Lebensfreude macht die Liebe leicht.

### Erfüllende Sexualität ist ein gemeinsames Werk

Flaut das sexuelle Interesse des einen Partners ab, so ist das oft eine direkte Folge der nachlassenden Bemühungen des anderen. Jede gemeinsame Liebeskunst kann nur so gut sein, wie es das Interesse der *beiden* Partner zuläßt.

## Pflanzen der Liebe

Einer Vielzahl von Pflanzen wurde bereits eine erotisierende Wirkung nachgesagt. Leicht sexuell anregend wirken alle harntreibenden Mittel sowie ein Teil der Mittel gegen Depressionen, wenn sie niedrig dosiert werden. Es gibt kaum eine Pflanze, die nicht auf die eine oder andere Weise bereits einmal mit der Steigerung der sexuellen Lust in Verbindung gebracht worden wäre. Besonders oft finden sich folgende Namen: Ambra, Anis, Beifuß, Bertram, Bohnenkraut, Curry, Ingwer, Kalmus, Kapern, Kardamom, Knoblauch, Kümmel, Kurkuma, Lorbeer, Majoran, Meerrettich, Melisse, Minze, Muskat, Nelken, Paprika, Petersilie, Pfeffer, Rosmarin, Safran, Salbei, Senf, Thymian, Vanille, Wacholder, Zimt, ja sogar Zucker.[12]

## Die Liebeskraft auf natürliche Weise steigern

Eine besondere Rolle als Liebespflanze spielt die aus Peru stammende Maca-Pflanze, denn sie hilft nicht nur bei Beschwerden der Wechseljahre und Schlafstörungen, sondern wirkt luststeigernd bei Mann und Frau. Zudem soll sie neben vielen Vitaminen auch eine große Menge an Zink, Eisen und Calcium enthalten. Maca-Präparate erhalten Sie in der Apotheke.

## Öle, Salben, Räucherungen und Bäder

Öle eignen sich besonders gut, um die erotische Stimmung zu heben. Man kann sie auf dem Handrücken verreiben, den Partner damit massieren oder sie in Potpourrischälchen oder Duftlämpchen verdunsten lassen. Etwas aus der Mode gekommen sind die Riechfläschchen. Auch Salben enthalten duftende Essenzen. Im Unterschied zu Ölen, die in erster Linie über die Schleimhäute der Nase ihre Wirkung entfalten, werden Salben über die Haut aufgenommen.

Bei Räucherungen werden in einem feuerfesten Tellerchen oder Pfännchen Harze oder andere Pflanzenprodukte mit Spezialkohle zum Glimmen gebracht und räuchernd durch die Wohnung getragen. Meist sind es Weihrauch und Myrrhe. Als erotisierendes Räucherwerk gelten: Gewürznelken, Sandelholzspäne, Jasminblüten, Rosenblüten, Patchouliblätter, Veilchenwurzeln, Benzoeharz.[13]

Erotisierende Badezusätze verfehlen selten ihre Wirkung, besonders wenn Sie zu zweit in die Wanne steigen. Mischen Sie sich Ihre erotisierenden Badezusätze selbst. Schenken Sie sich beide ein Gläschen Sekt ein, und bringen Sie sich in Stimmung (in der Badewanne!).

---

### Beglückendes Badeöl

Mischen Sie 10 Tropfen Sandelholz-, 3 Tropfen Rosen-, 4 Tropfen Patchouli-, 3 Tropfen Zimt- und 1 Tropfen Vanilleöl mit 2 Eßlöffeln Olivenöl, und verteilen Sie die Mischung im Badewasser.

---

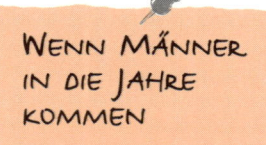

**WENN MÄNNER IN DIE JAHRE KOMMEN**

Auch Männer erleben mit dem Älterwerden hormonelle und psychische Turbulenzen (das sogenannte »virile Klimakterium«). Da der Testosteronspiegel sinkt, leiden sie in dieser Zeit unter Antriebsschwäche und Depressionen. Die meisten Männer haben mit den Umstellungen in ihrem Körper dann keine Probleme, wenn sie in ihrem Leben einen Gang zurückschalten, ihre ungenutzten Potentiale aktivieren und regelmäßig Sport treiben. Bereits bei einer halben Stunde Laufen bildet sich körpereigenes Testosteron und macht dem Mann wieder Lust auf das Leben.

Wenn der Mann nicht kann, hat das überwiegend psychische Gründe. Meist sind es die Angst zu versagen, Unsicherheit oder die Erinnerung an frühere Enttäuschungen. Depressionen wirken sich sowohl vor als auch während ihrer Behandlung negativ auf die Erektionsfähigkeit aus: Ohne Behandlung kann der Mann aus seelischen Gründen nicht, und sobald die Depression behandelt wird, unterdrücken die eingesetzten Medikamente das sexuelle Verlangen (wenn sie hoch dosiert werden).

In vielen Fällen lassen sich die Potenzstörungen reduzieren, wenn man eine liebevolle, beruhigende Atmosphäre schafft. Ein ruhigeres Leben mit weniger Streß, Nikotin und Alkohol und mehr Schlaf und Sport kann Wunder bewirken. Manchmal läßt sich jedoch der Gang zum Arzt nicht vermeiden.

Es gibt auch echte organische Gründe für die mangelnde oder gar fehlende Erektion des Gliedes: Ein Penis wird steif, wenn sich die beiden Schwellkörper mit Blut füllen. Daher wirken sich alle Gefäßerkrankungen störend auf die Erektion aus. Wenn der Penis nicht mehr steif werden will, dann kann eine ernsthafte Erkrankung die Ursache sein. Bei Männern mit Bluthochdruck kommt es häufig zu einer kurzzeitigen Erektion, gefolgt von einem frühzeitigen Samenerguß. Hier helfen auch keine blutdrucksenkenden Mittel, denn die führen ebenfalls zu einer verminderten Erektion. Auch chronische Nierenleiden beeinträchtigen die Sexualkraft des Mannes.

Oft sind plötzlich einsetzende Potenzstörungen Vorbote eines Herzinfarkts.

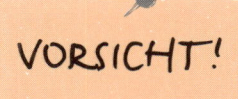

## Tips

### Als Mann Freude an der Erotik haben

- Entspannen Sie sich, bevor Sie körperliche Liebe geben und empfangen. Probieren Sie doch einmal eine der auf Seite 131 vorgeschlagenen Entspannungsübungen aus. Der einfachste Weg, sich schnell zu entspannen, ist ruhiges bewußtes Atmen.
- Körperliche Liebe sollte nie zu einer Pflichtübung werden. Gehen Sie mit Freude zu Ihrer Partnerin, so, als wäre es eines der ersten Male.
- Vorsicht bei der Angst zu versagen. Leicht kann daraus ein Teufelskreis entstehen. Bestes Mittel gegen die Angst zu versagen ist die Befreiung vom »Müssen«. Wenn nämlich Sex zum »Muß« wird, kommt keine Freude mehr auf. Oft helfen bei der Angst zu versagen Entspannung, autogenes Training, Yoga, Meditation und Ayurveda.
- Bei den meisten Männern sind die Brustwarzen erogene Zonen. Streicheln Sie Ihre Brustwarzen. Bitten Sie Ihre Partnerin, sie zu liebkosen.

### Was tun bei Erektionsstörungen?

- Entspannen: Alle Hektik und Unrast ablegen. Es langsam angehen lassen. Bereits die Befürchtung, es könnte nicht funktionieren, ist Gift für Ihre Erektion.

- Moderne Potenzpillen wie Viagra bekommen Sie nur vom Arzt. Informieren Sie sich über die Nebenwirkungen!
- Ein Penisring, die SKAT-Spritze, eine Vakuumpumpe und eine Penisprothese können Ihnen helfen, Ihre Erektionsstörungen zu überwinden. Informieren Sie sich bei Ihrem Arzt.

### Männliche Sexualität ist mehr als ein aufgerichteter Penis!

Sexualität hat mit dem ganzen Menschen zu tun. Wenn Sie erektionsfördernde Maßnahmen durchführen, dann lassen Sie sich von dem ganzen Drumherum (Gang zum Arzt, Aufrichtungsprozedur des besten Stücks) nicht auf Ihren Penis reduzieren. Lieben Sie mit Ihrem ganzen Körper! Auch ohne aufgerichteten Penis können Sie Ihre Partnerin zu wollüstigem Entzücken führen!

### Homöopathie für die Männlichkeit

- Gegen Impotenz oder verminderten Sexualtrieb wird *Barium carbonicum* D12 oder C10 empfohlen.
- Gegen Unlust hilft *Graphites* D12 oder C10.

### Bach-Blüten für eine erfüllte Sexualität

Lassen Sie die milde Kraft sonnengereifter Blüten Ihrem Verlangen helfen, sich zu verwirklichen.
Versuchen Sie es

- bei Versagensängsten mit *Mimulus, Larch, Willow*
- bei der Angst vor der Angst mit *Cherry Plum, Aspen*
- bei sehr starker Angst mit *Rock Rose*
- bei Angst vor Nähe und intimem Kontakt mit *Water Violet, Mimulus*
- bei Enttäuschung mit *Willow, Holly, Gentian*
- bei Verunsicherung mit *Holly, Walnut, Cerato*
- wenn Sie befürchten, unfähig zu sein, mit *Larch* und *Mimulus*

### Die sexuelle Energie mit Hilfe von Bioenergetik freisetzen

Das Behandlungskonzept der Bioenergetik wurde Anfang der fünfziger Jahre von dem amerikanischen Arzt Alexander Lowen zur Behandlung seelischer und seelisch bedingter Erkrankungen entwickelt. Die Bioenergetik geht davon aus, daß ein großer Teil der dem Menschen zur Verfügung stehenden Energie durch innere Blockaden unterdrückt wird. Das führt zu chronischen Muskelverspannungen mit Schmerzen, die auftreten, wenn man sich bewegt (z. B. im Rücken- und Halsbereich), und man kann nicht mehr frei durchatmen. Mit den körperlichen Einschränkungen kommt es auch zu einem Rückgang der spontanen Ausdrucksfähigkeit von Gefühlen und von Lebensfreude bis hin zu einem grauen, farblosen Erscheinungsbild.

Die Bioenergetik versucht diese Verspannungen durch körperlich-seelische Übungen zu lockern und die Energie wieder zum Fließen zu bringen. Die Atmung spielt hierbei die entscheidende Rolle. Auf diese Weise kehrt nicht nur Spontaneität ins Leben zurück, sondern auch die Freude am Sex.

Mit dem ganzen Körper zu lieben und als ganzer Mensch geliebt zu werden ist ein Bedürfnis, das mit dem Ausbleiben der Hormone nicht aufhört. Doch die Liebe ändert sich. Sie wird weniger stürmisch, aber dafür reicher und tiefer. Mit den Jahren nimmt das Verlangen nach liebevoller Hingabe und aufrichtiger Zärtlichkeit zu.

**ERFÜLLENDE SEXUALITÄT IN DEN WECHSELJAHREN UND DANACH**

Reduzieren Sie als Frau Ihren körperlichen Reifeprozeß nicht auf die Hormonfrage. Das würde die Wechseljahre und die Zeit danach zu einer Krankheit machen – und das sind sie wirklich nicht. Depressionen treten in den Wechseljahren nicht häufiger auf als sonst im Leben. Depressionen haben wir Menschen auch in anderen Lebensphasen. Jedoch sind Frauen, die immer schon leicht zu Depressionen neigten, in den Wechseljahren anfälliger für psychische Turbulenzen, weil sich für sie wieder eine Änderung anbahnt.

Die Menopause ist ein ganz normaler Prozeß, der sich, wenn man den Körper walten läßt, von selbst ordnet. Julia Onken, Autorin des Buches *Feuerzeichenfrau*, sieht das Schöne und Kreative der Wechseljahre, wenn sie betont, daß Lasten wegfallen, keine nervtötende Verhütung mehr notwendig ist und auch die unangenehme Menstruation, die für viele Frauen mit Schmerzen verbunden war, ein Ende hat.[14]

Die Frage, ob Frauen in der Menopause Hormone einnehmen sollten, ist niemals pauschal zu beantworten, denn nur ein Drittel der Frauen haben überhaupt Beschwerden am Ende ihrer körperlichen Fruchtbarkeit. Der Osteoporose kann außerdem durch regelmäßigen Sport vorgebeugt werden, ebenso dem Muskelabbau. Die dünner werdende Haut ist kein typisches Problem, das mit den Wechseljahren der Frau zusammenhängt, denn dünnere Haut bekommen auch die Männer. Die Veränderung der Körperproportionen, der Aufbau von Fettpölsterchen hier und da – das trifft den Mann ebenso. Einige Probleme bleiben: Hitzewallungen beispielsweise oder Schlaflosigkeit.

So löst eine Hormontherapie vielleicht das ein oder andere Problem der Wechseljahre. Sie löst jedoch nicht die Probleme des Älterwerdens, denn die Frau zu Beginn des dritten Lebensalters ist mehr als nur ein Körper, der einem neuen Soll-Zustand entgegenstrebt. Frauen, die rundherum mit ihrem Leben zufrieden sind und die ein hohes Selbstwertgefühl haben, bleiben nicht nur gesünder, sie haben auch weniger Schwierigkeiten mit der Menopause.

### Vorteile einer Hormontherapie:

- Die mit der Hormonumstellung des Körpers auftretenden Begleitsymptome treten weniger in Erscheinung.
- Da weibliche Hormone vor einer Verkalkung der Blutgefäße schützen, sinkt das Risiko für Herzinfarkt und Schlaganfall.
- Eine Hormontherapie schützt vor der gefährlichen Entkalkung des Knochens (Osteoporose).

### Nachteile einer Hormontherapie:

- Nach fünf Jahren steigt die Wahrscheinlichkeit von Brustkrebs.
- Ein höheres Risiko für Gebärmutterschleimhautkrebs wird diskutiert.
- Beim Absetzen von Hormonpflastern oder Hormontabletten kann es zu monatelangen Entzugserscheinungen mit starken Hitzewallungen kommen.

# Tips

## Probleme der Wechseljahre auf natürliche Weise lösen

- Bringen Sie sich jeden Tag in einen Zustand innerer Harmonie.
- Die Natur da draußen hilft Ihrer Natur da drinnen. Gehen Sie viel spazieren. Lassen Ihre Seele mit den Bäumen scherzen. Ergründen Sie die Fruchtbarkeitszyklen der Natur.
- Trost spendet ein persönliches Traumtier. Ihm können Sie alles erzählen, was Sie bewegt.
- Machen Sie sich bewußt, daß Sie auch sexuell noch sehr attraktiv sind. Lassen Sie Ihre Gefühle, Empfindungen und Wünsche zu.
- Sich selbst zu mögen ist die Voraussetzung für persönliche Stärke.

## Traubensilberkerze gegen Hitzewallungen & Co

Ein im Wurzelstock der Traubensilberkerze (*Cimicifuga*) vorhandener Wirkstoff vermag bei regelmäßiger Einnahme Hitzewallungen einschließlich der seelischen Begleiterscheinungen (Nervosität, Gereiztheit, Verstimmungen, Antriebsstörungen) zu lindern und in vielen Fällen sogar ganz zum Verschwinden zu bringen. Der Wirkstoff ist in Tablettenform rezeptfrei in Apotheken erhältlich. (Empfohlen wird eine Dosis von täglich 2 Tabletten zu 20 Milligramm.)

## Homöopathie lindert Wechseljahresbeschwerden

Auch in seiner homöopathischen Aufbereitung findet die Traubensilberkerze (*Cimicifuga racemosa*) als Mittel gegen Beschwerden der Wechseljahre Anwendung. Eingesetzt werden alle Potenzen zwischen D2 und D30. (Nehmen Sie 2mal täglich je 10 Tropfen.)

- Bei Hitzewallungen hilft *Sanguinaria canadensis* (Blutwurzel) ebenso wie *Acidum sulfuricum* (Schwefelsäure) oder *Sepia* (Tintenfisch) in der mittleren Potenz D12.
- Gegen Stimmungsschwankungen wird *Ignatia* in hohen Potenzen ab D24 angewendet.
- Für Erschöpfungszustände nimmt man *Phosphorus* (Phosphor) in den mittleren Potenzen D12 oder D30.

### Gute-Laune-Tee

Gegen Nervosität, Angst und Gereiztheit hilft eine Mischung aus Johanniskraut, Hopfen und Baldrian.

---

**Gute-Laune-Tee**

Überbrühen Sie 40 Gramm Johanniskraut, 50 Gramm Hopfenzapfen und 20 Gramm Baldrian mit 1/2 Liter kochendem Wasser, lassen Sie das Ganze 5 Minuten ziehen, und seihen Sie es ab. Trinken Sie den Tee ungesüßt über den Tag verteilt.

---

### Kalte Armbäder bei Hitzewallungen

Füllen Sie ein Waschbecken mit kaltem Wasser. Stellen oder setzen Sie sich davor, und legen Sie beide Unterarme für einige Sekunden in das kalte Wasser. Wiederholen Sie den Vorgang mehrere Male.

### Scheidentrockenheit

In den reifen Jahren produziert der Körper weniger Sekret. Das kann zu einer trockenen Scheide führen. Beim Liebesakt treten Schmerzen auf. Gegen die Trockenheit Ihrer Scheide gibt es eine Reihe von Mitteln zur Befeuchtung und Erhöhung der Gleitfähigkeit:

- Salben, z. B. *Natrium-chloratum*-Salbe (Schüßler-Salz Nr. 8)
- Zäpfchen
- Speichel

Bevor Sie eines der Mittel einsetzen, fragen Sie sich, ob die Trockenheit nicht darauf beruht, daß Sie kein echtes Begehren spüren.

### Bach-Blüten bringen Farbe ins Liebesleben

Nutzen Sie die Heilkraft der Pflanzen mit der Blütentherapie des englischen Arztes Dr. Edward Bach:

- *Sclerantus* gleicht Stimmungsschwankungen aus und läßt Sie wieder Ihre innere Ruhe finden.

- *Gorse* (Stechginster) läßt Sie wieder Hoffnung schöpfen und mit Optimismus in die Zukunft blicken.

## Mit Schüßler-Salzen die Beschwerden der Wechseljahre lindern

Auch von der Kraft heilender Mineralstoffe können Sie sich während Ihrer Wechseljahre und in der Zeit danach helfen lassen:

- bei Hitzewallungen hilft *Magnesium phosphoricum* D6
- bei Abgeschlagenheit hilft *Kalium phosphoricum* D6

(3mal täglich je 2 Tabletten im Mund zergehen lassen, bis sie sich aufgelöst haben.)

## Gruppen für Frauen in den Wechseljahren

Wenn Sie sich mit Frauen austauschen wollen, die sich in einer ähnlichen Situation befinden, nehmen Sie an einem Kurs teil, der sich an Frauen in den Wechseljahren wendet. Volkshochschulen, Krankenkassen, Frauengesundheitszentren und die Beratungsstellen von Pro Familia bieten solche Kurse an.

## Natürliche Hilfe

Weitere Möglichkeiten, Wechseljahresbeschwerden auf natürliche Weise zu lindern, sind Akupunktur, Ayurveda, Heilmeditation, Bewegungstherapie, Bioresonanztherapie.

### DAS WILL ICH TUN:

Ich werde mir Möglichkeiten überlegen, wie ich zärtliche Liebe in mein Leben lassen kann.

Was brauche ich dazu? (z.B. den richtigen Partner, mehr Zeit, ein Liebesnest, mehr Wissen und Erfahrung in Liebesdingen ...) ———

————————————————————————————————

————————————————————————————————

————————————————————————————————

Wo finde ich Rat und Unterstützung? _____

_____

_____

_____

Wie gehe ich vor? _____

_____

_____

_____

## *Bücher und Adressen, die Ihnen weiterhelfen*

Aliti, Angelika: *Der weise Leichtsinn. Frauen auf der Höhe ihres Lebens*. München 1998.

Boadella, David: *Befreite Lebensenergie*. München 1996.

Butler, Robert N., und Lewis, Myrna I.: *Alte Liebe rostet nicht. Über den Umgang mit Sexualität im Alter*. Bern 1996. Eine Beschreibung – auf der Grundlage neuester medizinischer und psychologischer Erkenntnisse –, wie sich ältere Menschen ein aktives sexuelles Leben erhalten können.

Daimler, Renate: *Lust auf 50. Frauen am Wendepunkt*. Wien/München 1999.

Dowling, Colette: *Frauen im Aufwind. Mit 50 beginnt ein neues Leben*. Frankfurt am Main 1999. Ein Buch, das Frauen Mut macht und frischen Wind in die Gedanken und den Alltag bringt.

Hollstein, Walter: *Männerdämmerung. Von Tätern, Opfern, Schurken und Helden*. Göttingen 1999. Walter Hollstein zeigt, wie traditionelle Bilder von Männlichkeit Männern und Frauen schaden und welche Teile der männlichen Identität bewahrt und gestärkt werden sollten.

Kolle, Oswald: *Die Liebe altert nicht. Erfüllte Sexualität ein Leben lang*. München 1997. In seiner frischen und ehrlichen Art, ohne Scheu vor falschen Tabus, macht der Autor Mut, Sexualität im Alter zu genießen.

Love, Dr. Susan: *Das Hormonbuch. Was Frauen in den Wechseljahren wissen sollten*. Frankfurt am Main 1999.

Lowen, Alexander: *Liebe, Sex und dein Herz*. Hamburg 1993.

Marion, Heinz: *Wenn der Mann nicht kann, was dann? Erkennen und Behandeln der männlichen Impotenz*. Berlin 2000.

Northrup, Christiane: *Frauenkörper, Frauenweisheit*. München 1994. Ein fesselndes Buch darüber, wie die weibliche Seele und der weibliche Körper ineinandergreifen.

Onken, Julia: *Feuerzeichenfrau. Ein Bericht über die Wechseljahre*. München 1995. Die Autorin schildert humorvoll und offen ihre eigenen Erfahrungen während der Wechseljahre.

Rätsch, Christian: *Pflanzen der Liebe*. Aarau und Stuttgart 1998.

Reichmann, Dr. Judith: *Ich bin zu jung, um alt zu sein. Gesundheitsführer für Frauen über Vierzig*. Berlin 1998.

Rüdt von Collenberg, Dr. med. Irmhilt: *Natürlich durch die Wechseljahre*. München 1997.

Stanway, Dr. Andrew: *Lust auf Sex. Unendliche Möglichkeiten für Ihre erotische Entdeckungsreise*. München 1999.

Vollmer, Helga: *Hormone und was Frauen darüber wissen müssen*. Wien 1998.

Adressen, wenn Sie sich für Bioenergetik interessieren:

Deutscher Verband für Bioenergetische Analyse
Auf dem Hirschberg 3
D–53225 Bonn

Kontaktadresse bei organischen Erektionsstörungen:

Selbsthilfegruppe MEN
Tel.: 05 61 / 4 00 10 12

Infos zu Männergesundheit:

*http://www.homage.de*

Beratungsstellen für Frauen ab fünfzig:

»Spurwechsel« für Frauen ab 55
Maximilianstr. 6
D–80539 München
Tel.: 0 89 / 2 90 44 63

FrauenGesundheitsZentrum e.V. München
Nymphenburger Str. 38/Rgb.
D–80335 München
Tel.: 0 89 / 1 29 11 95

Infos zum Thema »Frauengesundheit«:

*http://members.pignet.ch/model/pflege/frauen.html*

# TEIL 5

# *WOHNEN IN DER HOCH-ZEIT DES LEBENS*

Jeder Mensch braucht einen Ort, den er sein Zuhause nennt, an dem er sich absolut wohl fühlt, an dem er sowohl die körperlichen als auch die geistigen Hüllen fallenlassen kann, der für ihn das Zentrum seines Lebens ist.

Je älter ein Mensch ist, desto mehr Zeit verbringt er in der eigenen Wohnung, dem eigenen Haus und seinem unmittelbaren räumlichen Umfeld. Wenn dann mit zunehmendem Alter die körperlichen Fähigkeiten nachlassen und der Bewegungsspielraum sich mehr und mehr verkleinert, nimmt die Wohnung sogar noch an Bedeutung zu. Untersuchungen der amerikanischen Altersforscher Moss und Lawton haben gezeigt, daß ältere Menschen 75 bis 83 Prozent ihres Tages innerhalb ihrer Räumlichkeiten verbringen.[15]

Je weniger Zeit außerhalb der Wohnung verbracht wird, desto mehr entwickelt sich die eigene Wohnung zum Mittelpunkt des alltäglichen Lebens. Mit der zunehmenden Wichtigkeit der Wohnung steigt ihre Nutzung. Zugleich rücken alle Fragen rund um die eigene Wohnung verstärkt ins Blickfeld. So verwundert es nicht, wenn der deutsche Sozialgerontologe Winfried Saup schreibt: »Alltag im Alter heißt vor allem Wohnalltag.«[16]

# Den Lebensmittelpunkt mit Bedacht wählen

*Annas Duft in Ihrem Zimmer. Außerdem ein Bett, groß und breit, ein Nachtkästchen, darüber Ihr Radiowecker und fünf Bücher. Weiter hinten im Zimmer ein Tisch mit Ihrem Fotoapparat und dem Fernseher, daneben der Kühlschrank voller Getränke und der Kleiderschrank. Auf der Rückseite des Zimmers, in der Nähe der Tür, ein bestens ausgestattetes Bad mit Dusche.*

*Ein Zimmer zum Wohlfühlen, rustikal und gemütlich, einfach und übersichtlich. Bekämen Sie die Gelegenheit, sich eine Wohnung für diesen Abschnitt Ihres Lebens einzurichten, dann würden Sie sich dieses Zimmer als Vorbild nehmen. Auf Einfachheit würden Sie achten, alles Belastende weglassen, keinen Ballast ansammeln, sich Raum zum Leben freihalten …*

Die eigene Wohnung ist das unumstrittene räumliche Zentrum des Lebens. Das gilt ganz besonders für Menschen im dritten Lebensalter. Doch viele Wohnungen sind nicht altersgerecht: Nach dem Auszug der Kinder sind sie viel zu groß. Oft sind sie schwer zu erreichen oder haben keine gute Lage. Gerade in den ersten Jahren dieser Lebensphase sollten Sie die Gelegenheit ergreifen und sich *den* räumlichen Mittelpunkt suchen, an dem Sie sich auf Dauer aus ganzem Herzen wohl fühlen können. Gestalten Sie sich ein Wohlfühlnest für den Lebensabend!

## Verschaffen Sie sich Klarheit!

*Worum es geht*: Sie wollen herausfinden, wie Ihre ideale Wohnung und Wohnumgebung beschaffen sein sollte und ob Ihre gegenwärtige Wohnung diese Eigenschaften besitzt.

*Wie Sie sich einstimmen*: Bereiten Sie sich eine leckere Bowle zu. (Wie wäre es mit einer Sangria?) Begeben Sie sich an einen Ihrer Wohlfühlorte, machen Sie es sich bequem, und entspannen Sie sich.

*Tun Sie das*: Denken Sie in aller Ruhe über die folgenden Punkte nach:

Fühle ich mich glücklich, wenn ich an mein Zuhause und die Umgebung meiner Wohnung denke? _____

_____

Was sind die Qualitäten, die ein Zuhause für mich zum Wohlfühl-Zuhause machen? _____

_____

_____

Besitzt meine Wohnung diese Qualitäten? Was sollte man ändern?

_____

_____

_____

Befinden sich in meiner Wohnung all die Dinge, die mir am meisten bedeuten? _____

_____

_____

Bin ich mit der Lage meiner Wohnung zufrieden? _____

_____

_____

Was könnte ich bezüglich der Lage meiner Wohnung ändern? Wo sollte mein Nest für den Lebensabend liegen? _____

_____

_____

_____

## *Sangria*

*Zutaten:*

2 Äpfel
2 ungespritzte Orangen
1 ungespritzte Zitrone
1 Zimtstange
3 cl Brandy
3 cl Orangenlikör
$^1/_2$ Flasche spanischer Rotwein

*So wird's gemacht*: Äpfel vierteln, das Kerngehäuse entfernen und die Apfelviertel in kleine Stücke schneiden. Orangen in Scheiben schneiden und die Scheiben vierteln. Äpfel, Orangen und Zimt in Brandy und Orangenlikör etwa $^1/_2$ Stunde ziehen lassen, dann Rotwein zugeben und kalt stellen. Kurz vor dem Servieren die Zitrone in Scheiben schneiden und dazugeben. Sangria trinkt man mit viel Eis. Zum kuscheligen Nachdenken eignet sich jedoch eine Sangria ohne Eis besser.

**WOHNUNG UND WOHNUMFELD ALTERSGERECHT GESTALTEN**

Ältere Menschen sind durch die Gegebenheiten ihrer Umwelt verletzlicher als junge Menschen, denn mit steigendem Lebensalter verändern sich psychische und physische Gewohnheiten und Fertigkeiten. Ein unbeleuchtetes Treppenhaus, ein fehlender Handlauf oder der ungestreute Gehweg im Winter bereiten einem älteren Menschen mehr Probleme als einem jungen. Steile Treppen mit glatten Stufen, die von einem gesunden Erwachsenen mühelos überwunden werden können, stellen für einen älteren Menschen oft eine gefährliche Hürde dar.

Mit zunehmendem Alter spielt die Wohnung eine immer wichtigere Rolle. Sie wird in dem Maße für Sie bedeutsamer, wie der eigene Aktionsradius schrumpft. Gerade da kann ein wohlüberlegter und gut durchdachter altersgerechter Umbau Ihrer Wohnung und des Wohnumfeldes ein Garant sein für viele weitere schöne Jahre und Jahrzehnte in Selbständigkeit.

Ganz gleich, ob Sie Ihren Altersruhesitz an das andere Ende der Welt verlegen oder in dem Haus alt werden, in dem Sie geboren wurden: zu jeder Lebenszeit gehört ein Lebenszentrum. Ihr Lebenszentrum ist da, wo Sie die meiste Zeit verbringen ... wo Sie essen, schlafen, sich lieben;

wohin Sie immer wieder zurückkehren, wenn Sie draußen neue Eindrücke aufgenommen haben; wo Sie sich Ihre privatesten Wünsche erfüllen: Ihre eigene Wohnung. Wohnen soll Spaß machen. Ein Nest für den Lebensabend vereint Gemütlichkeit mit altergerechtem Komfort.

## Tips

### Wenn umziehen, dann frühzeitig

Falls Ihnen klar ist, daß Sie auf alle Fälle umziehen wollen, dann tun Sie das lieber früher als später. Warten Sie nicht zu lange. Ziehen Sie frühzeitig in *Ihre* altersgerechte Wohlfühl-Wohnung. Eine nicht altersgerechte Wohnung kann später einmal der Grund dafür, daß Sie in ein Altersheim umziehen.

Warten Sie auch mit dem altersgerechten Umbau Ihrer Wohnung nicht, bis sich bei Ihnen erste Zipperlein zeigen. Gestalten Sie Ihre Wohnung altersgerecht, solange Sie mobil sind.

### Die Wohlfühl-Wohnung

- Damit Sie sich wohl fühlen können, sollte die Wohnung groß genug sein, aber nicht so groß, daß Sie sich überfordert oder verloren fühlen. Für einen Alleinstehenden reichen Wohnzimmer, Schlafzimmer, Küche und Bad. Wenn mehrere Personen in der Wohnung leben, empfiehlt sich ein weiteres Zimmer pro Person. Sehr wichtig für Menschen im dritten Lebensalter sind großzügige Badezimmer und Küchen. Wählen Sie im Zweifelsfall lieber das geräumigere Bad und die größere Küche.
- Türschwellen, Podeste oder Treppenabsätze können sich als gefährliche Stolperfallen herausstellen.
- Die Wohnung sollte gut beheizbar und leicht zu lüften sein.
- Achten Sie darauf, daß Sie in sitzender Position noch aus dem Fenster sehen können. Bei zu kleinen oder zu hoch liegenden Fenstern kann später leicht das Gefühl des Eingesperrtseins entstehen.
- Die Wohnung sollte rollstuhlgerecht sein. Das ist sie dann, wenn die Türen mindestens 90 Zentimeter breit sind, Küche und Bad soviel Platz bieten, daß man darin mit einem Rollstuhl bequem wenden

kann, und wenn Lichtschalter, Türklinken sowie Fenstergriffe so tief angebracht sind, daß man sie auch von einem Rollstuhl aus problemlos bedienen kann.

## Die Lage der Wohnung

- Die Wohnung muß leicht zugänglich sein. Lange, steile Treppen nehmen älteren Menschen die Lust, ins Freie zu gehen, und können sich als goldenes Gefängnis entpuppen. Nicht selten sind sie ein Grund für den Umzug in ein Heim. Wenn Ihre Wohnung nicht im Erdgeschoß liegt, dann ist ein Lift notwendig. Zu jeder Treppe, selbst wenn sie nur aus einer einzigen Stufe besteht, gehört ein Geländer. Kanten an Gehsteigen, unebene Gehwege, fehlende oder lockere Bodenfliesen sind für ältere Menschen gefährliche Stolperfallen und müssen beseitigt werden.
- Die Geschäfte für Ihre täglichen Einkäufe sowie ein Arzt sollten sich von Ihrer Wohnung aus leicht zu Fuß erreichen lassen.
- Parkplätze oder Haltemöglichkeiten sollten in der Nähe sein. Können Sie direkt vor dem Haus parken?
- Eine gute öffentliche Verkehrsanbindung in der Nähe ist von großem Vorteil.
- Eine Grünanlage, die zu Fuß zu erreichen ist, oder ein Park vor der Haustür erhöhen den Wohlfühlwert der Wohnung.
- Gutes Licht gibt Sicherheit. Im Treppenhaus, vor dem Haus und an allen Zugängen sollte eine helle Beleuchtung installiert sein, die sich bei Bedarf von selbst einschaltet oder von verschiedenen Stellen aus bedienbar ist.

## Probewohnen auf dem Land

Viele Städter träumen davon, auf dem Land zu leben. Warum erfüllen Sie sich nicht diesen Wunsch auf Zeit? Manche Landwirte bieten einen Urlaub auf dem Bauernhof an. Wenn Sie vom Altwerden auf dem Land träumen, zwischen Hühnern, Katzen, Hunden und Karpfenteichen, dann testen Sie dieses Leben für zwei Wochen, zwei Monate, ein ganzes Jahr oder noch länger. Wohnungen auf dem Land lassen sich ebenfalls altersgerecht gestalten. Inzwischen liegen Infrastruktur und Wohnwert auf dem Land nicht mehr unter dem städtischer Bereiche.

Immer mehr Deutsche wollen dem mitteleuropäischen Winter mit seiner Dunkelheit und feuchter Kälte entfliehen. Sie liebäugeln mit einem Lebensabend in einem warmen Land. Spitzenreiter sind die Iberische Halbinsel und die europäischen Mittelmeerinseln. Doch auch die Vereinigten Staaten von Amerika liegen hoch im Kurs. Eine weitere Form, seinen Lebensabend im Ausland zu verbringen, besteht darin, daß man im Süden überwintert. Für drei bis sechs Monate auszuwandern soll dem gefürchteten Heimweh vorbeugen, das gemeiner sein kann als das schlimmste Fernweh. Doch Überwintern hat auch seine Schattenseiten: Die oft nötige doppelte Haushaltsführung kostet viel Geld und Nerven.

DEN LEBENS-ABEND IM AUSLAND VERBRINGEN

## Tips

### *Ein Umzug ins Ausland will gut überlegt sein!*

Wenn Sie mit dem Gedanken spielen, Ihren Lebensabend im Ausland zu verbringen, sollten Sie sich folgende Punkte durch den Kopf gehen lassen:

- Wie wichtig sind Ihnen:
  Sprache und Kultur
  das Klima (Schätzen Sie den Wechsel der Jahreszeiten, oder ist Ihnen ein ewiger Frühling lieber?)
  die räumliche Nähe zu Freunden, Verwandten und Familienmitgliedern
- Auf welches Freizeitangebot legen Sie Wert? Wie wichtig sind Ihnen Erholungsmöglichkeiten, Sportstätten, Kinos, Theater, Restaurants? Brauchen Sie ab und zu den Sprung ins Nachtleben?
- Wie wichtig ist Ihnen eine funktionierende Infrastruktur? (Verkehrsanbindung mit Auto, Bahn, Flugzeug; Elektrizität, die Versorgung mit Wasser)
- Wie hoch sind die Lebenshaltungskosten an Ihrem Traumort? (Wie teuer sind Wohnungsmieten, Lebensmittel, Benzin und Strom? Welche Steuern werden erhoben?)

- Wie steht es mit Ihren Ansprüchen an die persönliche Sicherheit? (Bei welcher Kriminalitätsrate können Sie noch ruhig schlafen? Stehen Ihnen öffentliche oder private Sicherheitsdienste zur Verfügung?)
- Wie steht es mit der Toleranz der ansässigen Bevölkerung gegenüber Fremden? Existiert religiöse Liberalität und Rassentoleranz?

Deutsche Gemeinden gibt es auf fast allen europäischen Mittelmeer- und Atlantikinseln, und in den meisten größeren Städten Nord- und Südamerikas, Australiens und Südafrikas. Nehmen Sie zu diesen Gemeinden Kontakt auf, bevor Sie in Europa Ihre Zelte abbrechen. Informationen erhalten Sie bei ausländischen Konsulaten oder im Internet.

## Die Sprache des Gastlandes lernen

Wenn Sie einen Altersruhesitz im Ausland wählen, dann lernen Sie die Sprache des Landes, in dem Ihr neues Domizil liegen soll, sonst fühlen Sie sich auf Dauer als Fremder, und das ist nicht gut für Ihre Lebensqualität. Sie sollten die Sprache etwa so gut beherrschen, daß Sie sich über das Wetter oder das Essen mit den Einheimischen unterhalten können.

## Vor einem Umzug lieber zur Probe wohnen

Bevor Sie Ihren Lebensmittelpunkt weit weg verlegen, fahren Sie in Urlaub an den Ort Ihrer Träume, leben Sie einige Wochen oder Monate dort. Nehmen Sie sich ein Hotel in der gleichen Stadt, an der gleichen Küste, vor der Silhouette des gleichen Berges, an der Sie sich später so richtig zu Hause fühlen wollen.

**GEMEINSCHAFT-LICHES WOHNEN**

Die Zeiten, in denen ältere Menschen in Heime abgeschoben wurden, mit Zimmern, die kargen Mönchszellen glichen, sind vorbei. Selbst wenn die Finanzen nicht reichen, sind die kleine Einzimmerwohnung oder das Zimmer bei den Kindern nicht mehr die einzigen Alternativen zu einem Platz im Heim. Ältere Menschen möchten weder abgeschoben werden, noch möchten sie allein leben. In diesem Fall bieten sich neue unkonventionelle Wohnformen an, die Senioren ihre Eigenständigkeit lassen, ohne daß sie vereinsamen. In zahlreichen deutschen Städten gibt es bereits Senioren-Wohngemeinschaften.

In Gemeinschaft zu leben kann Spaß machen, wenn sich die Mitglieder verstehen. Gemeinsame Interessen pflegen, zusammen kochen und essen kann unmittelbaren Lebensgenuß vermitteln. Plötzlich entwickelt sich ein Interessennetz, und man gewinnt Freunde.

## Tips

### In Gemeinschaft lebt es sich leichter

Menschen im dritten Lebensalter leben leichter und sicherer, wenn sie innerhalb ihres Hauses oder ihrer Nachbarschaft eine Gemeinschaft bilden, in der jeder bestimmte Aufgaben übernimmt: Kochen, Schneeräumen, auf den Hund aufpassen, für Sicherheit sorgen – all das ist in einer Gemeinschaft viel leichter und auch viel wirkungsvoller, als wenn man es allein tun muß. Und mehr Spaß macht es obendrein!

### Wenn die Wohnung zu groß wird

Wenn Sie nach dem Flüggewerden der Kinder allein oder zu zweit in einer Wohnung leben, die viel zu groß für Sie ist, dann ziehen Sie einmal die Möglichkeit in Betracht, Ihre Wohnung zu teilen: Für Paare ergibt sich durch den Auszug der Kinder die Chance, daß sich jeder ein eigenes kleines Reich einrichtet, in dem er oder sie auch die Nacht verbringt. Ganz nebenbei durchbrechen getrennte Schlafzimmer die eheliche Routine und helfen so der Erotik wieder auf die Sprünge. Wenn es die Räumlichkeiten zulassen und Sie gerne Gesellschaft haben, dann bedenken Sie auch die Möglichkeit, einen Untermieter aufzunehmen.

### DAS WILL ICH TUN:

Ich werde mir überlegen, wie mein Lebensmittelpunkt für das dritte Alter aussehen soll.

So möchte ich wohnen: _____

_____

_____

_____

Ich werde mich über mögliche Wohnorte informieren (Deutschland, Europa, Ausland).

Da möchte ich wohnen: _____

_____

_____

_____

Ich werde mir überlegen, ob und mit welchen Menschen ich zusammenleben möchte. Würde ich gar meine Wohnung teilen? Wenn ja, mit wem? _____

_____

_____

_____

_____

## *Bücher und Adressen, die Ihnen weiterhelfen*

Brasse, Barbara; Klingseisen, Michael, und Schirmer, Ulla (Hrsg.): *Alt sein – aber nicht allein. Neue Wohnkultur für Jung und Alt*. Münster 1993.
Haimann, Richard: *Langzeiturlaub. Ein Ratgeber zum Überwintern rund ums Mittelmeer*. Frankfurt/Main 1999.
Swientek, Christine: *Mit 40 depressiv, mit 70 um die Welt*. Freiburg 1998. Frauen, die Ihr Alter nicht als Last, sondern als Chance begreifen, erzählen von ihrer neuen Lebensperspektive.

Kontaktadressen, wenn Sie reisen wollen:

Reiseklub für Senioren
Mühlenstr. 34/35
D–13187 Berlin
Tel.: 0 30 / 88 91 03

Deutscher Seniorenring
Greenline Reiseservice
Oberrather Str. 10
D–40472 Düsseldorf
Tel.: 02 11 / 9 65 38 70

CFH Reise- und Betreuungsservice
des Unfallopferhilfswerks
Postfach 2846
D–74018 Heilbronn
Tel.: 0 71 31 / 62 95 52

Schutzvereinigung für Time-sharing und
Ferien-Wohnrechts-Inhaber in Europa e.V.
Philippsberger Str. 29
65195 Wiesbaden
Tel.: 06 11 / 52 71 10

Kontaktadressen, wenn Sie sich für gemeinschaftliches Wohnen interessieren:

Neues Wohnen im Alter e.V.
Marienplatz 6
D–50676 Köln
Tel.: 02 21 / 21 50 86

Forum für gemeinschaftliches Wohnen im Alter e.V. (FGWA)
Bundesvereinigung
Kiebitzrain 84
D–30657 Hannover
Tel.: 05 11 / 6 04 59 55
Fax: 05 11 / 6 04 45 07
E-Mail: *fgwa/real-net.de*
(Dieser Verein gibt die Zeitschrift *Die Alternative* heraus.)

Kuratorium Wohnen im Alter e.V.
Biberger Str. 50
D–82008 Unterhaching
Tel.: 0 89 / 66 55 85 00

# Die Wohnung

## *Ein Wohlfühlnest*
## *für den Lebensabend*

*Langsam reift ein Wunsch in Ihrem Herzen: Ein gemeinsames Nest fürs Alter wollen Sie sich schaffen. Zusammen mit Anna planen Sie und rechnen, besichtigen und verhandeln, lassen sich begeistern und wählen aus. Immer Ihre gemeinsame Zukunft vor Augen, nähern Sie sich langsam Ihrer gemeinsamen Idealvorstellung von einem hübschen Wohlfühlnest für ein drittes Lebensalter zu zweit. Ein kleines Häuschen soll es sein, an einem Berghang im Wald, vielleicht eine saftige Wiese drum herum, lawinensicher und leicht erreichbar, aber doch so versteckt, daß keiner Sie so leicht findet. Ein schmuckes Häuschen mit ein paar Steinmauern und viel altem Holz ... für ein Glück zu zweit, mit einem Blick über das Tal.*

*Doch auch andere Wohnstätten würden Ihnen gefallen. Da ist die kleine verlassene Hütte auf der Alm, eine halbe Stunde Fahrt mit dem Geländewagen vom See entfernt. Im Winter ist man da völlig auf sich gestellt. Niemand kommt hoch – außer ein paar Skiläufern, die sich verirrt haben. Der Hubschrauber muß das Kaminholz bringen. Die Hütte hätte eine Wohnküche, ein Schlafzimmer und einen Stall. Waschen müßte man sich draußen, solange der Wassertrog nicht eingefroren ist.*

*Aber auch die Eigentumswohnung im schmucken Ortskern wäre eine Überlegung wert. Die vielen urgemütlichen Restaurants in der Nähe, das Plätschern des Baches, der mitten durch den Ortskern fließt ... Vielleicht aber sollten Sie und Anna auch weiter wegziehen. Nach Hamburg etwa, wo es die vielen schicken Geschäfte gibt und den Wind des Nordens. Oder gleich nach New York oder San Francisco? Sie lassen die Entscheidung heranreifen, während Ihrer Liebe Wurzeln wachsen.*

Unsere eigene Küche, unser Badezimmer, Wohnzimmer und Schlafzimmer sind für uns die Voraussetzung für unseren Alltag. Unsere Wohnung ist der Mittelpunkt, in dem sich unser Leben abspielt. Sie ist ein Teil von uns … sie lebt durch uns, und wir leben in ihr.

## Verschaffen Sie sich Klarheit!

*Worum es geht*: Sie wollen sich darüber klarwerden, *wie* Ihre Idealwohnung für das dritte Lebensalter beschaffen sein soll.

*Wie Sie sich einstimmen*: Brühen Sie sich einen gesunden Matetee mit Honig auf. Begeben Sie sich an einen Ihrer Wohlfühlorte, machen Sie es sich bequem, und entspannen Sie sich.

*Tun Sie das*: Denken Sie in aller Ruhe über die folgenden Punkte nach:

Spiegelt meine Wohnung meine Werte wider? _____

Inspiriert mich meine Wohnung? _____

Kann ich in meiner Wohnung alle meine Wünsche ausleben? (Wo kann ich z. B. so richtig leidenschaftlich sein?) _____

_____

_____

Fühle ich mich geborgen in meiner Wohnung? Bietet mir meine Wohnung Schutz und Sicherheit? _____

_____

_____

---

*Matetee mit Honig*

Zutaten:
1 TL Matetee
Honig
fettarme Kaffeesahne oder Milch

*So wird's gemacht*: 1 gestrichenen Teelöffel Matetee mit 250 Milliliter kochendem Wasser übergießen. 5 Minuten ziehen lassen und abseihen. Mit Honig und 50 Milliliter fettarmer Kaffeesahne oder Milch verfeinern.

**DIE WOHLFÜHL-WOHNUNG**

Jeder Mensch sollte sich pudelwohl fühlen können, so wohl wie ein Küken im Nest, wie ein Fisch im Wasser, wie Sie in sich. Ihre Wohnung dient Ihnen als Ort der Regeneration von Körper und Geist. Hier können Sie den Streß des Tages von sich abfallen lassen. In Ihrer Wohnung sind Sie ganz privat für sich und nur Sie selbst. Ihre Wohnung ist für Sie die schützende Höhle, in die Sie sich zurückziehen bei Gefahr und wenn es dunkel wird, in der Sie sich verkriechen, wenn Sie müde sind, wie in einer riesigen Wolke aus Watte. Vor allem aber leben und erleben Sie in Ihrer Wohnung. Damit ist die Wohnung ein Teil Ihrer Persönlichkeit. Indem Sie ehemals leere Räume mit Möbeln und persönlichen Gegenständen ausgestalteten, schufen Sie etwas, das Ihr innerstes Wesen widerspiegelt.

## Tips

### Ihr ganz privates Reich

Was »wohl fühlen« für Sie bedeutet, das bestimmen nur Sie allein. Schließlich sollen *Sie* sich in Ihrem privaten Reich wohl fühlen. Das kann auch Verrücktheiten einschließen: ein Aquarium neben der Badewanne, eine Schaukel im Schlafzimmer, der Empfang von über fünfhundert Fernsehprogrammen … Des Menschen Wille ist sein Himmelreich. Schaffen Sie sich Ihr eigenes Himmelreich, und Sie werden sich unbeschreiblich wohl fühlen!

### Grenzen ziehen

Ihr Zuhause altersgerecht zu gestalten bedeutet, es sicher zu machen, es harmonisch auf Ihre persönlichen Bedürfnisse abzustimmen. Ihre Wohnung soll Ihnen Geborgenheit geben und Schutz bieten.

Grenzen Sie Ihre Wohlfühl-Wohnung von Ihrer übrigen Umwelt ab. Errichten Sie optische Barrieren: Sagen Sie mit bunten Steinen, Blumenschalen und Windspielen: »Hier beginnt mein Reich!«; demonstrieren Sie mit kunstvoll gefertigten Schildchen: »Hier wohne ich!« (Hier wohnt …); zeigen Sie mit einem originellen Fußabstreifer: »Hier kommt nur herein, wer sauber und anständig ist!«

Richten Sie Ihre private Umgebung so phantasievoll wie möglich ein. Durch Ihre Wohnung zu schlendern soll Ihnen Freude bereiten. Sie sollen sich mit Ihren »vier Wänden« identifizieren können.

Ein Nest für das dritte Lebensalter muß nicht groß sein. Kleinere Wohnungen haben den Vorteil, daß sie überschaubar sind. Auch in einer schlichten Küche können Sie köstliche wohlschmeckende Gerichte zaubern, die Sie und Ihre Gäste in ein Paradies an Gaumenfreuden entführen. Erinnern Sie sich noch an die Urlaube, in denen Sie in der weißgetünchten und spärlich eingerichteten Küche einer Ferienwohnung zusammen mit Ihrem Partner oder Ihrer Partnerin die leckersten Gerichte zauberten? Erinnern Sie sich noch, wie angenehm gemütlich es in der kleinen Studentenbude war, wie erhaben Ihnen die Mansardenwohnung hoch über den Dächern der anderen Häuser erschien und wie frei Sie sich auf den zehn Quadratmetern Wohnwagen fühlten?

EIN GEMÜTLICHES UND PFLEGELEICHTES ZUHAUSE

Ihr Nest fürs Alter braucht wirklich nicht groß zu sein, es muß auch keine allzu pompöse Einrichtung enthalten. Gemütlich soll es sein! Und wenn es für Sie gemütlich ist, in einer Sitzbadewanne zu baden, dann ist das in Ordnung. Und wenn Sie am besten in Uromas altem Eichenholzbett schlafen, dann tun Sie's.

## Tips

### *Übersicht macht das Leben angenehmer*

Stellen Sie fest, worauf Sie verzichten können. Trennen Sie sich von Gegenständen, die Sie nicht mehr brauchen. Für die übrigen Gegenstände gilt: Unwichtige Dinge – also all das, was man selten oder nie braucht, aber dennoch nicht wegwerfen will – gehören gut, aber sicher verstaut. Je wichtiger die Sachen werden und je häufiger Sie sie brauchen, desto griffbereiter sollten Sie aufbewahrt werden. So kann beispielsweise das Buch, das Sie gerade lesen, ruhig aufgeschlagen auf der Kommode neben Ihrer Brille liegen bleiben. (Siehe Seite 170ff.)

## Gemütlich und praktisch

Richten Sie Ihre Wohnung gemütlich und praktisch ein. Schaffen Sie sich eine behagliche Leseecke, in der Sie nicht nur lesen, sondern auch nachdenken und entspannen. Gönnen Sie sich eine Küche, in der das Kochen Spaß macht. Hierzu gehören eine ausreichend große Arbeitsfläche, griffbereite Arbeitsgeräte und eventuell ein Platz, an dem zwei bis drei Personen leicht kleine gemütliche Mahlzeiten zu sich nehmen können.

## Ein Plätzchen fürs Hobby

Wenn möglich, dann richten Sie sich auch einen Platz für Handarbeiten und kleinere Reparaturtätigkeiten ein. Am besten dazu eignet sich ein kleines Zimmer, in dem Sie auch immer wieder einmal halbfertige Basteleien liegen lassen können, ohne daß es jemanden stört.

## Größtmögliche Unabhängigkeit

Gestalten Sie Ihr Nest für den Lebensabend auch unter dem Aspekt größtmöglicher Unabhängigkeit. Achten Sie darauf, daß Ihnen möglichst lange ein selbständiges Leben ohne die Hilfe Dritter möglich wird.

## Reparaturen und Renovierungen

Bedenken Sie bei der Ausgestaltung Ihrer Wohnung, daß im Laufe der Zeit immer wieder Reparaturen, Renovierungen, Korrekturen und Erneuerungen anfallen werden. Arrangieren Sie Ihre Wohnung so, daß Änderungen und Erneuerungen ohne allzu große Eingriffe stattfinden können. Die wichtigsten Anschlüsse und Einbauten sollten gut zugänglich sein, das gilt auch für Wasserarmaturen und Stromzähler. Warten Sie Ihre Geräte regelmäßig.

## Für gesundheitliche Probleme vorsorgen

Überlegen Sie sich bereits jetzt, wie Sie in Ihrem Nest für den Lebensabend zurechtkommen wollen, wenn Zipperlein und Problemchen des Alters Sie plagen. So spielt beispielsweise die Höhe des Bettes eine große Rolle für Menschen mit Hüftproblemen. Ein Seniorenbett mit etwa 40 bis 50 Zentimetern Betthöhe kann jetzt bereits angeschafft werden (Matratzenhöhe: 14 bis 22 Zentimeter). Es ist selbst für junge Menschen sehr bequem.

### ... und allerhand Nützliches

Bei Rückenproblemen oder bei körperlichen Behinderungen brauchen Sie Einstiegshilfen für die Badewanne und Haltegriffe neben der Toilette. Wenn Ihr Kreislauf nicht mehr so belastbar ist, sollte ein Aufzug vorhanden sein. Brauchen Sie mehr Ruhe, etwa weil Sie mittags schlafen wollen, dann sind besondere Schallschutzmaßnahmen angebracht. Sorgen Sie außerdem für rutschfeste Oberflächen auf allen gefliesten und gekachelten Böden.

### Die Wohnung nicht vollstellen

Überlegen Sie sich vor jeder Anschaffung, ob sie Ihnen auf Dauer den Nutzen für diesen Lebensabschnitt bieten kann, den Sie momentan von ihr erwarten. Bedenken Sie, daß Sie mit jedem neuen Besitz auch Verpflichtungen eingehen. Lassen Sie sich nicht zu Fehlkäufen verleiten. Jeder weiß aus eigener Erfahrung, wie verlockend Schaufensterauslagen und Katalogseiten sein können. Und oft wird viel mehr gekauft, als man braucht.

### Wohin mit Überflüssigem?

Räumen Sie auf in Ihrem Wohlfühlnest, schaffen Sie Ordnung. Durchforsten Sie Ihre Wohnung gründlich. Fragen Sie sich: »Was brauche ich wirklich?« Rangieren Sie alte Kleider aus: Weggeben sollten Sie alle Kleider, die Ihnen nicht mehr passen. Es empfiehlt sich sogar, alle Kleider, die Sie mehr als zwei Jahre nicht mehr getragen haben, aus Ihrem Kleiderschrank zu verbannen. Wenn Sie die Kleider noch nicht weggeben wollen, weil Sie Erinnerungen damit verbinden, dann lagern Sie sie erst einmal zwischen (beispielsweise in einem ausgedienten Koffer), bis die Erinnerungen daraus entschwunden sind, bis sozusagen der Duft der Erlebnisse, der an ihnen hängt, verflogen ist.

Oft besitzen wir Plunder, den wir zwar nicht brauchen, den wir aber dennoch nicht wegwerfen wollen: die Porzellanfigurensammlung, die Oma zeitlebens gehegt und gepflegt hat; unsere eigenen Tagebücher aus

der Schulzeit; Onkel Alis Bierdeckelsammlung; eigene Urlaubsmitbring-
sel, die uns voll Wehmut an schöne ferne Jugendzeiten erinnern. Solche
für andere Menschen nutzlosen, aber für Sie wertvollen Dinge sollten
Sie nicht wegwerfen, sondern gut aufbewahren, ohne daß sie Ihnen täglich ins Blickfeld kommen. Zum Wegwerfen sind sie zu schade!

### Die Schatzkammer

Für Dinge, mit denen Sie persönliche Erinnerungen verbinden oder
die Ihnen aus anderen Gründen wertvoll erscheinen, sollten Sie eine
»Schatzkammer« anlegen. Ihre Schatzkammer kann eine Truhe sein,
eine Vitrine, ein Schaukasten, Schubladen, ein Schrank oder gar ein
eigenes kleines Zimmerchen. In die persönliche Schatzkammer gehört
alles, was Ihnen wertvoll ist, was Ihnen beim Herumkramen und An-
fassen guttut: alte Fotographien; das Porzellandöschen mit den Milch-
zähnen Ihrer Kinder; alte Tagebücher; der Ring, den Sie während Ihrer
Abschlußprüfung getragen haben. Ergänzen Sie Ihren Schatz regelmäßig. Er spiegelt Ihre persönliche Geschichte wider. Sehen Sie ihn
sich regelmäßig an. Lassen Sie ihn zu einer wichtigen Stütze an schweren und trüben Tagen werden. Machen Sie aus Ihrem Schatz ein Zentrum der Freude, der Hoffnung und des Lichtes. Lassen Sie sich von
der Geschichte der einzelnen Gegenstände in die Vergangenheit tragen.
Schwelgen Sie ruhig in Erinnerungen und Kindheitsträumen.

Wenn Sie absolut kein Gespür dafür haben, welche Gegenstände
Ihnen wirklich wichtig sind und auf welche Sie verzichten können, dann
überlegen Sie sich:

- »Was würde ich auf gar keinen Fall mitnehmen, wenn ich umziehen
  müßte?« (Von Gegenständen, die keinen Wert mehr für Sie besitzen,
  sollten Sie sich trennen.)
- »Was würde ich mitnehmen, wenn die Wohnung plötzlich brennen
  würde?« Absolut wichtige Gegenstände, das können beispielsweise
  Photos aus Ihrer Jugendzeit sein oder das Bündel vergilbter Liebesbriefe, Ihr Lieblingsbuch oder auch die Tasse, aus der Sie, noch verschlafen, Ihren Morgentee trinken. Die Gegenwart solcher Gegenstände macht Freude. So wie diese Gegenstände sollte Ihnen Ihre
  Wohnung als Ganzes ein gutes Gefühl bereiten.

Farben sind elektromagnetische Wellen aus dem für uns sichtbaren Spektrum des Lichts. Da wir Menschen visuelle Wesen sind, wirken Farben auf unsere Seele und haben einen entscheidenden Einfluß auf unser Wohlbefinden und unsere Gefühle. Wir brin-

FARBEN MACHEN GUTE LAUNE!

gen Farben mit Gefühlszuständen in Verbindung, wenn wir sagen, jemand sei »kreideweiß vor Angst«, »gelb vor Neid« oder »rot vor Wut«. Bereits Johann Wolfgang von Goethe und Rudolf Steiner hatten die Idee, daß man Farben zur Heilung seelischer Verstimmungen einsetzen könne. Die heutige Farbtherapie hat ihren Ursprung allerdings in den Arbeiten des Schweizer Psychologen Prof. Max Lüscher.

Ein Teil der Wirkungen von Farben auf den Menschen beruht auf persönlichen Vorlieben. So haben wir alle unsere Lieblingsfarben, die wir für unsere Kleidung, unser Auto und unsere Wohnung wählen. Farben wirken jedoch tiefer in unserem Innern, sie

*Das Licht können wir nicht begreifen, und die Finsternis sollen wir nicht begreifen, da ist den Menschen die Offenbarung gegeben, und die Farben sind in die Welt gekommen, das ist: Blau und Rot und Gelb.*
Philipp Otto Runge (1802)

sind Heilmittel für Körper, Geist und Seele. Besonders in den Räumen, die uns tagtäglich umgeben, sind wir der Wirkung von Farben nachhaltig ausgesetzt. Die Farben in unserer Wohnung beeinflussen unsere Stimmung, unsere Gesundheit und vielleicht auch unser Schicksal.

## Tips

### Farben als Energiequelle für die Seele nutzen

Für die aus Asien stammende Wohn- und Lebenskunst Feng Shui ist alles, was uns umgibt, Energie. Die sichtbare Welt, die Welt des Unsichtbaren, unser Körper und unsere Seele sind letztlich immer nur eine andere Erscheinungsform der gleichen Energie. Farben sind eine ganz besondere Ausdrucksform dieser Energie. Sie können Harmonie schaffen und Defizite ausgleichen. Auch mit den Energiezentren unseres Körpers, den Chakren, können Farben in Verbindung gebracht werden. Wählen Sie für Ihre Wohnung die Farben, die Ihrer Persönlichkeit entsprechen:

- *Weiß* ist die Farbe der Einfachheit, Klarheit und Einsicht. Weiße Räume ohne Kontraste können langweilig und kalt wirken. Sehr schön wirkt Weiß in Kombination mit anderen Farben. Eine weiße Wand mit einem farbenfrohen Bild oder von einem Streifen roter Ziegel unterbrochen vermittelt Geborgenheit und einen Hauch von Geschichte.

- *Rot* ist voller Dynamik und Energie und steht für Kraft und für ein Leben im Hier und Jetzt. Rot wirkt positiv auf das Wurzelchakra (Blase, Eierstöcke, Orgasmusfähigkeit), spendet Kraft, macht optimistisch und wach. Rote Tupfer lassen Ihre Wohnung aufleben. Ein Strauß roter Rosen, ein Bild mit einem glühendroten Sonnenuntergang oder eine Lampe mit roter Birne sind die Energiespender Ihres privaten Paradieses.

**WICHTIG**        Setzen Sie jedoch Rot nie zu intensiv ein. Rot ist auch eine Warnfarbe. Zuviel Rot wirkt aufdringlich, aufregend und auf Dauer anstrengend.

- *Orange* schenkt Wärme und Entspannung und fördert die Bereitschaft zur Erotik. Orange wirkt positiv auf das Sakralchakra (Nebennieren, Darm, Gebärmutter). Benutzen Sie nicht zuviel Orange, sonst werden Sie der Farbe schnell überdrüssig.

- *Gelb* fördert Leichtigkeit, Lebensfreude, Offenheit und Heiterkeit. Gelb steht in Beziehung zum Solarplexuschakra (Magen, Leber und Galle, Bauchspeicheldrüse). Leuchtendes Gelb wirkt als intensiver Stimmungsaufheller. Je mehr es einer blühenden Löwenzahnwiese im Frühjahr gleicht, desto heiterer stimmt es Sie. Dunkles Gelb vermittelt die Wärme und Geborgenheit eines Sommerabends am Strand. Wenn Sie Ihre Stimmung aufhellen wollen, dann sparen Sie nicht mit Gelbtönen. Besonders gut eignen sie sich für Wohnzimmer und Flure.

- *Grün* ist die Farbe der Pflanzen. Grün verbreitet Harmonie und Sympathie und hat eine Verbindung zum Herzchakra (Herz). Es symbolisiert Wachstum und Frische. Grün beruhigt und löst Verspannungen. Machen Sie aus Ihrem Wohnzimmer einen grünen Garten Eden. Gestalten Sie Ihren Korridor zu einem grünen Flur, in dem

Sie sich wohl fühlen, der Sie jedesmal, wenn Sie ihn durchqueren, ganz automatisch mit Kraft auflädt. Grün als gleichmäßig aufgetragene Wandfarbe kann seine beruhigende Wirkung nicht so gut entfalten, als wenn Sie das Grün in verschiedenen Schattierungen auf die Wand bringen. Möglicherweise empfindet unsere Seele dieses abwechslungsreiche Grün als naturähnlicher. Am besten für grüne Inseln in der Wohnung eignen sich lebende Pflanzen. Wo nicht ausreichend Licht vorhanden ist, sind künstliche Pflanzen oder Bildtapeten immer noch besser als eintönig grüne Flächen.

Im Schlafzimmer sollten keine Topfpflanzen stehen, weil sich in der Pflanzenerde Schimmelpilze bilden, die Ihrer Lunge und Ihren Bronchien schaden. Besonders ältere Menschen mit geschwächtem Immunsystem reagieren sehr empfindlich auf Sporen in der Atemluft. Sie brauchen aber deshalb im Schlafzimmer nicht auf Grün zu verzichten: Verwenden Sie grüne Bettwäsche mit Pflanzenmotiven, und schlafen Sie so mitten in einer Sommerwiese.

VORSICHT!

- *Blau* fördert Ruhe und Stille, aber auch Verständigung und Kommunikation. Damit wirkt Blau positiv auf das Halschakra (Hals, Lunge, Kiefer, Mittelohr, Nasennebenhöhlen). Blau beruhigt und entspannt. Wenn Sie einen blauen Schlafanzug tragen, schlafen Sie möglicherweise viel erholsamer und tiefer als mit einem roten oder gelben Schlafanzug. Als Raumfarbe eignet sich Blau nur bedingt, weil es ein Zimmer kalt macht. Sehr gut läßt es sich jedoch mit anderen Farben kombinieren. Zu einer Tapete mit einem Strandmotiv paßt beispielsweise ein hellblauer Himmel, in dem weiche, weiße Wolken segeln. Dann macht Blau gute Laune wie ein sonniger Tag im Sommer am Meer.
- *Violett* steht für Spiritualität und Glauben und hat eine positive Wirkung auf das Scheitelchakra (Schlaf-Wach-Rhythmus).
- *Türkis* ist die Farbe der Reinheit und Wachheit und steht in Verbindung mit dem Immunsystem.
- *Indigo* ist die Farbe der Weisheit, Einsicht, Intuition und steht in Verbindung mit dem Stirnchakra, dem dritten Auge (Augen, Ohren).

- Die Farbe *Rosa* besänftigt die Seele und versetzt Sie in eine friedliche Stimmung. Rosa ist die Farbe der Unschuld.
- *Gold*, *Silber* und *Bronze* versetzen Ihre Wohnung in eine verspielte Stimmung, machen sie optisch wertvoller und geheimnisvoller. Gold eignet sich gut zur Verzierung von Abschlußleisten und als Einfassung, um Türen, Fenster oder Balken optisch hervorzuheben.

**WICHTIG**

Verwenden Sie Gold, Silber und Bronze nicht zu verschwenderisch, sonst wirkt Ihre Wohnung so überladen wie eine barocke Kirche.

### Die Wohnung mit Farben und Formen verzaubern

Kombinieren Sie unterschiedliche Farben und Formen. Gestalten Sie Ihre Wohnung zu einem einzigen großartigen Gemälde. Machen Sie daraus ein Zauberschloß, das Sie in einen Zustand der Verzückung versetzt, sobald Sie es betreten. Beobachten Sie, wie wohl und zufrieden Sie sich fühlen, wenn Sie die einzelnen Zimmer betreten:

- Setzen Sie mit Blumen, farbigen Gestecken, geheimnisvoll wehenden Vorhängen oder gedämpftem farbigem Licht Zauberpunkte.
- Hängen Sie Bilder von Urlaubsorten an die Wand, in denen Sie sich besonders wohl gefühlt haben.
- Lassen Sie Menschen, mit denen Sie besonders glücklich waren, von Ihren Wänden lächeln.

Schmücken Sie die Bilder mit Blumen, einer brennenden Kerze, Räucherstäbchen. Schaffen Sie sich in Ihrer Wohnung ruhig mehrere solcher Altäre. Ihre Wohnung ist ein Spiegelbild Ihres Inneren. In Ihrer Wohnung sind Sie ganz Sie selbst. Hier gibt es nur Sie, Ihre Träume – und liebe Menschen.

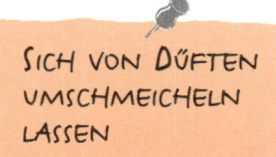

**SICH VON DÜFTEN UMSCHMEICHELN LASSEN**

Düfte können Ihre Seele verzaubern. Sie lösen spontane Empfindungen aus. Der Geruchssinn läßt sich viel direkter mit einem Gefühl verbinden als etwa das Sehen. Düfte tragen in sich den Nachgeschmack an weit zurückliegende Gefühle und wecken die Erinnerung an vergangene Erlebnisse. So ist es durchaus möglich, daß der Geruch nach Tannennadeln und Weihnachtsgebäck Sie urplötzlich an Ihre erste Modelleisenbahn denken läßt, die Sie zu Weihnachten geschenkt bekamen, als Sie sieben Jahre alt waren. Blumenduft führt Sie zurück auf die duftende, bunte Frühlingswiese vor Ihrem Elternhaus. Der Duft nach Meer läßt Sie die Urlaube Ihrer Jugend wiedererleben. Zimt und Orange versenken sie in sinnliche Phantasien.

Kölnisch Wasser und Pfefferminze machen Sie munter. Rosenduft führt Sie zurück zu den wundervollen Gefühlen Ihrer ersten Liebe ...

*Düfte sind wie die Seelen der Blumen, man kann sie fühlen selbst im Reich der Schatten.*
Joseph Joubert

Gerüche leiten unsere Stimmungen und unser Verhalten. Die Redewendung, daß sich »zwei nicht riechen können«, sagt mehr über das Verhältnis dieser beiden Menschen aus als eine umfangreiche soziologische Studie.

## Tip

### Mit Düften Stimmungen malen

Jeder Geruch ruft in uns eine ganze Folge von Gefühlen wach. Nutzen Sie diese Eigenschaft der Düfte für Ihr Wohlbefinden: Malen Sie mit Parfüms Stimmungen. Bringen Sie jedes Zimmer mit einer anderen Duftnote in Einklang. Ihre Zimmer unterscheiden sich dann nicht nur in der Einrichtung, der Farbe, der Größe, im Zweck und in der Lage, sondern auch im Duft.

Verleihen Sie der Küche mit Zitronenöl den Geruch von Sauberkeit. Malen sie in die Gardinen Ihres Wohnzimmers die Duftstimmung einer Sommerwiese, entspannen Sie Ihr Badezimmer mit der üppigen Würze einer sonnigen Tropeninsel, und verzaubern Sie Ihr Schlafzimmer mit den Düften des nächtlichen Märchenwaldes.

Stellen Sie keine Parfüm-Cocktails her! Bringen Sie die Duftnoten Ihres Raumparfüms (besonders das Ihres Kleiderschranks) mit Ihrem Körperparfüm in Einklang, und achten Sie bei ätherischen Ölen auf die Qualität. Die oft

**WICHTIG**

sehr großen Preisdifferenzen lassen sich zum Teil dadurch erklären, daß es von vielen Ölen mehrere Varianten gibt: Da sind einmal die naturreinen ätherischen Öle. Meist sind sie ihren Preis wert. Lassen Sie die Finger von Billigölen. Diese werden künstlich hergestellt und enthalten andere Stoffe als das Naturprodukt, obwohl sie ähnlich riechen.

So setzen Sie Düfte gezielt ein:

- Gönnen Sie sich ein wohltuendes Duftbad.
- Stellen Sie Duftlampen auf.
- Lassen Sie sich von Ihrem Partner mit einem wundervollen Körperduftöl massieren.
- Träufeln Sie einen Tropfen Körperduftöl auf Ihren Handrücken, und verreiben Sie ihn.

**KLEINE ACCESSOIRES BRINGEN LEBEN IN DIE WOHNUNG**

Ein Gefühl der Ruhe und Geborgenheit haben, während man im Wohnzimmersessel sitzt; beim Zubereiten des Frühstücks in der Erinnerung an den letzten Urlaub schwelgen; in der Badewanne von Südseestränden träumen … Mit Photos, kleinen Figürchen, Pflanzen, Lampen, Büchern und Antiquitäten lassen sich aus ganz normalen Zimmern, Nischen, Sitzecken und Fluren wahre Wohlfühlorte erschaffen. Mit Gegenständen, die Ihnen etwas bedeuten und an denen Sie sich erfreuen, können Sie ein ganz besonderes Flair in Ihre Wohnung zaubern.

## Tips

### Die Quellen der Freude und Energie sprudeln lassen

Gegenstände, die Ihnen Freude machen und Energie schenken, gehören nicht in das Dunkel der hintersten Kammer, verstaut unter einem Stapel abgetragener Wäsche. Sie sollten in Ihrer Wohnung präsent sein und soviel Freude wie irgend möglich in Ihre Umgebung ausstrahlen. Das Photo Ihrer Lieblingskatze macht sich in einem hübschen Rahmen an der Wand im Flur weitaus besser als im Photoalbum. Die vergilbten Liebesbriefe gehören in ein Kästchen, so daß sie leicht zugänglich sind, und die Lieblingstasse können Sie nach dem Spülen gleich draußen stehen lassen, bereit, Ihnen für schöne, stille und nachdenkliche Stunden zu dienen.

Lassen Sie in die Gestaltung Ihrer Wohnung Ihren eigenen Stil einfließen. Verwirklichen Sie Ihre eigenen Werte. Machen Sie aus Ihrem Zuhause einen Ort, an dem Sie sich wohl fühlen, an dem Sie Liebe empfinden können, der es wert ist, das räumliche Zentrum Ihres Lebens zu sein.

### Licht macht fröhlich

Helles Licht hellt Ihre Seele auf. Auch im dritten Alter mildern Sie Frustration und Depressionen, wenn Sie in Ihrer Wohnung ein Zimmer mit sehr hellem Licht einrichten. Am besten dafür geeignet ist das Licht vor dem Badezimmerspiegel, am Eßtisch oder im Wohnzimmer neben dem Sofa.

### Mit Feng Shui Energie in die Wohnung holen

Feng Shui ist eine alte asiatische Wohn- und Lebenskunst und bedeutet soviel wie »Wind und Wasser«. Feng Shui verspricht, Wohnräume zu Energiequellen zu machen, so daß die Küche vor gesunder Kreativität nur so strotzt, Wohn- und Badezimmer Sie mit neuer Kraft aufladen und das Schlafzimmer sowohl Erholung spendet als auch Ihr Liebesleben richtig in Schwung bringt. Wenn Sie sich für Feng Shui interessieren, besuchen Sie doch ein Seminar.

Badezimmer eignen sich vorzüglich dazu, Urlaubsphantasien auszuleben. Manche Wannen laden förmlich dazu ein, von Wind, Wellen und Sonne zu träumen. Zugleich spielen alle Fragen der Sicherheit gerade im Badezimmer eine besonders wichtige Rolle.

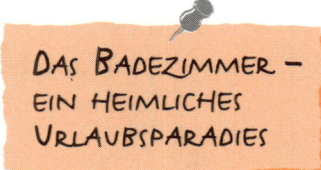

DAS BADEZIMMER – EIN HEIMLICHES URLAUBSPARADIES

## Tips

### Die Sicherheit in Ihrem Bad

- Beseitigen Sie Rutschfallen. Rutschfeste Fliesen sind Vorschrift. Wenn das nicht reicht und der Fußboden sich bei Nässe immer noch glatt anfühlt, empfehlen sich rutschfeste Matten und ein Duschvorhang oder ähnliches, damit das Wasser beim Duschen nicht herausspritzt.
- Badewanne und Dusche sollten leicht zugänglich sein. Es gibt spezielle Treppchen, die das Ein- und Aussteigen erleichtern, und tief in den Boden eingelassene Dusch- und Badewannen.
- Lassen Sie überall, wo es notwendig ist, Haltegriffe anbringen. Es gibt Badewannen mit Griffen …

### Kurzurlaub in der Badewanne

Nutzen Sie Ihre Badewanne zum Entspannen. Gehen Sie zwei- bis dreimal pro Woche in Urlaub … in Ihre mit warmem, duftendem Wasser gefüllte Badewanne. Geben Sie wohlriechende Essenzen hinein, streuen Sie auf die Wasseroberfläche Blütenblätter. Nehmen Sie Ihre Lieblings-CDs mit Wellengeräuschen und Naturklängen mit, und geben Sie sich dem wohltuenden Gefühl von Urlaub auf einer tropischen Insel hin.

Tun Sie das jedoch nicht zu lange. 30 Minuten sind genug. Legen Sie sich dann gemütlich auf Ihr Sofa oder in Ihr Bett, und schwelgen Sie weiter in Ihren Südseeträumen.

So gelingt Ihr Kurzurlaub in der Wanne:

- Steigen Sie nicht mit vollem Magen in die Wanne.
- Die Wassertemperatur sollte ca. 36 bis 37° C betragen.
- Entspannen Sie sich bereits vor dem Bad.

### Bei Badezusätzen auf Qualität achten

Ihre Haut wird im Alter dünner und empfindlicher. Achten Sie bei Badezusätzen auf Qualität. Ihr Körper dankt es Ihnen.

Die wichtigsten Bestandteile von Badezusätzen:

- *Waschsubstanzen* sind vor allem in Schaumbädern enthalten. Sie reinigen zwar gut, entfernen mit dem Schmutz aber auch die Fettschicht der Haut. Dadurch lassen sie die Haut austrocknen. Bei waschaktiven Badezusätzen empfiehlt sich daher, die Haut nach dem Bad wieder mit einer Creme geschmeidig zu machen.
- *Öle und ätherische Öle* duften gut, wirken entspannend und pflegen die Haut. Ätherische Öle entwickeln darüber hinaus eine Heilwirkung. Da Ölbäder keine reinigende Wirkung entfalten, sollten Sie mit sauberer Haut in das Ölbad steigen. Duschen oder waschen Sie sich zuvor. Kaufen Sie nur natürliche Produkte; am besten in der Apotheke, im Naturkostladen oder im Reformhaus. An billigen Imitationen, die zwar nach ätherischen Ölen riechen, aber aus der Chemiefabrik kommen, haben Sie keine Freude. Hautreizungen und Kopfschmerzen sind oft die Folge.
- *Kräuterzusätze* haben – ähnlich wie die ätherischen Öle – eine Heilwirkung. Sie können Kräuterzusätze leicht selbst herstellen (Pflanzensud) oder in Apotheken, Reformhäusern und Naturkostläden als Pulver, Granulat, Tabletten oder Lösung kaufen. Entdecken Sie Ihren eigenen Garten als Reservoir für Ihre Badekräuter.
- *Meersalz* macht aus Ihrer Badewanne eine Bucht in der Südsee. Dem Meersalz werden eine Reihe von positiven Eigenschaften nachgesagt: Es stimuliert die Stoffwechselprozesse, entspannt und revitalisiert. (Sie finden Ihr Meersalz in Apotheken, Reformhäusern und inzwischen bereits in Supermärkten.)

## Energie tanken in einem Kombucha-Wohlfühlbad

Kombucha (siehe Seite 61) eignet sich aufgrund seiner Inhaltsstoffe auch hervorragend für ein kraftspendendes Wohlfühlbad:

### Kombucha-Bad

Einfach Wasser in die Wanne laufen lassen (36 bis 38 Grad sind ideal), 1 Liter Kombucha und 1 Becher Sahne hinzugeben und im Badewasser verteilen. Etwas Kombucha zum Trinken in ein Glas geben, entweder mit Tee oder mit Fruchtsaft mischen, und los geht der Badegenuß.

### Sich in der Wanne mit Kraft und Freude aufladen

Wenn Sie kraftlos sind und sich niedergeschlagen fühlen, kann Sie ein Kraft- und Freudenbad wieder aufrichten: Die Wirkung ist optimal, wenn die Wassertemperatur ein wenig über der Körpertemperatur liegt.

---

**Kräftigendes Bad**

Träufeln Sie ätherische Öle auf das Wasser: 5 Tropfen Lavendel, 5 Tropfen Basilikum, 5 Tropfen Rosmarin und 2 Tropfen Nelken. Noch intensiver ist die Wirkung, wenn Sie etwas Meersalz hinzugeben.

---

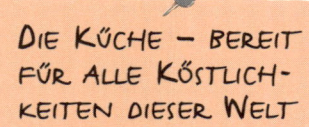

**DIE KÜCHE – BEREIT FÜR ALLE KÖSTLICHKEITEN DIESER WELT**

Die Ausstrahlung einer Küche sollte so gemütlich sein, daß sie Lust aufs Kochen und Appetit aufs Essen macht. Im Idealfall ist das ein geräumiger und wohnlicher Kochtempel mit einer Eßgelegenheit für zwei bis drei Personen.

## Tips

### Die »helfende Hand«

Häufiges Bücken ist für Menschen mit Rückenbeschwerden eine Qual. Gerade beim Kochen fällt des öfteren etwas auf den Boden, sei es ein Salatblatt, eine Gurkenscheibe, ein Messer oder ein Löffel. Hier lohnt sich die Anschaffung einer »helfenden Hand«; einer Pinzette aus Kunststoff mit einem langen Griff, die ein Auflesen hinabgefallener Gegenstände ohne Bücken ermöglicht.

### Beim Zubereiten der Speisen bequem sitzen

Wem Kochen Spaß macht und wer viel Zeit in der Küche verbringt, der setzt sich gerne bei der Zubereitung von Leckereien hin. Dazu muß die Küche nicht großartig umgebaut werden. Ein Arbeitstisch tut es auch und ein Stuhl, auf dem Sie gut und bequem sitzen.

## Glück und Gesundheit in der Küche

Ideale Küchen sind Oase für Gaumenfreuden und Wohlfühlort in einem. Ihr Wohlbefinden wirkt sich auf die zubereiteten Gerichte aus. Sie schmecken besser, würziger, wenn Sie sich beim Kochen gut fühlen. Möglicherweise sind sie dann sogar gesünder. Ideen für eine günstige Innengestaltung Ihrer Küche können Sie sich auch aus der asiatischen Feng-Shui-Lehre holen.

Menschen im dritten Lebensabschnitt verbringen, wie bereits erwähnt, mehr Zeit in ihrer Wohnung als Menschen aller anderen Lebensalter. Der wichtigste Raum ist hier das Wohnzimmer. Doch die üblichen Wohnzimmer sind Präsentationsräume, in denen Gäste bewirtet und Besucher empfangen werden. Als Wohlfühlorte sind sie oft nur wenig geeignet.

IHR WOHNZIMMER –
DER PRIVATE
GARTEN EDEN

## Tips

### Eine Insel der Glückseligkeit

- Sessel sollten bequem und rückenschonend sein. Wenn Sie in einem Sessel zwar gut sitzen, beim Aufstehen aber Mühe haben, wieder hochzukommen, dann schadet das Ihren Gelenken. Von Vorteil ist eine Fußstütze, damit Sie Ihre Beine hochlegen können.
- Achten Sie auf gute Beleuchtung.
- Entfernen Sie alle Stolperfallen wie hochstehende Teppichränder und Kabel, die mitten durchs Zimmer führen.
- In der Mehrzahl der europäischen Haushalte ist der Fernseher das unumstrittene Zentrum des Wohnzimmers. Wenn auch Sie gern fernsehen, dann lohnt sich die Investition in einen großen Bildschirm, der nicht flimmert. Das schont die Augen und erhöht Ihr Wohlbefinden.

### Der Phantasie freien Lauf lassen

Ganz gleich, ob Sie aus Ihrem Wohnzimmer einen südamerikanischen Dschungel machen (z. B. mit täuschend echten künstlichen Pflanzen und

Froschgequake aus dem Lautsprecher) oder sich mit großen Bildtapeten Bergseen an die Wand zaubern, in Ihrem Wohnzimmer sollen *Sie* sich absolut wohl fühlen können. Lassen Sie Ihre Phantasie sprudeln. Machen Sie Ihr Wohnzimmer zu einem Ausdruck Ihrer Träume und Wünsche!

**DAS SCHLAFZIMMER – EIN RÜCKZUGSORT ZUR ERHOLUNG UND FÜR ZÄRTLICHE STUNDEN**

Das Schlafzimmer ist der Raum, in dem Sie sich regenerieren und erholen. Ein Drittel unseres Lebens verschlafen wir. Damit verbringen wir im Schlafzimmer mehr Zeit als an jedem anderen Ort, den Arbeitsplatz eingeschlossen. Doch ein Schlafzimmer ist nicht nur zum Schlafen da. Sie verbringen darin auch zärtliche Stunden zu zweit und erleben Höhepunkte der Sinnlichkeit.

## Tips

### Schlafen wie im Paradies

- Gestalten Sie Ihr Schlafzimmer luftig leicht und märchenhaft verspielt. Wählen Sie weiche Textilien, die bereits bei der Berührung ein angenehmes Gefühl vermitteln. Sorgen Sie für eine zarte verzaubernde Atmosphäre mit einem Licht, das sich dimmen läßt, mit Düften und Musik.
- Verzichten Sie auf dunkle oder schwer wirkende Möbel. Bücherregale, Computer und Aktenordner gehören nicht an den Schlafplatz.
- Achten Sie darauf, daß Sie leicht und bequem ins Bett hinein und wieder heraus kommen. Sogenannte »Seniorenbetten« mit der Schlafebene in 40 bis 50 Zentimetern Höhe sind nicht nur für ältere Menschen sehr bequem. Wenn Sie sich kein neues Bett kaufen wollen, benutzen Sie Unterstellwürfel aus Holz. Fragen Sie in einem Möbelgeschäft danach, oder beauftragen Sie einen Schreiner. Denken Sie auch daran, daß Sie krank werden könnten und dann ein Arzt oder eine Person, die Sie pflegt, leichten Zugang zum Bett haben sollte.
- Achten Sie darauf, daß der Lattenrost sowohl am Kopfteil als auch am Fußende verstellbar ist.
- … und sparen Sie nicht beim Kauf Ihrer Matratze!

## Das Bett – eine »Wohlfühlzentrale«

Folgendes macht auch Ihr Bett zu einer »Wohlfühlzentrale«:

- ein stets griffbereites Telefon
- Lichtschalter, die vom Bett aus bequem erreichbar sind. Das Licht sollte hell sein und sich nach Belieben dimmen lassen
- elektrische Jalousien, die Sie vom Bett aus steuern können
- ein Fernseh- und Radiogerät, das sich vom Bett aus bedienen läßt. (Elektrische Geräte sind Quellen von Elektrosmog. Nehmen Sie die Geräte nachts vom Netz. Um sie auch optisch verschwinden zu lassen, können Sie vor den Geräten einen Vorhang anbringen, den Sie nachts zuziehen.)

## Genügend Platz zum Umkleiden

Reservieren Sie sich in Ihrem Schlafzimmer einen Platz, an dem Sie sich bequem an- und umkleiden können. An Ihren Umkleideplatz gehören auch eine Sitzgelegenheit, helles Licht und ein großer Spiegel, in dem Sie sich ganz betrachten können.

## Farben im Schlafzimmer

Aufregende Farben wie Gelb, Rot und Orange sind im Schlafzimmer allenfalls als bunte Sprenkel erlaubt. Lassen Sie beruhigende Farben wie Blau, Grün und Indigo in Ihrem Wohlfühl-, Kuschel- und Schlafraum dominieren.

## Mit Feng Shui zum idealen Wohlfühl-Kuschel-Schlafplatz

- Wählen Sie für das Schlafzimmer das ruhigste Zimmer der Wohnung, möglichst weit weg vom Eingang und von der lärmenden Straße.
- Der Platz für das Bett sollte Geborgenheit ausstrahlen. Schwere Bücher am oder über dem Kopfende oder ein schwerer Leuchter über dem Bett können erdrückend wirken.
- Stellen Sie Ihr Bett so auf, daß Sie nur Ihren Kopf zu drehen brauchen, um Fenster und Tür zu sehen. Falls das nicht geht, verschaffen Sie sich mit Spiegeln einen Blick auf Fenster und Tür.

● Vermeiden Sie jedoch »Durchzug«. Das Bett sollte nicht direkt zwischen Fenster und Tür stehen. Wenn es nicht anders geht, stellen Sie einen Raumteiler auf, oder bringen Sie einen leichten, weichen pastellfarbenen Vorhang an.

**SICHERHEIT ENTSPANNT**

Eine Wohnung, in der man sich nicht sicher fühlt, oder eine Wohngegend mit hoher Kriminalitätsrate kann auf Dauer kein Wohlbefinden schenken. Wenn Sie sich an Ihrem Wohnort nicht sicher fühlen, dann ist ein Umzug meist die beste Alternative.

## Tips

### Schutz vor Kriminalität

Ein hell erleuchtetes Treppenhaus, ein Zusatzschloß an der Haustüre, ein Spion in der Türe … all das gibt Ihnen ein Gefühl der Sicherheit. Eine weitere Möglichkeit: Schaffen Sie sich einen (nicht zu kleinen) Hund an.

### Unfälle verhüten

● Beseitigen Sie alle Sturz- und Stolperfallen in Ihrer Wohnung.
● Ausreichende Beleuchtung ist Pflicht. Am Licht sparen heißt an der falschen Stelle sparen.

## Bücher und Adressen, die Ihnen weiterhelfen

Berliner, Helen: *Ihr Zuhause – ein Zentrum der Kraft. Spirituelles Wohnen & Design*. Freiburg 2000. Enthält Gestaltungsideen, die Spiritualität und Wohndesign miteinander verbinden – mit vielen Tips und Anleitungen.

Hunkel, K.: *Die Kraft der Farben*. München 1999. Informatives, leicht zu lesendes Buch mit Checklisten und einer Fülle praktischer Tips.

Jane, Alexander: *Der Geist des harmonischen Hauses. Ihr Zuhause als Ort der Inspiration und Regeneration*. München 1999.

Jordan, Harald: *Räume der Kraft schaffen. Der westliche Weg ganzheitlichen Wohnens und Bauens.* Freiburg 1999. Der Autor beschreibt die geistigen Gesetze, die im Bauen und Wohnen wirken und wie wir unsere Räume gestalten können, damit sie eine heilende Wirkung auf uns haben.

Kraaz von Rohr, Ingrid: *Farbtherapie kurz & praktisch.* Freiburg 1995.

Meyer, Hermann, und Sator, Günther: *Besser Leben mit Feng Shui.* München 1997. Enthält wertvolle Tips und Anregungen, wie Sie in Ihrer Wohnung erfüllter leben und am Arbeitsplatz effizienter arbeiten können.

Riedel, Prof. Dr. Ingrid: *Farben in Religion, Kunst und Psychotherapie.* Stuttgart 2000. Hier lernen Sie die Wirkung von Farben auf Ihre eigenen Gefühle und die anderer Menschen kennen.

Sator, Günther: *Feng Shui for Love. Energieströme für mehr Liebe, Lust und Harmonie.* München 1999.

Spours, Judy: *Das Wohnbuch. 1000 Tips zum Einrichten und Dekorieren.* Köln 1999.

Kontaktadressen zum Thema »Wohnen«:

Arbeitsgemeinschaft Wohnberatung e.V. (AGW)
Heilsbachstraße 20
D–55123 Bonn
Tel.: 02 28 / 26 40 11

Bundesarbeitsgemeinschaft Wohnungsanpassung e.V.
Korbinianplatz 15a
D–80807 München
Tel.: 0 89 / 3 51 68 87

# Zauberorte schaffen

*Anna ist nicht mehr da. Anna ist in ihr früheres Leben zurückgekehrt. Aber sie wird wiederkommen und bleiben. Der Trennungsschmerz läßt Sie nicht ruhen, treibt Sie immer wieder hinaus in die spätsommerlich üppige Natur, läßt Sie Wanderwege beschreiten, voll wunderbarer Naturschönheiten. Sie freuen sich über die Wunder der Landschaft und haben Anna im Herzen. Urlaub wehmütiger Zärtlichkeit!*

*Auf Ihren Streifzügen durch die Schönheiten des Salzkammerguts kommen Sie immer wieder an Orte mit geheimnisvoller Ausstrahlung. Verzauberte Orte ... Orte des Zaubers: Bänke an Seen zwischen Wiesen und Schilf; versteckte Grotten im Wald; die Felsnische in der Nähe des Gipfelkreuzes; das Ruderboot auf dem See, wenn es draußen auf dem Wasser zu dämmern beginnt. Zu Ihren »Zauberorten« gehen Sie, wenn Sie Ihrer Seele Ruhe geben, wenn Sie Ihr Leben Revue passieren lassen, wenn Sie sich Ihren inneren Reichtum bewußtmachen wollen. Hier lassen Sie Ihre Seele nachkommen. Orte des Zaubers sind Ihnen heilig.*

*Sie finden Ihre Zauberorte, und Sie erschaffen sie. Sie gehen ein Bündnis ein mit Ihrer Umwelt. Sie akzeptieren die Welt um sich herum als Teil Ihres Selbst. Der wichtigste Zauberort aber ist Ihr Zimmer in der Pension. Ihr Bett als Rückzugsort für die Nacht, der Holzstuhl auf dem Balkon. Ein Zauberort ist da, wo Sie sich wohl fühlen.*

»Zauberorte« sind Plätze der Stille, an denen Sie ganz in sich gehen können. Es sind körperliche und seelische Refugien – Orte, an denen Sie sich aus dem quirligen Durcheinander des Alltags zurückziehen können. Wenn Sie an Ihrem Zauberort sind, spielt die Welt dort draußen keine Rolle mehr, steht die Zeit still.

Jeder Zauberort steht unter einem besonderen Thema. Jeder hat seine eigene Beziehung zu Ihrem Leben, und jeder bereichert es auf seine Weise: die dicke Eiche am Feldweg gibt Kraft, die moorige Mulde im Wald vermittelt die Ruhe von Mutter Erde, die Höhle fernab der Wanderwege spendet Stille. Damit leisten Zauberorte einen wichtigen Beitrag zur Persönlichkeitsfindung – nicht nur in diesem Lebensabschnitt, aber da ganz besonders. An Ihren Zauberorten können Sie in Ihrem Innern still werden, nachdenken, neue Talente entdecken, Pläne schmieden, sich an Körper und Seele regenerieren, Ihrer Phantasie freien Lauf lassen oder ganz einfach Ihr Lächeln wiederfinden. – Zauberorte sind Orte, an denen Sie zu sich selbst gelangen. Sie sind Teil Ihrer Persönlichkeit, Spiegel tiefer Anteile Ihres Wesens.

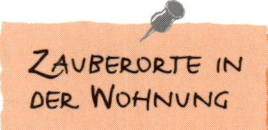

ZAUBERORTE IN DER WOHNUNG

Einige Zauberorte Ihrer Wohnung kennen Sie ja bereits. Da sind zum einen die Wohlfühlorte, an die Sie sich zu Ihrer Übung »Verschaffen Sie sich Klarheit!« zurückziehen. Aber auch die Altäre in Ihrer Wohnung sind Zauberorte. Ein ganz besonderer Zauberort in Ihrer Wohnung ist Ihre Schatzkammer. Hierher kommen Sie, wenn Sie Ihre Vergangenheit wieder einmal in die Hände nehmen wollen oder wenn Sie wieder einmal an dem vergilbten Briefpapier schnuppern möchten, um festzustellen, ob es immer noch nach Ihrer Schulzeit duftet.

## *Tip*

### *Die Zauberorte erspüren*

Welche Plätze in Ihrer Wohnung sich als Zauberorte eignen, das können Sie spüren: Wo berührt Sie eine geheimnisvolle Sehnsucht? Wo fühlen Sie sich geborgen und unendlich wohl? (In dem kleinen Ledersessel neben dem Bücherregal? Auf dem Sofa hinter dem künstlichen Ficus benjamini? In Ihrem Bett?) Wo spüren Sie die Sehnsucht nach Ihrem persönlichen Paradies? (In Ihrer Badewanne? In der Hängematte auf dem Balkon? Hinter dem verstaubten Schrank auf den Dachboden zwischen Spinnweben und alten Zeitungen?)

**ZAUBERORTE DER PHANTASIE**

Der zauberhafteste Ort in Ihrem Universum liegt in Ihnen selbst. Es ist das Land Ihrer Phantasie und Ihrer Träume, ein Land, zu dem nur Sie Zutritt haben, in dem Sie Herrscher sind über jeden und alles. Wenn Sie einen Ihrer Zauberorte der Phantasie aufsuchen, dann verlassen Sie die Welt der Mitmenschen, obwohl niemand etwas davon bemerken muß. Sie liegen in Ihrem Bett, und es sieht so aus, als ob Sie schliefen, doch in Wirklichkeit gehen Sie am Strand einer wundervollen Südseeinsel spazieren. Sie sitzen im Kaffeehaus, und es sieht so aus, als blickten Sie in Gedanken aus dem Fenster, doch in Wirklichkeit durchstreifen Sie an der Seite von Cortez eine alte indianische Ruine. Oder Sie lehnen am Stamm der alten Eiche, und es sieht so aus, als würden Sie sich ausruhen, doch in Wirklichkeit streicheln Sie den Baum, und er streichelt Sie.

## Tip

### Das Tor ins Land der Phantasie

In das Land Ihrer Phantasie können Sie von überall aus starten. Am besten gelingen Tagträume jedoch, wenn Sie sich ganz darauf einlassen: in Ihrem Bett oder auf dem Sofa. Wenn Sie Phantasien nutzen möchten, um Ihren Alltag zu bereichern, dann versuchen Sie es doch einmal mit einem Kurs im Tagträumen.

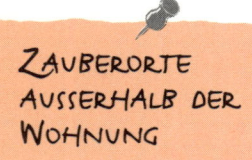

**ZAUBERORTE AUSSERHALB DER WOHNUNG**

Zauberorte, um Kraft und Ruhe zu tanken, finden Sie auch jenseits Ihrer Wohnung. Die Bank im Kakteenhaus des botanischen Gartens eignet sich als Zauberort genauso wie die Sandkuhle hinter dem Felsen nahe der sturmgepeitschten Klippe oder die kleine alte Kirche neben dem Bach mitten im Wald.

## Tips

### Zauberorte finden und erschaffen

- Suchen Sie nach einem geeigneten Platz, der Sie verzaubert.
- Legen Sie ganz einfach für sich fest: »Das ist mein Zauberort.«

- Wenn Sie wollen, dann laden Sie Ihren Zauberort mit Ihrer Lebenskraft auf. Stellen Sie sich vor, wie er von einer unsichtbaren Hülle umschlossen wird, die alles Böse fernhält.
- Sie können die Verbindung zu Ihrem Zauberort festigen, wenn Sie dort etwas Persönliches zurücklassen. Vergraben Sie eine Haarlocke von sich nahe am harzigen Stamm der windzerzausten Fichte, oder verbrennen Sie hinter dem Felsen einen Brief, auf dem alle Ihre »Fehltritte« stehen.
- Schließen Sie ein Bündnis mit Ihrem Zauberort. Sprechen Sie mit dem Baum neben Ihrer Lieblingsbank, sagen Sie ihm, daß Sie ihn beschützen werden. Schließen Sie Bruderschaft mit dem alten verwitterten Felsen im schattigen Wald.

## Zauberorte aus der Vergangenheit

Vergessen Sie nicht die Zauberorte Ihrer persönlichen Vergangenheit: die alte Eiche mit dem Herz, das Sie vor Jahrzehnten eigenhändig eingeritzt haben; die Stelle im Park, an der Sie sich am Ende Ihrer Schulzeit für Ihren Beruf entschieden haben; die ausgewaschene Steintreppe vor dem Haus, auf der Sie sich nach Ihrem ersten Fahrradsturz in den Armen Ihrer Mutter ausgeweint haben. Zauberorte der Vergangenheit sind wichtig für Ihre Identität, denn sie sind Teil Ihrer Lebensgeschichte.

## Zauberorte der Weltgeschichte

Museen und Kulturdenkmäler (wie Pompeji, die Stadt Rom ...) sind Zauberorte der besonderen Art. Hier spüren wir Menschheitsgeschichte ... An alten Gebrauchsgegenständen, Kunstwerken und Waffen spüren wir noch die Aura ihrer Besitzer. In unserer Phantasie können wir die Taten nacherleben, die vor langer Zeit mit ihnen vollbracht wurden. Zauberorte der Geschichte sind voller ewiger Weisheit. Sie schenken Kraft und Ruhe zugleich.

### DAS WILL ICH TUN:

Ich werde aus meiner Wohnung ein Nest für den Lebensabend machen.

Folgendes will ich an meiner Wohnung ändern (blättern Sie Teil 5, »Wohnen in der Hoch-Zeit des Lebens«, noch einmal durch, beachten Sie Ihre Notizen): ————————————————
————————————————————————————————
————————————————————————————————
————————————————————————————————
————————————————————————————————

Küche: ————————————————————————

Bad: ——————————————————————————

Wohnzimmer: ——————————————————————

Schlafzimmer: —————————————————————

Folgende Zauberorte schaffe ich mir: ——————————————
————————————————————————————————
————————————————————————————————


## *Bücher, die Ihnen weiterhelfen*

Streep, Peg: *Dein ganz persönliches Heiligtum. Eine Kraftquelle im täglichen Leben gestalten.* Freiburg 2000. Die Autorin bringt Ihnen nahe, wie Sie Schritt für Schritt z. B. geeignete Gegenstände, Farben, Düfte, Figuren und Symbole für Ihren »Zauberort« auswählen oder »Zauberorte« für besondere Bedürfnisse kreieren.

Riedl, Rudolf: *Wenn die Seele Urlaub macht. Erfolgreich tagträumen.* Freiburg 2000.

# TEIL 6

## LEBENSSINN UND FREUDE AM LEBEN

# Dem Leben Sinn geben

*Das Warten ist vorbei. Anna hat aufgeräumt in ihrem Leben, sie ist wieder da. Jetzt wird gelebt: in der milden Vormittagsluft unter den alten Ahornbäumen, im gepflegten Schloßpark; während des anstrengenden, aber herrlichen Aufstiegs zur Bergstation; auf der Bergstation und am Gipfel; bei Spaziergängen im morgendlichen Nebelwald; unter den Spätsommersternen am Ufer des Sees; beim Abendessen auf der Terrasse Ihrer Pension; bei tiefschürfenden Gesprächen über den Sinn des Lebens; beim Heurigenabend mit Zithermusik; in der kleinen Diskothek; in der kuscheligen Atmosphäre des eigenen Zimmers – und im Ruderboot auf dem See, wenn die Abendsonne die Schatten der Häuser lang werden läßt und den See in graue, grüne und leuchtend orangefarbene Flächen teilt.*

*Eigentlich werden um diese Zeit keine Boote mehr verliehen. Doch ihr charmantes Lächeln macht es möglich. Wenig später befinden Sie sich mit Ihrer Liebsten auf dem See; spüren, wie mit der Entfernung vom Ufer die Geräusche und Gerüche des kleinen Städtchens schwächer und schwächer werden und wie Sie der See mit seinem Duft nach der Urkraft allen Wassers in Besitz nimmt. Vor Ihren Augen läuft ein einmaliges Schauspiel ab, in dem Wasser, Luft, Erde und Sonne die Hauptrollen spielen. Die Schatten der hohen Berge im Licht der gelborangefarben untergehenden Sonne verleihen manchen Bereichen der friedvollen Wasserfläche bereits den Zauber des Spätsommerabends, während der See an anderen Stellen, noch vom schräg einfallenden Sonnenlicht glänzend, seinen Tag fortsetzt, so als würde es nie eine Nacht für ihn geben: Kleine Fliegen schweben über dem Wasser, versuchen sich zu setzen, steigen wieder hoch, schwirren davon. Bunte Libellen segeln heran, verweilen einen Augenblick stehend in der milden würzigen Luft und setzen unvermittelt ihren Flug fort. Dazwischen ertönt das Platschen von*

*Fischen, die aus dem Wasser schnellen, so als wollten sie einen Sonnenstrahl erhaschen.*

*Sie sind überglücklich. Was ist Leben ohne Glücklichsein, Freude, Hoffnung, Begeisterung und Frieden? Sie nehmen Annas Hand: »Wo willst du deinen Lebensabend verbringen, Liebste? Sag! Hier?«*

Um für sich persönlich den Sinn im Leben zu finden, sind Erfahrung und Kreativität gefragt. In Ihrem dritten Lebensalter steht Ihnen von beidem mehr zur Verfügung als je zuvor.


## VERSCHAFFEN SIE SICH KLARHEIT!

*Worum es geht*: Sie wollen herausfinden, was Ihrem Leben Sinn gibt.

*Wie Sie sich einstimmen*: Brühen Sie sich einen klärenden Melissentee auf, und füllen Sie ihn in eine Thermoskanne.

*Tun Sie das*: Gehen Sie hinaus in die Natur. Nehmen Sie Platz auf einer Bank im Park oder im Wald, vor einer moosbewachsenen Grotte oder auf der dicken Wurzel einer alten Eiche. Schauen Sie sich um. Fühlen Sie sich hinein in das Werden und Vergehen der Natur. Machen Sie sich bewußt, daß die saftig-frischen Blätter, die sich sanft im Wind hin- und herbewegen, in einem Jahr graubraun auf dem Waldboden liegen werden … ganz so, wie jetzt die Blätter vom letzten Jahr, die langsam zersetzt werden. Und nächstes Jahr werden sich wieder ganz neue Blätter im Sommerwind wiegen. Heranwachsen, leben und vergehen … das gilt nicht nur für die Blätter, sondern auch für die Bäume, die die Blätter tragen, für alle anderen Pflanzen rundherum, für die Tiere, die an und in den Bäumen leben – und für den Menschen, der sich über all das seine Gedanken macht.

Denken Sie vor diesem Hintergrund über Ihr eigenes Leben nach. Lassen Sie Erlebnisse aus der Vergangenheit wiederauferstehen. Denken Sie an Ihre früheren Freuden und Sorgen, die jetzt wie die Blätter vom Vorjahr, farb- und kraftlos auf dem Boden Ihrer Erinnerung liegen. Denken Sie an Ihre eigene Vergänglichkeit.

Vieles, an dem einst Ihr Denken und Fühlen hing, was vor Jahren und Jahrzehnten noch ungeheuer dringend und wichtig erschien, stellt sich vor dem großen Schauspiel des Werdens und Vergehens als kurzes Zwischenspiel des Lebens dar, teils als pure Zeitverschwendung, teils als Fehler. Ihre Freuden, Vergnügen und Sorgen von damals erscheinen Ihnen jetzt vielfach ohne Sinn, leer und unwichtig. Doch das alles war einfach so ... und, wer weiß, vielleicht war es gut, wie es war.

Nun denken Sie daran, ob Sie damals etwas hätten tun *können*, was Ihnen auch aus heutiger Sicht sinnvoll erscheinen würde. Hätten Sie beispielsweise den Menschen, die Ihnen nahestanden, mehr Freude, Nähe, Liebe und Zuwendung schenken können? Welche Taten und welche Sorgen von damals erscheinen Ihnen auch aus heutiger Sicht noch sinnvoll?

Denken Sie über folgende Fragen nach:

Was gibt meinem Leben Halt? _____

_____

_____

Bin ich von materiellen Dingen abhängig? _____

_____

Wofür lebe ich, jetzt, in dieser Sekunde? _____

_____

_____

Wofür habe ich in der Vergangenheit gelebt? _____

_____

_____

Wie will ich in Zukunft leben? _____

_____

_____

Wie stelle ich mir die letzten Minuten meines Lebens vor? ___

_____

_____

*Melissentee*

*Zutaten*:

getrocknete Zitronenmelisse
Lavendelblüten, Orangenblüten,
Hibiskusblüten
2 frische Zitronenmelisseblätter
Honig

*So wird's gemacht*: Mischen Sie Zitronenmelissenblätter, Lavendelblüten, Orangenblüten und Hibiskusblüten zu gleichen Teilen. Für 1 Tasse reicht 1 Teelöffel der Mischung. Gießen Sie mit kochendem Wasser auf, und lassen Sie den Tee 10 Minuten lang ziehen. Wenn Sie den Tee süß trinken wollen, geben Sie etwas Honig hinzu. 2 frische Zitronenmelisseblätter zerrupfen und in den Tee geben.

Was im Leben hat Sinn? – An der Frage nach dem Sinn des Lebens sind schon viele Philosophen, Kirchenlehrer, Wissenschaftler und Politiker gescheitert. Jeder verstand unter Sinn etwas anderes, und keiner hatte letztendlich recht. Die Frage nach dem Sinn wird nie abschließend und für alle Menschen zutreffend beantwortet werden können, weil sich jeder Mensch seinen eigenen Sinn *macht*.

*Ein leichter Sinn trägt alles.*
Johann Wolfgang von Goethe

Wenn Sie später (vielleicht auf Ihrem Sterbebett) auf Ihr Leben zurückblicken und sich fragen, was denn wirklich sinnvoll war in den vergangenen Jahrzehnten, dann werden Sie wahrscheinlich nicht an Ihren Besitz, Ihre Macht oder Ihr Ansehen denken, sondern an Stunden der Freude, des Glücks und der Erfüllung. Sie werden erkennen, daß wirklicher Sinn darin besteht, Freude zu geben und zu genießen, Liebe zu geben und zu genießen.

## Tips

### Was die Welt im Innersten zusammenhält

Diese Frage beschäftigt uns seit Menschengedenken – und so gibt es eine Vielzahl von Wegen, wie wir eine Antwort auf die Frage nach dem tieferen Sinn unseres Lebens finden können: manche finden sie in der Religion, der sie angehören; manche in der Meditation; einigen begeg-

net die Antwort auf ihrem spirituellen Weg … wenigen in der Natur-
wissenschaft. Es gibt Menschen, die sie in ihrem Inneren suchen, andere
suchen sie im Außen. Und es gibt nicht sehr viele, denen sich der Sinn
offenbart hat. – All diese Wege stehen auch Ihnen offen!

## Fragen, die mit dem Tod zusammenhängen

Die Gewißheit des Todes ist es, die so vielen Menschen zu schaffen macht. Sind wir aber fähig, den
Tod als Ende dieses Lebens zu akzeptieren und
auch, daß wir den Zeitpunkt nicht wissen, so leben
wir den Moment bewußter, genießen jeden Tag, als
ob es unser letzter wäre. Und da das Ende uns allen
blüht, entsteht mehr Nähe zu anderen und mehr Mitgefühl mit anderen Menschen.

> *Der Mensch erfährt,*
> *er sei auch, wer er mag,*
> *Ein letztes Glück*
> *und einen letzten Tag.*
> Johann Wolfgang von Goethe

## Auf das schauen, was fehlt

Ob es um unseren Körper geht, den wir für zu dick, zu alt oder nicht fit
genug halten, um unsere Wohnung, die uns zu unaufgeräumt erscheint,
oder um den Körper, den Besitz oder das Verhalten eines anderen Menschen: sobald wir uns auf Mängel fixieren, geht uns die *Zufriedenheit*
verloren – und mit ihr die Sinnhaftigkeit.

Das heißt nicht, das Sie sich um nichts mehr kümmern sollten. Es
heißt nur, daß Sie aufhören sollten, sich durch offensichtliche Mängel,
durch das, was fehlt, unglücklich zu fühlen. Denn das einzige, was Ihre
Welt negativ macht, ist Ihre persönliche Bewertung.

## Sinn im Hier und Jetzt

Sinn ist allein in der Gegenwart erfahrbar. Nur da können Sie Sinnhaftigkeit erleben. Ungeachtet dessen, was Sie gestern erlebt haben
oder morgen erleben wollen, Sie leben immer in der Gegenwart. Das
heißt, wenn Sie Ihren Sinn irgendwo in der Zukunft orten (etwa als
Ziel, das Sie erreichen wollen), dann werden Sie ihn möglicherweise nie
erleben, denn erfahrungsgemäß bleibt er in der Zukunft, egal, wieviel
Zeit vergeht.

## Negative Gefühle

Spüren Sie Streß und Ärger, so stellen Sie sich die Frage: »Welche Bedeutung wird dies in einem Jahr noch für mich haben?« Viele Dinge, die uns momentan unheimlich sinnvoll erscheinen, sind auf lange Sicht betrachtet geistige Eintagsfliegen. Die Aufregung um den Platz bei der Theatervorstellung, der Ärger mit dem Unfall, der Wettbewerb um den größten Kürbis im Schrebergarten ... lassen Sie all das los – sich selbst zuliebe.

## Wohltuende Düfte helfen

Steigern Sie Ihre Konzentration auf das Wesentliche mit einer duftenden Ohrmassage.

### Ohrmassage-Öl

Mischen Sie 10 Milliliter Macadamianußöl, 2 Tropfen Zitronenöl, 2 Tropfen Zypressen- und 3 Tropfen Rosmarinöl. Tauchen Sie die Spitzen von Daumen und Zeigefinger in die Mischung, und massieren Sie damit zärtlich Ihre Ohren.[17]

## Die klärende Kraft der Farben

Farben sind die Ursprache, mit der sich uns die Natur mitteilt. Sie lösen Empfindungen aus und lenken das Denken. Ihre Lieblingsfarbe drückt Ihr Lebensideal aus. Umgeben Sie sich mit Farben, die Ihnen Klarheit vermitteln, die Sie in Ihrer Konzentration und Denkfähigkeit unterstützen. Halten Sie sich an diese Farben in allen Lebensbereichen. Kleiden Sie sich in diesen Farben, wählen Sie sie als Wandfarbe für Ihre Wohnung, tragen Sie sie als Schmuck und Makeup, nutzen Sie sie in Form farbiger Edelsteine, und bereiten Sie sich Nahrungsmittel in diesen Farben zu.

## Das will ich tun:

Ich werde in die Natur gehen und mir Gedanken über das Werden und Vergehen machen: _____

_____

_____

Ich werde mich über verschiedene Religionen und spirituelle Richtungen informieren: _____

_____

_____

Ich werde verschiedene Meditationstechniken und ganzheitliche Heilkonzepte ausprobieren: _____

_____

_____

Ich werde in mich gehen und herausfinden, ob unter der Oberfläche meines quirligen Alltags nicht bereits jede Menge an Sinn liegt: ____

_____

_____

## *Bücher, die Ihnen weiterhelfen*

Rickli, Heinz: *Himmel und Erde in deiner Hand. Ein praktischer Leitfaden für die Spiritualität des Alltags.* Jestetten 1999. Besonders geeignet für Neulinge auf dem Gebiet der Spiritualität!

Smith, Houston: *Eine Wahrheit – viele Wege. Die großen Religionen der Welt.* Freiburg 1994.

Sogyal Rinpoche: *Das tibetische Buch vom Leben und vom Sterben. Ein Schlüssel zum tieferen Verständnis von Leben und Tod.* Bern / München / Wien 2000.

# WÜNSCHE

## *In Bilder gegossener Lebenssinn*

*Ein letztes Mal blicken Sie von Ihrem Balkon hinab auf die Apfelbäume voller roter Früchte. Noch heute werden Sie in Ihr neues Wohlfühl-Zuhause drüben im Bergwald auf der anderen Seite des Sees umziehen. Anna ist schon da.*

*Mit einem Seufzer setzen Sie sich im Flur auf Ihren gepackten Koffer. In den wenigen Wochen, seit Sie in Ihrer kleinen Pension wohnten, haben Sie Ihr Leben vollkommen umgekrempelt. Wie im Zeitraffer erscheinen die einzelnen Stationen noch einmal vor Ihrem inneren Auge. Warme Sommertage tauchen auf, voll Grillengezirpe und Kuhglockengebimmel, Fahrradtouren unter schattigen Bäumen, milde Abende im Garten der Pension, durchflutet von Zithermusik und Akkordeon. Ihre Erinnerung läßt Wind und Sturm auferstehen, Gewitternächte, ein Regenbogen im Westen … und immer wieder ein liebevoller Mensch an Ihrer Seite. Viele Ihrer Lebenswünsche erfüllten sich nach und nach. Eine wichtige Sehnsucht ging gerade in Erfüllung: ein Wohlfühlort, an den Sie sich zurückziehen konnten, an dem Sie beide für sich und ganz »Sie selbst« sein können. So etwas wie das Häuschen im verträumten Bergwald auf der anderen Seite des Sees!*

*Was mag die Zukunft bringen? Ein Hauch von Wehmut schleicht sich in Ihre freudige Erwartung, als Sie das Licht Ihres Zimmers in der Pension löschen und die Tür hinter sich zuziehen.*

Wünsche haben für uns immer einen Sinn. Wir erfüllen sie uns, indem wir sie handelnd in die Tat umsetzen. Und das geht immer gleich vor sich. Sie machen sich den Wunsch bewußt, dann setzen Sie ein Ziel, planen Handlungen, mit denen das Ziel erreicht werden kann, und treten in Aktion. Die Sinnhaftigkeit durchzieht den gesamten Ablauf, von der Formulierung des Wunsches, bis Sie das Ziel erreicht haben. Entwickeln Sie aus Ihren Wünschen Ideen, und schaffen Sie sich so eine neue Realität.

## VERSCHAFFEN SIE SICH KLARHEIT!

*Worum es geht*: Sie wollen Ihre Wünsche sortieren.

*Wie Sie sich einstimmen*: Sich ins Land Ihrer Wünsche zu begeben braucht Ruhe und Entspannung. Mischen Sie sich einen leckeren Tee. (Wie wäre es mit »Irish Whiskey Tea«?) Begeben Sie sich an einen Ihrer Wohlfühlorte. Nehmen Sie die bequemste Stellung ein, in der Sie schreiben können. Vielleicht kuscheln Sie sich in die gemütlichste Ecke Ihres Sofas und legen den Schreibblock auf den Schoß. Entspannen Sie sich.

*Tun Sie das*: Stellen Sie sich nun die Jahre und Jahrzehnte vor, die vor Ihnen liegen, und fragen Sie sich:

Welche positiven Entwicklungen, Erlebnisse und Gefühle erwarte ich? _____

_____

_____

_____

Was würde ich gerne endlich einmal tun? _____

_____

_____

_____

Was würde ich gerne nach langer Zeit endlich *wieder einmal* erleben?

_____

_____

_____

Was möchte ich immer und immer wieder erleben? _____

_____

_____

_____

Schreiben Sie alles auf: Ihre Wünsche und Sehnsüchte, Ihre Freuden und Ihr Verlangen, Ihre Begehren und Ihre Hoffnungen. Lassen Sie Ihr Herz entscheiden. Schalten Sie Ihr rationales Denken aus. Unterdrücken Sie keine Gedanken, nur weil sie Ihnen abwegig, unwichtig oder exotisch erscheinen. Lassen Sie all Ihren kleinen und großen Vorstellungen freien Lauf. Laden Sie all die Wunschbilder, die Sie schon lange als unerfüllbar abgeschrieben und beiseite geschoben haben, ein, sich zu zeigen. Kümmern Sie sich zunächst nicht darum, ob sie realisierbar sind.

Überlegen Sie sich, was Ihnen die höchste Befriedigung verschaffen könnte, nehmen Sie dabei Ihre Erinnerungen und Träume zur Hilfe. Welche Gedanken und Gefühle verbinden Sie mit dem Ausdruck »glücklich sein«? Erinnern Sie sich auch an die Träume Ihrer Kinder- und Jugendzeit. Woraus konnten Sie damals Kraft und Hoffnung schöpfen?

Ordnen Sie Ihre Wünsche: Haben Sie Ihre Lieblingswünsche gefunden? Dann bringen Sie Ordnung in Ihre Wunschbilder. Sortieren Sie sie nach Themenbereichen. Wenn Sie gern reisen, gern mit dem Schiff fahren, gern am Mittelmeer Urlaub machen, dann heißt das Hauptthema dieser Wunschvorstellungen »Kreuzfahrt im Mittelmeer«. Schreiben Sie Ihre sortierten Wünsche auf ein Blatt Papier oder gleich in dieses Buch an den Textrand.

Bis hierher spielte es keine Rolle, ob Ihre Wünsche zu verwirklichen waren oder ob es sich um reine Phantasien handelte. Jetzt aber ordnen Sie Ihre Wünsche danach, wie wahrscheinlich es ist, daß sie wahr werden. Ordnen Sie Ihre Wünsche folgenden Kategorien zu:

- Phantasien und geistige Höhenflüge
- begrenzt realisierbare Wünsche
- realisierbare Wünsche

*Irish Whiskey Tea*

Zutaten:
1 ¹/₂ TL Kenia-Tee
4 cl Irish Whiskey
2 TL brauner Zucker
1 EL Sahne (nur leicht geschlagen)

*So wird's gemacht*: Übergießen Sie den Tee mit 250 Milliliter sprudelnd kochendem Wasser, lassen Sie das Ganze 5 Minuten ziehen, und seihen Sie es dann ab. Der Tee sollte heiß sein, wenn nötig, erhitzen Sie ihn nochmals. Verrühren Sie den Whiskey in einer Tasse mit dem braunen Zucker, gießen Sie den heißen Tee auf, und dekorieren Sie mit Sahne.

*Phantasien und geistige Höhenflüge*: Hierunter fallen Wünsche, die sich in der Wirklichkeit überhaupt nicht erfüllen lassen: ein Abendessen mit Pharao Ramses II, ein Besuch in der eigenen Vergangenheit oder Zukunft, aus eigener Kraft fliegen. Wünsche, die sich in Ihrem Alltag nicht verwirklichen lassen, können Sie jedoch anders »ausleben«. Sie sind ein Fall für bewußte Phantasien. Trauen Sie sich, und finden Sie Erfüllung für Ihre Wünsche im Reich Ihrer Tagträume. Dort können Sie all die zauberhaften und glückselig machenden Wünsche ausleben, für die Sie in der Realität keine Gelegenheit haben. Schulen Sie sich im Tagträumen!

*Begrenzt realisierbare Wünsche*: Zu Alter und Weisheit gehört die Einsicht, daß man sich ehemals realisierbare Wünsche nicht mehr erfüllen kann. Ein Siebzigjähriger kann z.B. kein Opernsänger mehr werden. Alle Wünsche, deren Verwirklichung in Ihrem Lebensalltag nicht mehr oder nur begrenzt gelingen kann, sollten Sie sich erfüllen, *soweit es eben geht*. Zwar können Sie nicht mehr Astronaut werden, aber Sie können sich in Ihrer Freizeit zum »Fachmann für Weltraumfragen« weiterbilden, indem Sie sich für alles interessieren und alles lesen, was mit diesem Thema zu tun hat. Zwar können Sie nicht mehr selbst Formel-Eins-Pilot werden, aber Sie können sich mit Autorennen beschäftigen, zu Rennen gehen, sich in Ihrer Garage oder Ihrem Wohnzimmer das Modell eines Rennautos basteln, sich ein Computerspiel kaufen und am Bildschirm selbst Rennen fahren.

*Realisierbare Wünsche*: Wünsche, die sich eindeutig verwirklichen lassen, sollten Sie in die Tat umsetzen. Doch es ist ziemlich schwierig, etwas zu tun, ohne zu wissen *wie* – ungefähr genauso schwierig, als wollten Sie auf eine Reise gehen und hätten keine Ahnung wohin. Viele Menschen schaffen es nicht, ihre Wünsche zu verwirklichen, weil sie kein Ziel und keinen Plan haben. Sie brauchen einen Plan, anhand dessen Sie Ihre Wünsche in die Tat umsetzen können. Ohne Plan kann es passieren, daß Sie sich Ihre Wünsche nie erfüllen.

Ein Plan ist wie eine Landkarte, die Ihnen zeigt, wo Sie sich gerade befinden und wo Sie hin wollen. Pläne haben etwas Magisches an sich. Sie verstärken den Wunsch, sie schaffen Vorfreude, und sie stellen die Energie bereit, die Sie zur Verwirklichung Ihres Wunsches brauchen. Ein Plan gibt Ihnen auch die berechtigte Hoffnung, daß Sie es bis zum Ziel schaffen werden, denn im Plan nehmen Sie die Schritte zum Ziel ja bereits vorweg. Damit fegt ein Plan auch einen Großteil Ihrer Selbstzweifel einfach zur Seite.

Wünsche, die sich im Alltagsleben nicht erfüllen lassen, fallen jedoch nicht automatisch unter die Kategorie »Phantasien und geistige Höhenflüge«. Oftmals stehen dahinter Bedürfnisse, die man auch auf anderen Wegen leben kann. Solche Bedürfnisse freizulegen und zu erkennen schenkt Ihnen ebendiese Freiheit, neue Wege zu gehen und ein zufriedenes Leben zu führen. Finden Sie also zu Ihren ursprünglichen Bedürfnissen zurück!

## Tips

### Zu den ursprünglichen Bedürfnissen zurückfinden
Machen Sie es sich bequem an einem Ihrer Wohlfühlorte drinnen, oder gehen Sie hinaus in die Natur:

- Rufen Sie sich einen Wunsch ins Gedächtnis, der Ihnen sehr am Herzen liegt, von dem Sie aber glauben, daß er sich niemals erfüllen wird (z. B. »Ich möchte viel Geld verdienen.«).
- Fragen Sie sich nun: »Was wäre das Schöne daran, wenn sich dieser Wunsch erfüllen würde?« (Bei unserem obigen Beispiel könnte die Antwort vielleicht wie folgt lauten: »Ich bräuchte nicht so viel zu arbeiten.«)

- Fragen Sie sich erneut: »Was wäre das Schöne *daran?*« (Vielleicht: »Ich hätte mehr Zeit für mich und meine Familie.«) Und so stellen Sie sich immer wieder die gleiche Frage, bis Sie auf Grund stoßen, bis Sie das wirkliche Bedürfnis nackt und bloß vor sich liegen sehen (das könnte in unserem Fall »Ich möchte dazugehören« sein).
- Nun werden Ihnen unzählige Wege einfallen, wie Sie dieses Bedürfnis streßfreier leben können. (»Was kann ich tun, bzw. was muß ich sein lassen, um mich zugehörig zu fühlen?« Vielleicht mit den Kindern hin und wieder ins Kino gehen, meiner Frau Blumen mitbringen … und es taucht eine Fülle an gemeinsamen Unternehmungen auf, die Ihnen dieses Bedürfnis erfüllen, eine Fülle von alltäglichen Momenten, in denen Gemeinsamkeit spürbar und erlebbar ist, wenn man es nur zuläßt. Leben Sie allein, so gibt es Gruppen, Vereine, Freunde … ) Das wird Ihr Leben zufriedener machen und Ihnen neue Möglichkeiten eröffnen, wie Sie es gestalten können.

## Wünsche wahr werden lassen

- Suchen und finden Sie Ihre eigentlichen Vorlieben und Wünsche.
- Formulieren Sie aus Wünschen ansprechende und mitreißende Ziele.
- Planen Sie Handlungen, die Sie diesen Zielen näher bringen.
- Schreiten Sie zur Tat. Ziele und Pläne verwirklichen sich nicht von selbst. Sie müssen schon etwas dafür tun. Konzentrieren Sie Ihre Kräfte auf Handlungen, die Sie Ihrem Ziel näher bringen.

## Der Plan als erster Schritt in Richtung Ziel

Werden Sie sich klar, wohin genau Sie gehen wollen, und dann planen Sie, wie Sie dorthin gelangen können. Damit haben Sie den ersten Schritt in Richtung Ziel bereits getan.

## Pläne nicht hinausschieben

Jedes Vorhaben beginnt mit dem ersten Schritt. Wird dieser nicht getan, kommt das ganze Vorhaben nicht zustande. Immer wieder erzählen mir ältere Menschen von Reisen, die sie schon seit vielen Jahren unternehmen wollen; von der neuen Wohnung, die sie sich demnächst suchen werden, oder von dem idealen Lebenspartner, den sie irgendwann einmal noch zu finden hoffen. Doch all das nicht etwa jetzt …

sondern erst zum richtigen Zeitpunkt. Ich bin überzeugt, daß der Zeitpunkt in einem oder zwei Jahren auch nicht richtiger sein wird als jetzt und daß auf diese Weise das Leben vorübergeht, ohne daß überhaupt irgendeiner der Pläne und Träume verwirklicht worden wäre.

Haben Sie sich für ein Ziel entschieden, so müssen Taten folgen. Sie werden nicht »per Beschluß« zu einem neuen Menschen. Neue Ziele erfüllen sich nicht von selbst. Wagen Sie einen ersten Schritt und dann den zweiten und den dritten …

### Nicht mit dem Kopf bremsen

Die größte Hürde auf dem Weg zur Erfüllung Ihrer Wünsche befindet sich in Ihrem Kopf in Form von Bedenken und Einwänden. Dieses Hindernis können Sie nur überwinden, indem Sie Ihr Augenmerk von den Wenn-und-Abers Ihres Vorhabens auf seinen Gewinn lenken und umgehend zur Tat schreiten.

### Ausflüchte nicht gelten lassen

Sie können sich hinter Ausflüchten verstecken, oder Sie können Ihre Wünsche verwirklichen, aber beides zur gleichen Zeit geht nicht. Jemand, der ständig Ausflüchte macht, wird sich seine Wünsche nie erfüllen können. Ausflüchte nehmen Kraft, machen mutlos und wankelmütig. Eine positive Einstellung dagegen macht unternehmungslustig und gibt Kraft. Viele Vorhaben laufen wie von selbst, wenn Sie Ihre Ausflüchte nicht mehr so wichtig nehmen.

### Den Weg zum Ziel genießen

Ziele sind immer der Endpunkt eines Weges. Ziele sind Versprechen, wie es am Ende des Weges sein wird. Daraus folgt: Der Weg zum Ziel ist immer wichtiger als das Ziel selbst. Auf dem Weg zum Ziel leisten wir Arbeit und erleben den Zauber der Vorfreude.

### Hilfe annehmen

Wenn es Ihnen schwerfällt, Ihre wirklichen Wünsche zu erkennen, daraus Ziele zu formulieren und Handlungspläne zu schmieden, werden Ihnen alle Methoden und Tricks helfen, mit denen Sie den Geist klären und die Entscheidungskraft fördern können: Atmen, Entspannen, Fasten, Meditation, Sport, Yoga, Tai Chi, Bach-Blüten-Therapie, Ayurveda, Fuß-reflexzonenmassage und vieles mehr.

## DAS WILL ICH TUN:

Folgende Wünsche habe ich: _____

_____

_____

_____

_____

So stelle ich mir den Weg vor, der von meinen Wünschen zu meinen Zielen führt: _____

_____

_____

_____

_____

## *Bücher, die Ihnen weiterhelfen*

Meyer, Günther: *Wunscherfüllung. Ein praktisches 30-Tage-Programm.* Bielefeld 1987.
Boyesen, Paul C., und Huber, Hans-Georg: *Eigentlich möchte ich … Leben zwischen Wunsch und Wirklichkeit.* München 1991.

# Ein Leben voller Freude

*Sie sitzen auf der Terrasse Ihres neuen wundervollen Zuhauses. Links und rechts Wald, geradeaus eine Lichtung und ein felsiger Hang, der den Blick freigibt ins Tal, über den See, bis zu dem kleinen Ort mit den grauen und roten Dächern. Viele Orte wollen Sie noch kennenlernen. Vor Ihnen auf dem Tisch spielt der Spätsommerwind mit den Seiten eines Reiseprospekts, blättert bis Neuseeland, läßt die Seiten wieder fallen, blättert weiter die weißen Tropeninseln im blauen Meer durch ... und verläßt schließlich den Prospekt bei den Malediven, um seine Verspieltheit an den Bäumen des nahen Waldes auszutoben. Das Blau vor Ihnen auf dem Tisch paßt gut zu dem Grün dieses Spätsommertages. Doch Ihre grüne Insel in den Hängen des Salzkammerguts hat bereits einzelne leuchtend gelbe und rote Punkte. Hier oben kommt der Herbst früher als im Tal. Aber er kann ruhig kommen, kann mit seinen kalten nebligen Winden an den frisch gestrichenen Holzläden rütteln, den Rauch Ihres wohlig warmen Kachelofens über die winterlich kahlen Baumwipfel tragen und später in der Weichnachtszeit Massen von Schnee vor Ihrer Tür auftürmen. Sie haben vorgesorgt. Schön wird es werden, das Leben an Annas Seite – durch die Jahreszeiten, entlang begeisternder Pläne, Ihrer gemeinsamen Zukunft auf der Spur. Sie nehmen den Reisekatalog vom Tisch und den Prospekt mit den Kreuzfahrten, das Buch über australische Sehenswürdigkeiten und die Werbung des örtlichen Sportgeschäfts und gehen zurück ins Wohnzimmer.*

## Verschaffen Sie sich Klarheit!

*Worum es geht*: Sie wollen herausfinden, welchen Stellenwert Freude und gute Laune in Ihrem Leben haben.

*Wie Sie sich einstimmen*: Mixen Sie sich einen leckeren Himbeer-Buttermilch-Shake, und machen Sie es sich an einem Ihrer Wohlfühlorte bequem.

*Tun Sie das*: Fragen Sie sich:

Wann habe ich mich das letzte Mal so richtig von Herzen gefreut?

_____

_____

Was unternehme ich, um mir jeden Tag eine Freude zu gönnen?

_____

_____

Wie verhalte ich mich, wenn mich eine unerwartete Freude beglückt?

_____

_____

Wie reagiere ich, wenn mir der Tag nicht wohlgesonnen war?

_____

_____

### Himbeer-Buttermilch-Shake

*Zutaten:*
80–100 g Himbeeren
100 ml Buttermilch
50 ml Birnensaft
20 ml Himbeersirup
Mineralwasser
1 dünner Holzspieß (15 bis 20 cm)

*So wird's gemacht*: Himbeeren waschen, verlesen und auf einem Küchentuch abtropfen lassen. 5 bis 7 Beeren für die spätere Dekoration beiseite legen. Die restlichen Beeren zusammen mit der Buttermilch, dem Birnensaft und dem Himbeersirup pürieren. Mischung nach Lust und Laune mit Mineralwasser auffüllen. Himbeeren auf Holzspieß stecken und in den Drink stellen.

Obwohl es schon fast drei Jahrzehnte her ist, kann ich mich noch sehr gut an die ersten Sätze erinnern, mit denen mein allererster Yogalehrer seinen Unterricht begann: »Freude ist die Energie, in der deine Seele badet. Es ist die Energie, aus der unsere Welt einst entstand und zu der sie auch wieder werden wird.«

*Wie doch Freude und Glück einen Menschen schön machen.*
Fjodor M. Dostojewski

Menschen sind verrückt nach Freude. Freude ist die Währung der Seele. Die Vorfreude auf schöne Erlebnisse läßt uns trübe Tage leichter überstehen. Die Erinnerung an glückliche Episoden unseres Lebens neutralisiert gegenwärtiges Leid. Freude glättet unsere Launen. Freude ist der Kitt, der unser Leben zusammenhält.

Freude hat genauso viele Ursachen, wie es Menschen gibt. Und jeder ist der Schöpfer seiner eigenen Freude. So mag man Freude haben an den eigenen Fähigkeiten, am Erfolg, an einem Gewinn, an Menschen. Am reinsten ist die Freude, die keine Gründe braucht: Sich einfach über jemanden, ein Lebewesen, eine Sache, eine Situation freuen gibt pure Lebenskraft.

*Der Mensch ist ein lachendes Wesen.*
Baruch de Spinoza

Freude kann viel bewirken. Die Freude ist es, die aus Ihren Wünschen Vorsätze formt und Ihnen die Kraft gibt, Ihren Weg zum Ziel zu gehen. Freude ist es, die Qualität in Ihre Stimmung bringt, die alles, was Sie denken und fühlen, in bunte Farben taucht. Ihr Abwehrsystem wird durch Freude gestärkt. Lachen, Fröhlichkeit und Unbeschwertheit sind die direkten Gegenspieler von krank machenden Gedanken.

## Tips

### Freude atmen

Nehmen Sie sich jeden Morgen nach dem Aufwachen, jeden Abend vor dem Schlafengehen und immer wieder zwischendurch einige Minuten Zeit für sich selbst. Setzen oder legen Sie sich bequem hin. Stellen Sie sich vor, daß das ganze Universum voller Freude ist, die nur darauf wartet, von Ihnen eingesogen zu werden. Atmen Sie tief ein, und stellen Sie sich vor, wie Freude durch Ihre Lungen in Ihren ganzen Körper hineinströmt. Beim Ausatmen stellen Sie sich vor, wie Anspannung, schlechte Laune, Trauer, Ärger und Angst über die Atemluft Ihren Körper verlassen.

## Gute Laune voll auskosten

Freude und gute Laune sind Ihre wertvollsten Energien. Lassen Sie sie nicht verkümmern. Freude stellt ein Energiefeld dar, in dem Ihre Seele badet. Geben Sie ihr die Zeit und Muße, die sie braucht, um sich zu entwickeln. Jeder Tag, an dem Sie sich nicht gefreut haben, ist ein verlorener Tag.

## Freude zeigen

Summen Sie beim Abwaschen. Pfeifen Sie bei der Gartenarbeit. Singen Sie ruhig in der Badewanne. Drücken Sie Ihre Freude aus. Lächeln Sie. Wenn Sie lächeln und gern lachen, hat das tiefe Auswirkungen auf Ihre Seele ... und: Gute Laune ist ansteckend, und Menschen suchen die Gesellschaft, in der sie sich wohl fühlen.

## Eine positive Lebenseinstellung

Optimismus, Freude und Sinn für Humor verlängern Ihr Leben. Deuten Sie Streß und unangenehme Lebensereignisse optimistisch um. Wenn Sie oft Streß erfahren, dann beherzigen Sie die Ratschläge im Abschnitt »Sich von der Diktatur des ›Ich muß‹ befreien« (siehe Seite 174f.).

## »Spickzettel« der Freude

Schreiben Sie all die Dinge Ihres Alltags, die Ihnen Freude bereiten, auf einen kleinen Zettel. Tragen Sie den Zettel bei sich (z. B. in Ihrem Geldbeutel). Lesen Sie Ihre Freuden auf dem Zettel immer wieder einmal durch, und ergänzen Sie sie.

## Magneten der Freude schaffen

Magneten der Freude können Dinge sein wie Farben und Kristalle, die Einrichtung Ihrer Wohnung, aber auch die Art, wie Sie Ihren Körper bei alltäglichen Verrichtungen bewegen, wie Ihre Stimme klingt, wie Sie Worte und Sätze zusammenfügen. Gehen Sie in sich oder in die Natur hinaus, und erfühlen Sie, was Ihr Magnet der Freude ist.

## *Bücher, die Ihnen weiterhelfen*

Haak, Rainer: *Auf die Freude am Leben*. Lahr 1998.
Rabten, Geshe: *Auf dem Weg zur geistigen Freude*. Hamburg 1994.

# Es darf gelacht werden!

Tragen wir die Freude bereits in uns und brauchen sie nur zu wecken, so besteht kein Grund, warum wir das nicht auch mit äußeren Hilfsmitteln tun sollten. Das Leben ist schön, wenn wir uns über banale Anlässe freuen können und wenn hin und wieder eine Prise Komik ein Lachen hervorzaubert oder ein unglaublich guter Witz uns lauthals auflachen läßt.

Lachen kann großen Genuß bereiten. Kennen Sie den Film *Patch Adams*? In diesem Film spielt der amerikanische Schauspieler Robin Williams einen Arzt aus Virginia, der, als Clown verkleidet, in einem Krankenhaus arbeitet und mit allerlei Klamauk die Patienten zum Lachen bringt. Patch Adams ließ die befreiende Kraft des Lachens wie einen heilenden Schauer über seine Patienten strömen. »Lachen ist gesund« heißt es im Volksmund. Die positiven Auswirkungen des Humors auf die menschliche Seele und somit auf die Gesundheit lassen sich inzwischen wissenschaftlich belegen.

*Lachen und Lächeln sind Tor und Pforte, durch die viel Gutes in den Menschen hineinhuschen kann.*
Christian Morgenstern

Tatsächlich hält Ihnen Humor auch in schmerzhaften Situationen und in Zeiten großer Veränderung den Blick für das Wunderbare frei. Mit Humor im Herzen überstehen Sie selbst große Prüfungen, die auf Ihrem Lebensweg auf Sie warten. Humor ist ein äußerst wichtiges Gut auf der Habenseite Ihres Lebens. Er mildert Anspannung, beseitigt Nervosität, nimmt die Befangenheit, senkt den Blutdruck, stärkt das Immunsystem und führt zur Ausschüttung von Glückshormonen. Die Lachforscher (Gelotologen) behaupten, daß 1 Minute Lachen die Wirkung von 30 Minuten Entspannungstraining haben kann und den Körper genauso gesund hält wie 12 Minuten Jogging.

Erinnern Sie sich an Szenen, die urkomisch waren, bei denen Sie spontan lachen mußten, obwohl Ihnen gar nicht danach zumute war? Erinnern Sie sich noch daran, wie Sie sich nach herzhaftem Lachen plötzlich wieder besser fühlten? Fröhliche Stunden sind glückliche Stunden. Sie sollten keine versäumen. Doch Sie brauchen nicht unbedingt laut zu lachen. Oft wirkt ein kleines Lächeln bis tief in die Seele hinein, tiefer als ein lautes Auflachen. Eine Episode, die Sie zum Lächeln bringt, ein Witz, der Sie erheitert – sooft Sie daran denken –, bringt Sonne in Ihre Seele ... und das über Stunden.

Lachen befreit, löst Spannungen und hellt trübe Stunden auf. Lachen macht schön von innen. Lachen Sie, Ihr Körper freut sich mit, denn Lachen

- setzt Glückshormone frei
- erhöht die Sauerstoffversorgung des Gehirns
- entspannt die Skelettmuskulatur
- läßt das Herz langsamer schlagen
- erhöht die Immunabwehr
- läßt den Blutdruck sinken
- kurbelt die Verdauung an

Doch das Wichtigste kommt noch: Ihr Gefühl folgt Ihrem Denken wie die Küken einer Glucke. Wenn Sie einen Wirrwarr an Sorgen und Problemen in Ihrem Kopf haben, wird sich das negativ auf Ihre Gefühle auswirken. Wenn Sie sich dagegen mit Gedanken des Frohsinns und mit Lustigem beschäftigen, so fühlen Sie sich besser und verhalten sich entspannter, sind offener, gelöster ... können anderen mehr geben.

## Tips

### Lachen ins Leben bringen

- Sammeln Sie heitere Erlebnisse. Vergegenwärtigen Sie sich nochmals die Details und Pointen.
- Kaufen Sie sich Bücher und Zeitschriften mit Witzen. Erzählen Sie die besten davon Ihren Freunden.

- Sehen Sie sich ein lustiges Theaterstück an, oder gehen Sie ins Kino in einen komischen Film, gehen Sie ins Kabarett.

## Gemeinsam lachen

- Lachen ist ansteckend. Suchen Sie die Gesellschaft heiterer Menschen. Werden Sie Mitglied eines Lachclubs.
- Verbringen Sie Zeit mit Freunden, die Humor haben.
- Suchen Sie sich Bekannte, mit denen Sie ganz unbeschwert herumquasseln können.
- Erzählen Sie in Gesellschaft ruhig einmal den ein oder anderen Witz.
- Suchen Sie im Internet lustige Websides auf.

## Über sich selbst lachen

Bei Witzen, Ulk und Klamauk geht es nicht darum, sich über die Schwächen anderer Menschen lustig zu machen. Über sich selbst sollen Sie lachen können! Menschen, die über sich selbst lachen, verbreiten Sicherheit und demonstrieren Selbstbewußtsein. Auf kaum eine andere Weise können Sie so leicht Kontakt zu anderen Menschen knüpfen wie mit einer lustigen Geschichte über sich selbst.

## Mit Humor am Leben lernen

Nutzen Sie Humor, um aus Ihrem eigenen Leben zu lernen. Suchen Sie in Ihrem eigenen Leben nach brenzligen Situationen, die Sie durch Komik retten konnten. Verlieren Sie Ihren Humor nicht bei Mißerfolgen. Wenn Sie über Ihre eigenen Ausrutscher und Ungeschicklichkeiten lachen können, haben Sie Ihre Lektion gelernt.

## Kreativer Humor

Witze enthalten ein großes kreatives Potential. Oft sind es gerade die weit hergeholten und auf den ersten Blick völlig unrealistischen Witze, die uns unser Leben in neuem Licht erscheinen lassen.

## Ausgelassen sein, aber am richtigen Ort

Wenn es Ihnen schwerfällt, ausgelassen zu sein, weil Sie sich vor der Meinung Ihrer Mitmenschen fürchten, dann suchen Sie sich einen Ort, an dem Sie so richtig ausgelassen sein können. Am besten dafür eignet sich das eigene Bett, das eigene Auto oder eine einsame Gegend (Wald, Strand, Gebirge). Ausgelassenheit macht in Gesellschaft von Menschen, die auch gern ausgelassen sind, am meisten Spaß.

### Lächeln wirkt bis in die Seele

Lächeln Sie, auch wenn Ihnen gar nicht danach ist. Ihr Gesicht ist der Spiegel Ihrer Seele. Wenn Ihr Gesicht lächelt, beginnt auch Ihre Seele zu lächeln. Gute Laune springt von Ihrem Gesicht auf Ihre Seele über und bläst die Kummerwolken fort.

### Sich gesund lachen

Es heißt: »Lachen ist die beste Medizin.« Damit erhält Lachen den Rang eines Heilmittels. Stärken Sie Ihren reifen Körper mit einer Portion Fröhlichkeit. Immunisieren Sie Ihre Seele gegen Trauer und Schwermut mit zeitlosem Frohsinn. Lachen macht glücklich.

### Lachen lernen

In Deutschland gibt es mittlerweile dreißig Lachclubs, die Lachkurse anbieten. Mitmachen kann jeder. Mitgliedsgebühr gibt es keine. Die Seminare werden über Spenden finanziert. Ob Sie sich vor Lachen kugeln, weil Sie gerade den Witz des Jahres gehört haben, oder ob Sie sich erst einmal künstlich zum Lachen zwingen müssen, ist dem Gehirn nach Aussagen von Psychologen egal. Es reagiert auf alle Fälle mit Entspannung und setzt Glückshormone frei.

### Ein Lächeln schenken

Warten Sie nicht, bis die gute Laune zu Ihnen kommt. Im dritten Lebensalter brauchen Sie gute Laune für Ihre körperliche und geistige Gesundheit mehr denn je. Bei Gesprächen mit lieben Menschen, wenn Sie Zeitung lesen, Theaterstücke und Fernsehspiele ansehen, auf dem Fußballfeld und im Supermarkt … stets gibt es Grund zum Lächeln. Zeigen Sie Ihr Lächeln bei einem Spaziergang durch die Stadt und beim Besuch Ihrer Lieblingskneipe. Wenn es Ihnen schwerfällt, die Welt anzulächeln, dann versetzen Sie sich in die Zeit zurück, in der Sie noch ohne Vorbehalt lächeln konnten. Versetzen Sie sich in Ihre Kindheit, in die Zeit Ihres Studiums, in die ersten Jahre Ihres noch jungen

Erwachsenenlebens. Knüpfen Sie an vergangene Zeiten an, als Freude, Spaß und Humor noch ein wesentlicher Bestandteil Ihres Lebens waren.

## Gute Laune aus der Natur

Lassen Sie sich von der Kraft der Pflanzen helfen, wenn die gute Laune nicht kommen will:

- *Johanniskraut* gilt als pflanzliches Antidepressivum, wirkt stimmungsaufhellend, löst Angst und innere Anspannungen auf.
- *Kava-Kava* beruhigt und hilft bei depressiven Verstimmungen.
- *Baldrian* ist bei innerer Unruhe und Gereiztheit angesagt und hilft bei Einschlafstörungen.

Alle Pflanzenwirkstoffe gibt es in Form von Tabletten. Tiefer in Ihre Seele hinein wirken sie jedoch, wenn Sie sich selbst einen Tee zubereiten. Johanniskraut und Baldrian eignen sich auch als Badezusatz. Ein Duftkissen mit Johanniskraut und Baldrian fördert neben der guten Stimmung auch einen heilsamen Schlaf.

## Heiterkeit und Gelassenheit durch Yoga

Yoga ist eine sehr alte Methode, mit deren Hilfe Sie in allen Lebenslagen heiter und gelassen bleiben können. Es gibt Übungen für Menschen aller Altersstufen.

## Freude trinken

Wenn Sie Ihre Laune rasch verbessern wollen, dann probieren Sie doch einmal einen Glückstee aus:

---

### Glückstee

Mischen Sie 25 g Waldmeister, 25 g Johanniskraut, 20 g Pfefferminze und 15 g Knabenkrautwurzel. Für 1 Tasse Tee überbrühen Sie einen Teelöffel der Mischung mit kochend heißem Wasser, lassen das Ganze 10 Minuten ziehen und seihen es dann ab. Der Tee sollte heiß in kleinen Schlucken genossen werden.[18]

---

## DAS WILL ICH TUN:

In allen Lebenslagen bewußt nach Freude Ausschau halten.

Besonders in folgenden Situationen will ich auf Möglichkeiten achten, die mir Freude bescheren: _____

_____

_____

_____

_____

### *Bücher und Adressen, die Ihnen weiterhelfen*

Bokun, Branko: *Wer lacht, lebt. Emotionale Intelligenz und gelassene Reife.* Kreuzlingen 1996.

Pearshall, Paul Ka'ikena: *Aloha – die Lust am Leben. Lebenskunst auf polynesisch.* Freiburg 2000.

Zhi-Chang, Li: *Mit dem Herzen lächeln. 100 Wege, um 100 Jahre alt zu werden.* München 1999. Hier geht es um die hohe Schule des Nichts-Tuns und darum, wie man damit alles erreichen kann.

Adressen von Lachclubs in Ihrer Nähe erfahren Sie bei:

Kirche des Humors
c/o Harlekin
Stichwort: Lachclub
Wandersmannstraße 39
D – 60205 Wiesbaden-Erbenheim
Tel.: 06 11 / 7 40 01
Fax.: 06 11 / 71 14 06

# Harmonie zulassen

Finden wir Harmonie in uns, so läßt uns das durchs Leben schweben. Ohne daß wir uns anstrengen müssen, erfüllen sich viele unserer
Wünsche.

## Verschaffen Sie sich Klarheit!

*Worum es geht*: Sie wollen den Klang Ihres Lebens erspüren.
*Wie Sie sich einstimmen*: Bereiten Sie sich einen harmonisierenden
  Ayurveda-Tee zu. Machen Sie es sich so richtig bequem, und ent-
  spannen Sie sich.
*Tun Sie das*: Fühlen Sie in sich hinein, und denken Sie über folgende
  Fragen nach:

Bei welchen Menschen und in welchen Situationen finde ich Resonanz
für mein Handeln, für mein Denken, für meine Gefühle? _____
_____
_____

Mit welcher Musik würde ich mein Leben unterlegen, wenn es ein
Spielfilm wäre? _____
_____

Welche Farbkombinationen würde ich für meine Kleidung wählen,
wenn ich mich malen ließe und dieses eine Bild alles wäre, was der
Nachwelt von mir erhalten bliebe? _____
_____
_____

### Ayurveda-Tee

Suchen Sie sich einen Ayurveda-Tee aus (Sie können Ayurveda-Tees in Ihrem Naturkostladen oder Ihrem Reformhaus kaufen), und geben Sie 1 gehäuften Teelöffel in eine Kanne. Bringen Sie 250 Milliliter Wasser zum Kochen, gießen Sie auf, und lassen Sie das Ganze 3 bis 5 Minuten ziehen. Gießen Sie den Tee durch ein feines Sieb in eine zweite, vorgewärmte Kanne. Der Tee kann nun getrunken werden.

Harmonie im Leben hat viele Aspekte. Sie ist verborgen in Ihren Handlungen, Gedanken und Gefühlen, aber auch in der Musik, mit der Sie Ihre Seele streicheln; in dem Duft, mit dem Sie sich umgeben; in den Farben und Formen, mit denen Sie Ihre Augen verwöhnen, an und in den Menschen, die Sie liebkosen und von denen Sie sich liebkosen lassen.

Harmonie ist kein Zustand, den Sie in Ihrer Lebenswelt vorfinden. Vielmehr erfordert Harmonie, daß Sie sich mit all Ihren Erlebnissen, Erwartungen, Einstellungen und Wünschen in einen Gleichklang *bringen*. Oft sind es Kleinigkeiten, die Sie in Ihrem Leben glücklich und voll Freude sein lassen. Sie können das Wetter nicht ändern, aber Sie können sich warm kleiden und auch trüben Tagen eine romantische Schönheit abgewinnen; Sie können die Jahreszeiten nicht ändern, aber Sie können in der Stille des Herbstes genauso viele paradiesische Stimmungen erleben wie in der Fülle des Frühlings. Sie sind der Schöpfer Ihrer Seelenlage, niemand sonst.

*Gott gebe mir den Mut, die Dinge zu ändern, die ich ändern kann; die Gelassenheit, die Dinge hinzunehmen, die ich nicht ändern kann; und die Weisheit, das eine vom anderen zu unterscheiden.*

(Gebet)

Harmonie zu schaffen heißt Einvernehmen herstellen zwischen den unveränderlichen Tatsachen des Lebens und Ihren Erwartungen. Harmonie heißt, bei sich selbst sein und sich von den Wellen der Realität tragen lassen. Die wichtigste Regel der Harmonie ist: sich bloß nicht verrückt machen lassen. Wenn wir in der Lage sind, das Leben zu nehmen, wie es ist, anstatt mit aller Macht zu versuchen, es zu ändern, werden sich viele unserer Probleme in nichts auflösen.

Besonders gut läßt sich Harmonie mit Musik herstellen. Schon im alten Ägypten wurden Klänge und

Rhythmen zur Heilung von Krankheiten und zur Veränderung von Bewußtseinszuständen eingesetzt. Musik, die der eigenen Lebensmelodie entspricht, löst seelische Blockaden und reguliert den Energiefluß. Da Klänge und Rhythmus praktisch jede Zelle des Körpers erreichen, lassen sie sich gut zur Steigerung der persönlichen Harmonie nutzen.

## Tips

### Harmonie ins Leben bringen

- Umgeben Sie sich mit Menschen, die Ihnen sympathisch sind.
- Tun Sie Dinge, mit denen Sie sich identifizieren.
- Schmücken Sie sich, Ihre Wohnung und Ihre Umwelt mit Farben, die Ihnen gefallen.
- Erfüllen Sie Ihre Welt mit Musik, die Ihnen guttut.
- Laden Sie wohltuende Gedanken ein. Tagträumen Sie ruhig ein bißchen. Versuchen Sie stets in erster Linie die Vorteile zu sehen. Erfreuen Sie sich an Kleinigkeiten. Genießen Sie mit all Ihren Sinnen den Augenblick. Versuchen Sie – besonders bei positiven Gefühlen – ganz im Moment zu sein.
- Lassen Sie negative Gedanken los. Blockieren Sie sich nicht mit negativen Gefühlen.
- Pflegen Sie einen liebevollen Umgang mit sich selbst. Verwöhnen Sie sich selbst. Sorgen Sie für Ihr eigenes körperliches Wohlbefinden. Gehen Sie achtsam mit Ihren Gefühlen um.
- Notieren Sie auf einem Stück Papier in Stichpunkten, was Ihnen bislang in unharmonischen Lebenslagen geholfen hat. Befestigen Sie diesen Zettel an Ihrer Kühlschranktür oder neben Ihrem Kalender.
- Planen Sie jeden Tag etwas Schönes, das Ihre Seele verwöhnt.

### Ruhe und Geborgenheit

Nehmen Sie sich Zeit, um die Harmonie in Ihrem Leben zu erspüren. Sie erfahren Harmonie nicht im Vorübergehen. Die Farben der schönen Blumen am Wegesrand können nicht in Ihr Bewußtsein dringen, wenn Sie achtlos daran vorübergehen. Hetze und Hast schaffen Disharmonien, finden Sie Ihre Ruhe und Ihre Geborgenheit wieder!

## Musik trägt Ihre Seele

Die richtige Musik ist Balsam fürs Gemüt. Wenn Sie Dissonanzen in Ihrem Leben spüren, dann therapieren Sie sich selbst mit Musik. Streicheln Sie Ihre Seele mit zärtlichen Klängen. Gehen Sie auf den Schwingen Ihrer Lieblingsmusik durchs Leben. Mit Musik können wir unsere Stimmungen steuern. Ähnlich wie Düfte wirkt sie direkt auf die Seele. Finden Sie heraus, welche Musik bei Ihnen die erwünschte Stimmung erzeugt, und setzen Sie diese Musik gezielt als Stimmungsaufheller ein. Spielen Sie die Musik, die zu Ihren guten Gefühlen paßt, und lassen Sie sich in die Musik hineinfallen.

Wenn Sie wollen, gönnen Sie sich bei negativen Stimmungen eine Musik besonderer Art: Gehen Sie hinaus in die Natur. Lassen Sie sich von den Bäumen im Wind ganze Arien des Trostes vorsingen. Erbitten Sie Fürsprache im Donnern der Wellen, und suchen Sie Aufmunterung im fröhlichen Gesang der Vögel. Ein Spaziergang durch die Natur reinigt Ihre Seele. Schlechte Gefühle können schneller verarbeitet und überwunden werden. Scheuen Sie sich nicht, sich zur Musik zu bewegen. Lassen Sie die Musik durch Ihren ganzen Körper fließen.

## Harmonie durch Entspannung

Wollen Sie eine vollkommene Harmonie schaffen, so sind ganzheitlich körperlich-geistig-psychische Entspannungstechniken wie Ayurveda, Yoga, Tai Chi oder progressive Muskelentspannung nach Jacobson sehr wirkungsvoll. Sie können diese Techniken in Kursen erlernen, die von Volkshochschulen, Sportvereinen oder Therapeuten angeboten werden. (Siehe auch Seite 131 ff.)

## Ein positives Lebensumfeld durch Feng Shui

Einer der Wege zu mehr Harmonie liegt darin, wie wir unser Lebensumfeld gestalten. Wenn Sie in Ihrer Wohnung, Ihrem Garten, Ihrem Büro und Ihrem Auto die Energien der Harmonie fließen lassen wollen, dann weihen Sie sich in die Geheimnisse des praktischen Feng Shui ein.

## Das will ich tun:

Ich werde Harmonie in möglichst vielen Lebensbereichen schaffen.

In folgenden Bereichen will ich beginnen: _____

_____

_____

_____

_____

Welche Freuden Ihre Seele zum Strahlen bringen, Sie glücklich machen und Bauchkribbeln bei Ihnen hervorrufen, bestimmen Sie selbst. Es gibt jedoch vier Bereiche von Freuden, die jedem Menschen guttun:

BEISPIELE ERFÜLLENDER LEBENSFREUDE

• Sich mit anderen Menschen beschäftigen
Anderen Menschen Aufmerksamkeit und Interesse zu schenken, sich Zeit für sie zu nehmen, sie so richtig kennenzulernen, ihnen mit Liebe und Zärtlichkeit zu begegnen, das ist immer ein Gewinn. Jeder Mensch ist ein Kosmos voller Erleben. Sie können so unermeßlich viel von einem anderen Menschen lernen. Das Schöne ist: Was Sie einem anderen Menschen an Erfahrung, Liebe und Freude geben, macht Sie nicht ärmer, im Gegenteil: Es macht Sie reicher. Und was Sie von ihm an Erfahrung, Liebe und Freude erhalten, ist ein zusätzliches Geschenk!

• Alles, was dem Wohlbefinden Ihres eigenen Körpers dient
Freuden, die guttun und zugleich Ihrer Gesundheit und Fitneß dienen, haben für Sie einen besonders hohen Wert. Ihr Körper ist Ihr wichtigstes Werkzeug auf dieser Welt. Sport, eine gesündere Ernährung, eine Kur (in welcher Form auch immer) – das ist Genuß ohne Reue.

• Die eigene Seele pflegen
Ihr innerer Friede, Ihre Seelenruhe, ist ein wichtiges Gut. Es wird wertvoller, je älter Sie werden. Erst mit einem reinen, klaren, unbe-

lasteten Geist können wir die schönen Dinge auf der Welt wirklich erfassen und genießen. Ihre Seelenhygiene betreiben und das genießen, Ihre Taten und Ihr Gewissen wieder ins richtige Lot bringen und sich daran erfreuen – das sind Freuden für die Ewigkeit.

- Schöne Erlebnisse, glückselige Stunden
  Ein einmal genossenes Glücksgefühl kann Ihnen niemand mehr nehmen. Die größte Sünde ist es, freiwillig auf Glück zu verzichten. Auch Freuden, die nichts anderem als Ihrem Genuß dienen (ohne anderen Lebewesen zu schaden), gehören in Ihr Leben.

### *Bücher, die Ihnen weiterhelfen*

Peale, Norman Vincent: *Das Abenteuer des Lebens. Mehr Freude und Begeisterung durch positives Denken.* Bergisch Gladbach 1998.

Ulmer, Günther Albert: *Dein Weg zur Lebenskraft und Lebensfreude.* Tuningen 1996.

# AUSKLANG
## *So schön können die reifen Jahre sein!*

*Es ist Nacht in Ihrem zauberhaften Zuhause mitten im Bergwald. Sie liegen wach in der Dunkelheit Ihres neuen Schlafzimmers hoch über dem Tal. Neben Ihnen atmet Anna … leise, entspannt, in angenehmen Träumen. Durch die geöffnete Balkontür dringen die Geräusche des nahen Waldes: das Rauschen der Bäume im Wind, hin und wieder ein Knacken … und Stille. Es stört Sie nicht, wach zu liegen. Baden in Annas Gegenwart! So können Sie der leisen Melodie des Waldes lauschen und nachdenken. Vor nicht einmal zwei Monaten hielten Sie Ihr Leben für gelebt, erwarteten sich nichts bewegend Neues mehr, wollten nur Urlaub machen, sich ausruhen von einem Alltag, der Sie schon lange mit Eintönigkeit und Fadheit quälte. Doch dann begann ein neuer Wind in Ihrem Leben zu wehen. Ihr lang vernachlässigter Körper war auf einmal wieder wichtig für Sie. Viel Sport kam auf den Tagesplan, Sie haben abgenommen und Ihre Ernährung umgestellt. Fit an Körper und Geist, sah das bereits für gelebt gehaltene Leben plötzlich wieder interessant aus.*

*Sie erheben sich von Ihrem Bett und gehen zum Vorhang, der sich sanft in der schon nach herbstlichem Wald duftenden Luft bewegt. Weit unten spiegeln sich die Lichter des kleinen Ortes auf der Wasserfläche des Sees, und Sie erahnen die Stelle, an der Sie die letzten Wochen so oft mit Anna spazierengingen, Pläne schmiedeten, Ihre gemeinsame Zukunft besprachen und wieder jung wurden. Ihre Träume haben sich erfüllt. Ein Windhauch läßt die hohen Tannen des nahen Waldes zustimmend nicken …*

Wenn Sie in Ihrem dritten Lebensabschnitt glücklich sind, gehen Sie nicht nur angemessen mit der wertvollsten Zeit Ihres Lebens um, sondern entschädigen sich auch für die schlechten Gefühle, den Streß und Ärger, die Sie im Laufe Ihres Lebens ertragen mußten. Zwar können Sie

*Welche Freude, wenn es heißt:*
*Alter, du bist alt an Haaren,*
*Blühend aber ist dein Geist.*
Gotthold Ephraim Lessing

damit all die vielen verlorenen Stunden und Tage nicht mehr zurückholen, doch im Vergleich zu dem Glück, das Sie heute erleben, werden vergangene Stunden der Trauer, des Zorns, der Verzweiflung und des Schmerzes weniger wichtig.

Ihr tatsächliches Alter in Jahren zu akzeptieren, in Ihrer Erfahrung zu ruhen … all das hat Sie auf dem Weg durch die Seiten und Kapitel dieses Buches begleitet. Gehen Sie diesen Weg weiter! Lassen Sie der Freude am Leben Raum, so daß sie sich ausbreiten kann, denn sie ist es, die die Jahre Ihres dritten Alters erfüllen sollte.

**IHR PERSÖNLICHER WOHLFÜHL-FAHRPLAN**

Je nachdem, ob Sie dieses Buch nur überflogen, gründlich durchgelesen oder gar den einen oder anderen Ratschlag bereits in Ihr Leben übernommen haben, werden Sie unterschiedlich viel an neuem Wohlgefühl spüren. Jeder ist in der Lage, sich mehr Wohlgefühl in sein drittes Lebensalter einzuladen. Da Menschen jedoch sehr unterschiedlich sind – jeder hat andere Erfahrungen gemacht, jeder ist Fachmann auf einem anderen Gebiet –, sind die Tips natürlich von Mensch zu Mensch, von Schicksal zu Schicksal verschieden zu gewichten. Stellen Sie für sich selbst die richtige Mischung her. Lesen Sie die beiden folgenden Fragen, und entscheiden Sie für sich, wie Sie Ihr Leben noch erfüllter, zufriedener und glückseliger machen können:

*Wie steht es mit Ihrer körperlichen Gesundheit und Fitneß?* Sind Sie mit der Leistungsfähigkeit Ihres Körpers zufrieden? Finden Sie ihn attraktiv? Wenn nicht, dann arbeiten Sie intensiv Teil 2, »Der reife Körper: Gesund und fit durch Sport, Ernährung und Pflege«, durch. Nehmen Sie das Inhaltsverzeichnis zur Hand, und streichen Sie mit einem Bleistift all die Punkte durch, die Sie für Ihr persönliches Körperprogramm nicht benötigen. Formen Sie aus dem, was übrigblieb, einen persönlichen Körperfitneß-Plan. Erstellen Sie einen persönlichen Ernährungs- und Körperpflege-Plan.

*Wie sieht es mit Ihrem Geist aus?* Haben Sie im Augenblick die Kraft und Übersicht, um Ihr Lebensschiff in Richtung Freude und Glück zu steuern? Wenn Sie das Gefühl haben, momentan blockiert zu sein, nicht mehr weiter zu wissen, dann arbeiten Sie Teil 3, »Die innere Welt des reifen Menschen: Den Geist klären und seelisches Gleichgewicht finden«, und Teil 6, »Lebenssinn und Freude am Leben«, gründlich durch. Überlegen Sie, wie Ihr Leben weitergehen soll. Schreiben Sie sich eine Kurzfassung der Zukunft, die Sie sich wünschen, auf ein Zettelchen, das Sie immer bei sich tragen.

Wenn Ihr größtes Problem die Wohnverhältnisse sind, ist Teil 5, »Wohnen in der Hoch-Zeit des Lebens«, für Sie von besonderer Bedeutung. Oft scheinen die finanziellen Möglichkeiten der größte Hinderungsgrund zu sein, wenn es darum geht, sich eine altersgerechte Wohnung, in der Sie sich wohl fühlen, einzurichten. Doch das ist nur bedingt richtig. Viel wichtiger als das, was Sie für eine Wohnung an finanziellen Mitteln ausgeben, ist das, was Sie aus Ihrer Wohnung an Wohlgefühl gewinnen. Mit den Ratschlägen aus Teil 5 können Sie selbst aus einer kleinen Wohnung in einer nicht ganz optimalen Wohnlage ein Wohlfühlparadies zaubern.

Ein lieber Mensch an Ihrer Seite ist wie eine Sonne, die nachts nicht untergeht und auch an trüben Regentagen Glanz in Ihre Augen bringt. Wenn Sie wieder das Funkeln der Liebe in Ihre langvertraute Partnerschaft bringen wollen oder wenn Sie nach einer liebevollen zärtlichen Begleitung für Ihr drittes Lebensalter suchen, dann nehmen Sie sich die Ratschläge aus Teil 4, »Menschen zum Wohlfühlen«, zu Herzen und setzen sie in die Tat um.

Sich wohl zu fühlen in den besten Jahren, sorgenfrei und mit Freude im Herzen die wohlverdiente Zeit des Ruhestandes zu genießen, darum geht es in diesem Buch. Was Sie aus den Ratschlägen machen, liegt jetzt in Ihren Händen: Sie können Ihre Notizen immer wieder durchlesen, weitere Bücher zu bestimmten Themen kaufen, die Sie z. B. den Literaturangaben am Ende des jeweiligen Kapitels oder am Ende des Buches entnehmen, und Sie können Kontakt aufnehmen und Unterstützung suchen (siehe beigefügte Adressen) ... Es liegt allein an Ihnen, was Sie in die Tat umsetzen. Es liegt an Ihnen, ob Sie Freude, Harmonie, Leichtigkeit und ein großes Stück Glückseligkeit in Ihr Leben lassen.

*Tun Sie's, denn es ist Ihr Leben!*

# ZEITSCHRIFTEN FÜR SENIOREN

*Die Alternative*
Herausgeber: Forum für gemeinschaftliches Wohnen e.V. (FGWA)
Tel.: 05 11 / 6 04 59 55

*ab 40*
Zeitschrift für Frauen ab 40. Den Abo-Vertrieb erreichen Sie unter
Tel.: 0 81 91 / 12 54 52

# ANMERKUNGEN

1 C. Baudouin: *Suggestion und Autosuggestion*, S. 92.
2 Nach Ch. Selius: *Neue Heiltees*, S. 109.
3 Nach *PARACELSUS report* 1/2000, S. 16.
4 Nach *NATUR-Heilkunde* 3/2000, S. 8.
5 H. Ressel: *Was ich wirklich brauche*, S. 39.
6 M. E. Seligman, L. Y. Abramson und J. Teasdale, in: *Journal of Abnormal Psychology* 87, S. 49–74.
7 J. Brandtstätter und W. Greve (1992), in: *Zeitschrift für Entwicklungspsychologie und Pädagogische Psychologie* XXIV, 4, S. 269 f.
8 Carol Orsborn: *Alles klar bei Sonnenuntergang*, S. 85 f.
9 Marlise Schori: *Verliebt mit fünfzig*, S. 15.
10 B. Dost: *Heilung durch ganzheitliche Medizin*, S. 212–214.
11 Aus J. Silver: *Liebesrezepte aus der Geheimküche Amors*, S. 263.
12 Ebenda, S. 241–246.
13 Gisela Krahl und Andrea Riepe: *Wonnestunden*, S. 58–69.
14 Julia Onken: *Feuerzeichenfrau*, S. 32 ff.
15 M. S. Moss und M. P. Lawton, in: *Journal of Gerontology*, 37, S. 115–123.
16 Winfried Saup: *Alter und Umwelt*, S. 18.
17 »Ätherische Öle«, in: Werner, M., u.a.: *Fühl dich gut*, S. 118 f.
18 Thea: *Hexenrezepte*, S. 86.

# LITERATURVERZEICHNIS

Abraham, Winnie: *Shiatsu. Weg vom Alltagsstreß durch sanfte Massage.* Niedernhausen 1999.

Arndt, Ulrich: *Kombucha, Kefir & Co. Licht und Lebenskraft durch Enzymgetränke.* Niedernhausen 1998.

Bach, Edward: *Blumen, die durch die Seele heilen. Die wahren Ursachen von Krankheit – Diagnose und Therapie.* München 1995.

Bach, Edward: *Heile dich selbst. Die geistige Grundlage der Original Bach-Blütentherapie.* München 1995.

Barker, R. G.: *The Stream of Behavior.* New York 1963.

Baudouin, C.: *Suggestion und Autosuggestion.* Basel 1972.

Blome, Dr. med. Götz: *Das neue Bach-Blüten-Buch.* Freiburg 2000.

Brandl, A.: *Homöopathie pocket.* Grünwald 1999.

Brandtstätter, J., und Greve, W.: »Das Selbst im Alter: adaptive und protektive Mechanismen«. In: *Zeitschrift für Entwicklungspsychologie und Pädagogische Psychologie* XXIV, Göttingen 1992.

Carnegie, D.: *Sorge dich nicht – lebe!* Bern/München 1984.

Chalin, Eric: *Die Kunst des Tai Chi. Übungen für Körper, Seele und Geist.* Niedernhausen 2000.

Chang, David: *Mit Händen heilen. Schmerzfrei, gesund und fit durch Berührung und Fingerdruck.* München 1999.

Chopra, Dr. med. Deepak: *Ayurveda.* München 1999.

Chopra, Deepak: *Die Körperzeit. Mit Ayurveda jung bleiben – ein Leben lang.* Bergisch Gladbach 1994.

Cicero: *Cato der Ältere über das Greisenalter.* Stuttgart 1981.

Collenberg, Dr. med. I. R. von: *Natürlich durch die Wechseljahre.* München 1997.

*Compact Miniratgeber. Shiatsu. Die japanische Heilmassage. Sanfte Kraft, neue Energie.* München 1996.

Conen, H.: *Tu, was dir gefällt!* München 1998.

Crompton, Paul: *Praktische Einführung in das T'ai Chi. Prinzipien, Techniken und Körperübungen.* München 1996.

Dost, B.: *Heilung durch ganzheitliche Medizin. Ein Handbuch.* München 1995.

Frohn, Birgit: *Fußreflexzonenmassage. Mit der chinesischen Medizin die Gesundheit stärken und Beschwerden lindern.* Augsburg 1999.

Füller, I., und Keller, S.: *50 und aufwärts. Das Begleitbuch für die zweite Lebenshälfte.* Berlin 1999.

Gartner, Dr. Karl: *Meditation. Urlaub für die Seele.* A–Leoben 1999.

Geiger, Gisela Elisabeth: *Die Schüßler-Mineralsalze. Das Praxishandbuch zur Selbstheilung.* München 1999.

Goodman, Saul: *Shiatsu. Ein praktisches Handbuch.* München 2000.

Häfner, W.: *Psychische Gesundheit im Alter.* Stuttgart 1986.

Harnisch, Dr. Günter: *Kombucha – geballte Heilkraft aus der Natur – Leben-das-aus-dem-Meer-stieg-Tee.* Bietigheim-Bissingen 1996.

Harnisch, Dr. Günter: *Die Dr. Schüssler-Mineraltherapie. Selbstheilung und Lebenskraft.* Bietigheim-Bissingen 1998.

Hausen, Monika Helmke: *Lebensquell Schüßlersalze. Die 12 bewährten Selbstheilungsmittel.* Freiburg 2000.

Heepen H. G.: *Schüßler-Salze. 12 Mineralstoffe für Ihre Gesundheit.* München 1999.

Huth, Almuth und Werner: *Praxis der Meditation.* München 2000.

Iranschähr, H. K.: *Wie sollen wir meditieren?* Freiburg 1964.

Kjellrupp, Mariann: *Bewußt mit dem Körper leben. Spannungsausgleich durch Eutonie.* München 1993.

Krahl, Gisela, und Riepe, Andrea: *Wonnestunden. Berörende Düfte, schlüpfrige Öle und berüchtigte Salben.* Reinbek bei Hamburg 1990.

Langen, Dietrich: *Autogenes Training. Dreimal täglich zwei Minuten abschalten, loslassen, erholen.* München 1999.

Laslett, P.: *Das dritte Alter.* Weinheim/München 1995.

Lautner, H.: *Nimm dir einfach mehr vom Leben.* Stuttgart 1998.

Lawton, M.P.: *Environment and Aging.* Monterey (Calif.) 1980.

Leider, R. J., und Shapiro, D. A.: *Laß endlich los und lebe.* Landsberg a.L. 1999.

Linde, Nikolaus: *Akupressur. Der sanfte Weg zur Selbstheilung.* München 1998.

Lui, Hong: *Qi-Gong-Wunder. Unterweisungen in der Kunst des heilenden Qi Gong durch einen chinesischen Meister.* München 2000.

Middendorf, Ilse: *Der erfahrbare Atem. Eine Atemlehre.* Paderborn 1995.

Moss, M. S., und Lawton, M. P.: »Time budgets of older people: A window on four lifestyles« in: *Journal of Gerontology,* 37, Washington D.C. 1982.

Müller, Dagmar: *Autosuggestion kurz & praktisch.* Freiburg 1996.

Onken, Julia: *Feuerzeichenfrau. Ein Bericht über die Wechseljahre.* München 1995.

Orsborn, C.: *Alles klar bei Sonnenuntergang.* Freiburg 1997.

Pahlow, M: *Das große Buch der Heilpflanzen.* München 1993.

Perrig-Chiello, P.: *Wohlbefinden im Alter.* Weinheim/München 1997.

Platon: *Der Staat.* Stuttgart 1982.

Ressel, H.: *Was ich wirklich brauche.* Bern/München/Wien 1998.

Riedl, Rudolf: *Die wesenszentrale Perspektive.* Essen 1998.

Rief, Winfried, und Dirbaumer, Nils: *Biofeedback-Therapie. Grundlagen, Indikationen und praktisches Vorgehen.* Stuttgart 2000.

Rosenberg, Kerstin: *Gesund, schön und sinnlich. Das Ayurveda-Praxisbuch für Frauen.* Freiburg 2000.

Rosenmayr, Leopold: *Die Kräfte des Alters.* Wien 1990.

Saup, W.: *Alter und Umwelt.* Stuttgart 1993.

Schleimer, Jochen: *Salze des Lebens.* Stuttgart 1997.

Schori, Marlise: *Verliebt mit fünfzig. Frauen berichten von einem neuen Anfang.* Zürich 1997.

Schrott, Dr. med. Ernst: *Ayurveda. Jugend und Gesundheit ein Leben lang.* München 1997.

Schwarz, Aljoscha A., und Schweppe, Ronald P.: *Yoga easy.* München 1994.

Seligman, M. E.; Abramson, L. Y., und Teasdale, J.: »Learned helplessness in humans: critique and reformulation« in: *Journal of Abnormal Psychology,* 87, Washington D.C. 1978.

Selius, Ch.: *Neue Heiltees.* München 1998.

Silver, J.: *Liebesrezepte aus der Geheimküche Amors.* Genf 1975.

Spachtholz, Barbara: *Aktiv entspannen. Toncassette und Begleitheft. Mit Muskelrelaxation, Atemtechnik und Tiefenentspannung.* München o. J.

Thea: *Hexenrezepte. Heilsame Rezepturen gegen Liebeskummer und Ängste. Stärkungselixiere für Gesundheit und Erfolg*. München 2000.

Tisserand, Robert B.: *Das ist Aromatherapie. Heilung durch Duftstoffe*. Freiburg 1994.

Too, Lilian: *Praktisches Feng Shui. 168 traditionelle Wege zu mehr Glück und Erfolg*. München 2000.

Veit, Elisabeth: *Mit Ayurveda durch das Jahr. Der sanfte Weg zu Gesundheit und Wohlbefinden*. München 1999.

Waesse, Harry: *Yoga für Anfänger*. München 1999.

Weinmann, Marlene: *Schmerzfrei durch Fingerdruck. 200 Akupressurpunkte gegen die häufigsten Beschwerden*. Augsburg 1999.

Werner, Monika: *Ätherische Öle für Wohlbefinden, Schönheit und Gesundheit*. München 1996.

Werner, M./Bossert, J./Cardas, E./Al Huang, Ch./Gudat, Dr. Li/Hoffmann, R./Jenny, E./Keshava, D./Metzner, K., Mentes-Wilsing, A./Triebel-Thomé, A./Vollmar, K.: *Fühl dich gut. Mehr Energie, Balance, Harmonie. Die zehn besten Methoden für Körper & Seele*. München 1998.

Wickelin, Rainer: *Feldenkrais. Kurz & praktisch*. Freiburg 1996.

Yun, Gao: *Qi Gong for Life*. Aitrang 1997.